U0886303

岳麓書社

读名著　选岳麓

古典名著普及文库

贞观政要

滕帅 导读 注译

岳麓书社·长沙

出版说明

中国古典名著是中华优秀传统文化的重要载体，今天人们要学习传统文化，如果说有所谓捷径可寻，那恐怕就是直接阅读古典名著了。长期以来，为大众读者出版古典名著的普及读物一直是本社的重要使命。约三十年前，我们便出版了“古典名著普及文库”，收书五十余种，七十余册，蔚为大观。这套书命名为“普及”，首先是因为采用了简体字横排的排版方式。当时的古典名著图书，以未经整理的影印本和繁体竖排本居多，大众读者阅读有障碍，故本文库的推出，确有普及之效。其次，我们提出要让读者“以最少的钱买最好的书”，定价远低于当时同类型品种。基于此，这套“普及文库”迅速流向读者的书架，销量极大，功在普及不浅。

当年这套书，所收各书都是文言文全本，无注释，不翻译，对于今天的大众读者来说，已经很难起到普及作用了。而且，读者如果仅仅出于品鉴、入门的需要，也无须通读大部头的全本古籍。因而，我们推出这套全新的“古典名著普及文库”，在选目上广泛听取国内名校学者们的建议，收录经、史、子、集四部之中第一流的名著一百余种，邀请学有专攻的学者精心注释、翻译，并加以导读。篇幅大的经典，精选菁华，篇幅适中的出版全本，个别篇幅小的，则将主题相近的品种合刊为一册。

我们希望有更多的人能够买得起、读得懂中国的古典名著，接受中华优秀传统文化的滋养。这一套轻松好读又严谨可靠的普及文库，便是我们努力实践这一理念的结果。

前 言

文化是一个国家、一个民族的灵魂。文化兴国运兴，文化强民族强。唐代名臣魏徵在《谏太宗十思疏》中讲："求木之长者，必固其根本；欲流之远者，必浚其泉源。"意思是说，要想使树木生长得茂盛，必须稳固其根部；要想使水流得长远，必须疏通其源头。因为根深方能叶茂，源远才能流长。中华优秀传统文化正如中华民族的"根"和"魂"，只有对其不断地继承、发展和弘扬，中华民族伟大复兴的步伐才能走得更加稳健和自信。

作为中华优秀传统文化的经典著作，《贞观政要》一书能够流传千载而仍备受推崇，主要得益于它本身具有的宝贵价值及其彰显出的时代意义。《贞观政要》的主要内容来源于唐代贞观年间（627—649）唐太宗及其臣子们治国理政的基本史实和经验，它呈现出的真实性、成功性和规律性，使历代统治者都把此书作为修身、齐家、治国、平天下的教科书。书中记述的居安思危、廉洁奉公、任贤纳谏、尊师重教、奖优罚劣、平衡利害、善始慎终等思想，具有深厚的文化底蕴和巨大的实用价值，成为当代人汲取历史经验来解决当下问题的智慧之源。

该书作者吴兢，汴州浚仪（今河南开封）人，生于唐高宗咸亨元年（670），逝于唐玄宗天宝八年（749）。他自幼好学，博通经史，为人正直。武则天当政时，他就因有史才而被推荐到史馆撰修国史。作为国家史官，吴兢继承了古代史官敢言、敢谏的优良作风，除在编撰史书时能秉笔直言以外，还曾不顾个人安危向皇帝直陈政事。吴兢从事修史工作长达四十余年，除《贞观政要》之外，还编写了《唐春秋》《唐书备阙记》《太宗勋史》《睿宗实录》《中宗实录》等。在与刘知幾撰写《武后实录》时，吴兢因不替当朝宰相张说隐讳其恶而被贬官，留下了“吴兢不改史”的佳话。天宝年间，吴兢得以返朝，晚年还执着于著书、修史的工作。

《贞观政要》成书于唐玄宗统治时期的开元（713—741）、天宝（742—756）年间。当时的社会虽然还呈现兴盛的景象，但社会危机已逐步显现。作为一名善于洞察历史发展趋势且具责任感的史官，吴兢感到很有必要总结“贞观盛世”时期唐太宗君臣相得、励精图治的成功经验，为当时的帝王树立起施政的楷模，以确保大唐王朝长治久安。吴兢撰写此书，是为垂世立教，义在惩劝。《贞观政要》正是基于这样一个现实的政治目的而写成的，因此它一直以其具有治国安民的重大参考价值而受到历代王朝的重视。

贯穿《贞观政要》的核心思想是居安思危，即忧患意识。忧患意识是历史主体在社会发展转折时期或关键时期的一种清醒的防范意识和预见意识，源于自觉的危机感、紧迫感、责任感和使命感，表现为坚强意志和奋发精神。《贞观政要》的忧患意识，首先表现在以史为治。唐太宗言，以铜为镜，可以正衣冠；以古为镜，可以知兴替；以人为镜，可以明得失。《贞观政要》记载了贞观君臣对历代亡国之因的诸多探讨，表现了他们对亡国君臣竦然兢惧的思想和心态。从前代的兴亡治乱、是非善恶中，他们既总结出了成功的治国经验，继承并予以发扬；又吸取了王朝倾覆的失败教训，时刻警示和勉励自己，以避免重蹈覆辙。其次，这种忧患意识，还表现为对创业与守成难易的认真探讨，以使创业成功的贞观君臣能够以历史为戒惧，居安思危，慎终如始，常葆大唐的繁荣昌盛。再次，这种忧患意识具体表现为一种“防微杜渐”的思想。在《贞观政要》全书之中，无不闪现着“杜渐”“防萌”的精神。因为“福祸之来，皆起于渐”。一是因为凡事微萌之时，易于防杜，也易于及早因势利导；二是因为微萌之事，易为人忽略，习渐久之，不觉其害，一旦祸害已成，则悔之不及。总之，《贞观政要》所体现出的治国理念、修身思想、处事之道，几乎都是建立在居安思危的忧患意识这一基础之上的，它是《贞观政要》立书的根本，也是贞观时期统治者获得成功的密码。

《贞观政要》全书十卷四十篇，七万余言，基本上是以卷分类，分别辑录了贞观年间唐太宗李世民与魏徵、房玄龄、杜如晦等大臣的问答，以及大臣的谏议和奏疏等。本书以《四库全书》所采元代戈直集论本为底本，作为普及版本，为方便读者集中而快捷地掌握《贞观政要》的内容和精髓，本书对已经不适合时代发展和当代读者阅读的篇目进行了删减，保留了二十七篇精华。具体来看，删减了原书卷三（封建）、卷四（太子诸王定分、规谏太子）、卷七（礼乐）、卷八（务农、刑法、赦令、贡赋）、卷十（行幸、畋猎、灾祥）中的一些篇章以及卷九全部（征伐、安边）。同时，为保持原作风貌，又将《四库全书》本中的《御制〈贞观政要〉序》《御制读〈贞观政要〉》《〈贞观政要〉原序》等，以及吴澄、郭思贞、戈直的题词，卷二所附的“直谏”部分，一并删除。对这些篇章的内容，有兴趣的读者可再进一步查阅。结构上，本书采取了导读、原文、译文、注释相结合的体例，力求导读提纲挈领，原文翔实完备，译文贴近本意，注释明白晓畅，希望能化繁为简，通俗易懂。

古为今用，鉴往知来，读史可以知兴替，可以辨是非，可以正人伦，可以益心智。《贞观政要》是中华优秀传统文化的代表性著作，它主题突出，引喻精辟，议论锋锐，语意恳切，发人深省。今日诸君若能静下心来细细品读，认真体悟古人对人生和世界的思考，必定能从前人深邃的智慧中获取许多有益的成分，有利于个人的修养、子女的教育、家庭的和睦和事业的发展。

滕 帅
2018年2月书于美国哈里森堡

目录

卷一

君道

导读

《君道》篇是《贞观政要》全书的总纲，概说了古代帝王治国治民所应具备的德行操守和应遵循的原则、方法。古人之所以如此重视君主个人的道德操守和治国之术，是因为中国古代封建社会实行的是专制主义中央集权制度。这一制度的特点是中央服从皇帝、地方服从中央，皇帝一人总揽全国军政大权。因此，皇帝在国家兴衰中的地位和作用就显得至关重要。君主贤明，则国家兴旺，人民幸福；君主昏庸，则国家衰败，百姓遭殃。有鉴于此，历代统治者都非常重视总结君主个人的成败得失，以便资治今世，又能警示后人。此篇《君道》就是其中最为经典而完整的一例。首先，它把修身作为皇帝治国的起点和要义，称"若安天下，必须先正其身"，"未闻身治而国乱者"。其次，它又把兼听则明、偏信则暗作为修身的不二法则，强调君主只有广开言路，听纳善言，才能使"贵臣不得壅蔽"，"下情必得上通"。再次，它肯定守业难于创业，劝诫君王要成守业之事，既要懂得上德、次德、无德三种德行的不同，又要践行"十思"之正道，最后方能达到无为而治，并成无不为之功。最后，文章画龙点睛，引出全篇主旨，认为君主只要能时刻保持居安思危的心态，就能跳出国家"其兴也勃焉，其亡也忽焉"的历史怪圈，实现长治久安。时至今日，《君道》篇的现实意义仍然十分重大，无论何种地位与职业的人，正心修身都是进行日常工作或是事业打拼的重要精神源泉。在此基础之上，如果又能以宽阔的胸襟和谦卑的态度来听取不同的意见，那就能以客观的态度来审视不同的人与事物，做出正确的判断和决策。在具体实践之中，如果再能以上德的境界，“十思”的精神来不断修正和提升自己，以居安思危的心态来指导和警示自己，那么自己将在人生的成长与事业的奋斗中无往而不胜。

原文

贞观[1]初，太宗谓侍臣曰：“为君之道，必须先存百姓。若损百姓以奉其身，犹割股[2]以啖腹[3]，腹饱而身毙。若安天下，必须先正其身，未有身正而影曲，上理而下乱者。朕每思伤其身者不在外物，皆由嗜欲以成其祸。若耽嗜滋味，玩悦声色，所欲既多，所损亦大，既妨政事，又扰生民。且复出一非理之言，万姓[4]为之解体[5]，怨讟[6]既作，离叛亦兴。朕每思此，不敢纵逸。”谏议大夫[7]魏徵对曰：“古者圣哲之主，皆亦近取诸[8]身，故能远体诸物。昔楚聘詹何[9]，问其治国之要，詹何对以修身之术。楚王[10]又问治国何

译文

贞观初年，唐太宗对身边侍从的大臣说：“当好国君的要义是要保护、爱护百姓。如果以损害百姓利益的方式来供养自己，那就犹如割自己大腿上的肉来填饱肚子，肚子虽饱，人却死了。如果想要安定天下，就必须先端正自己的品行。世上没有身体正而影子歪斜的事情，也没有上边治理恰当而下面出现动乱的情况。我常想，能够损伤自己的并不是外在的东西，都是由于自身贪欲而最终酿成祸患。如果一味贪食美味，沉溺于歌舞和美色，欲望就会越多，所造成的损害就会越大，那将既妨碍国家政事，又扰乱百姓生活。而且自己再说出一些不合事理的话来，就会使得民心涣散，怨声载道，叛乱尽起。每当我想到这些，就不敢有丝毫放纵与懈怠之心。”谏议大夫魏徵回答说：“古代圣贤之君都是就近从自身的修养和行事入手，所以才能推广并体察到一切事物。从前楚庄王任用詹何，询问他治理国家的要领。詹何却用修养自身品德的方法来回答。楚庄王又问他治理国家用什么方法，詹何说：‘没听说国君身心修

如，詹何曰：‘未闻身治而国乱者。’陛下所明，实同古义。”

正而国家却发生动乱的事情。’陛下所明白的道理，实际上与古代明君圣主所讲的一致。”

注释

1 **贞观**：唐太宗李世民的年号。

2 **股**：大腿。

3 **啖（dàn）腹**：意为填饱肚子。啖，吃。

4 **万姓**：天下百姓。

5 **解体**：人心涣散。

6 **怨讟（dú）**：指因怨恨而说出的诽谤之言。讟，怨恨。

7 **谏议大夫**：官名。唐代谏议大夫主要职责是向皇帝进谏，以助其明察得失。

8 **诸**：“之于”的合音。

9 **詹何**：战国时期楚国思想家。

10 **楚王**：指楚庄王，春秋五霸之一。

原文

贞观二年，太宗问魏徵曰：“何谓为明君暗君？”徵曰：“君之所以明者，兼听也；其所以暗者，偏信也。《诗》云：‘先民有言，询于刍荛[1]。’昔唐、虞之理[2]，辟四门，明四目，达四聪[3]。是以圣无不照[4]，故共、鲧[5]之徒，不能塞也；靖言庸回[6]，不能

译文

贞观二年，唐太宗问魏徵：“什么叫圣明之君？什么叫昏庸之君？”魏徵回答说：“君主之所以圣明，是因为他能听取各方面的意见；君主之所以昏庸，是因为他偏听偏信。《诗经》说：‘古人曾说过这样的话，要向割草打柴的人征询意见。’从前唐尧和虞舜治理天下，在房屋的四个方向都开有大门，用来看四方的事情，听取四方的声音。因此明君能无所不知，像共工、鲧这样的人不能蒙蔽他；奸佞小人的言行也不能

惑也。秦二世[7]则隐藏其身，捐隔疏贱而偏信赵高[8]，及天下溃叛，不得闻也。梁武帝[9]偏信朱异[10]，而侯景[11]举兵向阙，竟不得知也。隋炀帝[12]偏信虞世基[13]，而诸贼攻城剽邑，亦不得知也。是故人君兼听纳下，则贵臣不得壅蔽，而下情必得上通也。”太宗甚善其言。

迷惑他。但秦二世却把自己隐藏在深宫之中，隔绝贤臣，远离百姓，偏信赵高，到天下尽乱、百姓离叛的时候，他还不知道。梁武帝偏信朱异，到侯景叛乱并率军围攻都城的时候，他竟也不知情。隋炀帝偏信虞世基，到各路叛军攻城略地的时候，他竟然也不知晓。由此可见，君主如果能广开言路，采纳臣下良言，那么权贵之臣就不能蒙蔽君主视听，民情自然也就能够传达到国君那里。”太宗非常赞赏魏徵的这些话。

注释

1 **刍荛**（chú ráo）：代指割草打柴的人。刍，割草，刈割；荛，柴草。

2 **唐、虞之理**：指唐尧和虞舜治理天下。唐尧，先封于陶，后封于唐，所以也称陶唐氏。虞舜，姓姚，名重华，谥曰舜，因其先国于虞，故称虞舜。

3 **辟四门，明四目，达四聪**：这里指广开言路和视听。辟，开；达，通；聪，听觉灵敏。

4 **照**：知晓。

5 **共、鲧**（gǔn）：共，指共工；鲧，是禹的父亲。两人都是尧的大臣，但因共工为人邪恶，鲧又治水无功，所以都被大禹流放。

6 **靖言庸回**：意为奸佞小人的言行。靖言，即“静言”，巧饰之言；庸回，即“庸违”，用意邪僻。

7 **秦二世**：秦始皇最小的儿子，名胡亥。

8 **赵高**：秦朝宦官，秦二世时期的奸相。

9 **梁武帝**：姓萧名衍，字叔达，南兰陵郡人，南朝梁的开国皇帝。

10 **朱异**：字彦和，南朝梁吴郡钱塘人。由于他主张招纳东魏降将侯景而最终造成“侯景之乱”。

11 **侯景**：东魏大将，后投靠南朝梁，不久又起兵反叛。

12 **隋炀帝**：姓杨名广，隋朝有名的暴君。

13 **虞世基**：字茂世，会稽余姚人。由于他多次劝谏隋炀帝不成，又看到其他劝谏的大臣被杀，所以他就改为对隋炀帝唯命是从，百般逢迎。

原文

贞观十年，太宗谓侍臣曰：“帝王之业，草创与守成孰难？”尚书左仆射[1]房玄龄对曰：“天地草昧[2]，群雄竞起，攻破乃降，战胜乃克。由此言之，草创为难。”魏徵对曰：“帝王之起，必承衰乱，覆彼昏狡[3]，百姓乐推，四海归命，天授人与，乃不为难。然既得之后，志趣骄逸，百姓欲静而徭役不休，百姓凋残而侈务[4]不息，国之衰弊，恒由此起。以斯而言，守成则难。”太宗曰：“玄龄昔从我定天下，备尝艰苦，出万死而遇一生，所以见草创之难也。魏徵与我安天

译文

贞观十年，唐太宗问身边的大臣：“在帝王大业之中，创业和守业相比哪一个更难？”尚书左仆射房玄龄回答说：“创业之初，天下混乱，各地豪杰纷纷崛起，只有攻破城池才能使敌人投降，只有在战争中获胜才能使敌人降服。由此看来，还是创业艰难。”魏徵回答说：“帝王之兴起，一定是乘着前朝衰乱的机会，推翻那昏庸残暴的旧君，而后获得百姓的拥戴支持，天下人心得以归附，这正是上天授命，众人尊奉，所以创业并不算艰难。但是得天下之后，君王容易变得志趣骄奢淫逸，百姓想过安宁的日子，但徭役却无休止，百姓贫困之极而国君却不停地奢靡作乐，国家的衰亡常常是由此引发的。这样看来，守业更难。”太宗说：“玄龄当年跟随我平定天下，历尽艰苦，万死一生，所以他知道创业的艰难。魏徵辅佐我治理天下，忧

下，虑生骄逸之端，必践危亡之地，所以见守成之难也。今草创之难，既已往矣，守成之难者，当思与公等慎之。”

虑一旦出现骄奢淫逸的情况，国家必将陷入危亡的境地，所以他看到守业的艰难。如今创业之难既然已成往事，守业这一难事，我应当考虑与诸位一起谨慎地对待。”

注释

1 **尚书左仆射**（yè）：官名。唐代尚书省长官，行宰相之职。

2 **草昧**：指天下混乱的状态。

3 **狡**：残暴，凶残。

4 **侈务**：指过度的徭役，这里引申为国君的骄奢。侈，过分，过度。

原文

贞观十一年，特进[1]魏徵上疏曰：“臣观自古受图[2]膺[3]运，继体守文，控御英雄，南面[4]临下，皆欲配厚德于天地，齐高明于日月，本支[5]百世，传祚[6]无穷。然而克[7]终者鲜，败亡相继，其故何哉？所以求之，失其道也。殷鉴[8]不远，可得而言。

译文

贞观十一年，特进魏徵上书说：“臣看到自古以来，凡是接受天命承接帝业的人，都要承续皇位并遵循先王的法度，驾驭英才，南面而坐，统治天下，也都希望自己的德行能与天地相配，与日月比肩，希望子孙百代不衰，帝业相传恒久。但能够善终的人的确太少，败亡之事相继发生，这是什么原因呢？探究之下，在于他们不懂得治国的原则和规律。前人的教训就在眼前，还能够作为借鉴。

注释

1 **特进**：官名，相当于正二品。

2 **图**：河图。古代有“河图洛书”之说，封建统治者把其称之为上天安排自己进行合法统治的神意。

3 **膺**（yīng）：承接，承受。

4 **南面**：古代以坐北朝南为尊，这里指身居尊位。

5 **本支**：指子孙。

6 **传祚**：帝位相传。祚，君位，国统。

7 **克**：能够。

8 **殷鉴**：指夏朝的灭亡可以作为殷朝的鉴戒。殷，指殷朝，也称商朝。

原文

"昔在有隋[1]，统一寰宇，甲兵强锐，三十余年，风行万里，威动殊俗[2]，一旦举而弃之，尽为他人之有。彼炀帝岂恶天下之治安，不欲社稷之长久，故行桀虐[3]，以就灭亡哉？恃其富强，不虞[4]后患。驱天下以从欲，罄[5]万物而自奉，采域中之子女，求远方之奇异。宫苑是饰，台榭是崇[6]，徭役无时，干戈不戢[7]。外示严重，内多险忌，谗邪者必受其福，忠正者莫保其生。上下相蒙，君臣道隔，民不堪命，率土[8]分崩。遂以四海之尊，殒于匹夫之手，子孙殄[9]绝，为天下笑，可不痛哉？

译文

"之前隋朝统一天下，兵强马壮，三十多年间声威远扬，震慑异域，然而一旦覆亡，所有一切都归他人。隋炀帝难道想破坏天下安定，不想国家长治久安，故意施行像夏桀一样的暴政，最终弄得国破人亡吗？他只是依仗国家富强，不考虑后患而已。他驱使天下百姓以满足自己的欲望，耗尽天下的财物来供自己挥霍，同时还征选全国美女以供自己享乐，掠夺域外珍宝来供自己赏玩。他的宫殿装饰华丽，楼台构筑高大，征发徭役无度，对外战争不休。隋炀帝表面上显得威严庄重，但实际上却有许多猜忌和险恶之心，谗佞奸邪的人享受高官厚禄，忠心正直的人却连性命都难保。上下相互蒙蔽，君臣间离心离德，老百姓最终不堪重负，国家自然分崩离析。于是曾经统治四海的国君，最后竟然死在匹夫的手中，他的子孙也被赶尽杀绝，终被天下人耻笑，这难道不令人痛心吗？

注释

1 **有隋**：即隋朝。

2 **殊俗**：风俗不同的地方，借指异域。

3 **桀虐**：凶残，暴虐。桀，名履癸，夏朝最后一个国君，以暴虐、荒淫而著称。

4 **虞**：考虑，防范。

5 **罄**：用尽，耗尽。

6 **崇**：高大。

7 **戢**（jí）：本义为收藏（兵器），这里引申为停止（战争）。

8 **率土**："率土之滨"的省略语，指境内。

9 **殄**（tiǎn）：尽，绝。

原文

"圣哲乘机，拯其危溺，八柱[1]倾而复正，四维[2]弛而更张。远肃迩[3]安，不逾于期月[4]；胜残去杀，无待于百年。今宫观台榭，尽居之矣；奇珍异物，尽收之矣；姬姜淑媛[5]，尽侍于侧矣；四海九州，尽为臣妾矣。若能鉴彼之所以失，念我之所以得，日慎一日，虽休勿休[6]，焚鹿台[7]之宝衣，毁阿房之广殿，惧危亡于峻宇，思安处于卑宫，则神化潜通，无为而治，德之上也。

译文

"圣明之君，顺应时机，拯救万民于水火，力挽国家于危亡，匡复道德之丧失。无须一年，即可使远近安定；无须百年，即可通过教化使凶恶之人不再残暴，刑杀可以尽除。如今，宫殿观阁、楼台亭榭，皇上尽已拥有；奇珍异宝，也都收藏；美女佳人，也都侍候于左右；天下百姓都已成为皇上的臣属了。如果皇上能借鉴隋朝灭亡的教训，总结我朝成功的经验，日渐谨慎，做到虽有功德，却不居功自傲，焚毁宝衣华服，毁弃广殿丽宇，居住在高大的宫殿内就有对危亡的惧怕之心，居住在简陋的宫室中却有心安理得之感，就能潜移默化与天地之道相贯通，做到无为而治，这是德行的最高境界。如果不损毁成功之后的东西，仍让它

若成功不毁，即仍其旧，除其不急，损之又损，杂茅茨于桂栋[8]，参玉砌以土阶，悦以使人，不竭其力，常念居之者逸，作之者劳，亿兆悦以子来，群生仰而遂性[9]，德之次也。若惟圣罔念[10]，不慎厥终[11]，忘缔构之艰难，谓天命之可恃，忽采椽[12]之恭俭，追雕墙之靡丽，因其基以广之，增其旧而饰之，触类而长，不知止足，人不见德，而劳役是闻，斯为下矣。譬之负薪救火，扬汤止沸，以暴易乱，与乱同道，莫可测也，后嗣何观？夫事无可观则人怨，人怨则神怒，神怒则灾害必生，灾害既生，则祸乱必作，祸乱既作，而能以身名全者鲜矣。顺天革命[13]之后，将隆七百之祚，贻厥[14]子孙，传之万叶[15]。难得易失，可不念哉？"

们保持原貌，免除那些不急需的供养，并减少到最低程度，即使华丽的宫室中夹杂着简陋的房屋，玉石砌成的阶梯中掺杂泥土做成的台阶，也可以照样使用，使百姓乐于效力而又不用尽他们的力量，百姓自愿到这里来，能在敬仰君主的同时自己也称心如意，这是标准低一些的德行。如果圣人妄自尊大，不善始善终，忘记开创国家的艰难，认为自己有天命可以依仗，丢掉住陋室时的节俭之风，追求雕墙画栋的华丽，在原有宫殿的基础上进行扩建，在旧有建筑上增加装饰，事事以此类推，不知满足，那么百姓就见不到德政，看到的只是繁重的劳役，这是最下等的德行。这就犹如背着干柴去救火，舀起开水去止沸，以暴政代替祸乱，就跟前朝的祸乱走的是同一道路，它的后果不堪设想，后世子孙怎么能把你视为榜样呢？没有可观的政绩，百姓就会心生不满，百姓不满上天就会发怒，上天发怒就会降灾害于人间，灾害发生就会引起祸乱，祸乱一旦兴起，能同时保全性命和声誉的人就很少了。顺应天命改朝换代之后，国家就会长治久安，帝位可以传给子孙后代，乃至万世。国家大业，获得时难，失去时易，能不去考虑这个问题吗？"

注释

1 **八柱**：传说地有八柱，用以擎天，后人引申为国家局势。

2 **四维**：传说中维系大地的四条大绳。维，大绳。管子把礼、义、廉、耻作为治国的四大纲领，也称“四维”。后泛指封建的道德规范。

3 **迩**（ěr）：近。

4 **期**（jī）**月**：一整年。

5 **姬姜淑媛**：品德和美貌兼具的女子。

6 **休**：美善，美好。

7 **鹿台**：商纣王所建的宫苑，用以贮藏珠玉钱帛。

8 **桂栋**：桂木做的梁，代指华丽的房屋。

9 **遂性**：顺应本性，这里指使自己称心如意。

10 **罔念**：不思为善，妄自尊大。

11 **不慎厥终**：不善始善终。

12 **采椽**：栎木或柞木椽子，形容俭朴。

13 **革命**：谓实施变革以应天命。古代认为王者受命于天，改朝换代是天命变更，因称“革命”。

14 **贻厥**：留传，特指传位。

15 **叶**：世，代。

原文

是月，徵又上疏曰：“臣闻求木之长者，必固其根本；欲流之远者，必浚其泉源；思国之安者，必积其德义。源不深而望流之远，根不固而求木之长，德不厚而思国之理，臣虽下愚，知其不可，而况于明哲乎！人君当神器[1]之重，居域中之

译文

同月，魏徵上书说：“臣听说要想使树木长得高大茂盛，必须牢固其根；要想使水流得远，必须疏通源头；要想使国家安定，必须以德治国。源头之水不通畅却想让水流得远，树根不牢固却想让树木长得高大，德不仁厚却想国家安定，臣虽愚钝，却知道那是不可能的，更何况圣明的君主！国君掌握国家大权，拥有崇高的地位，享有无上的尊严，应该

大，将崇极天之峻，永保无疆之休[2]。不念居安思危，戒奢以俭，德不处其厚，情不胜其欲，斯亦伐根以求木茂，塞源而欲流长者也。

永保无尽美好的日子。如果不思考居安思危的道理，力戒骄奢，崇尚节俭，广积厚德，放任情欲而不加克制，这就像砍掉树根却希望树木茂盛，堵塞源头却想让河水流得远一样荒谬。

注释

1 **神器**：指政权。

2 **休**：福禄。

原文

"凡百元首，承天景命[1]，莫不殷忧[2]而道著，功成而德衰。有善始者实繁，能克终者盖寡，岂取之易而守之难乎？昔取之而有余，今守之而不足，何也？夫在殷忧，必竭诚以待下；既得志，则纵情以傲物。竭诚则胡越[3]为一体，傲物则骨肉为行路[4]。虽董[5]之以严刑，震之以威怒，终苟[6]免而不怀仁，貌恭而不心服。怨不在大，可畏惟人，载舟覆舟，所宜

译文

"凡是古代国君，承受天命的时候，没有不因心存忧患而成就显著的，但成功之后就德行日渐衰败。开头做得好的很多，可是能坚持好到底的人却很少，这难道真是创业容易守业难吗？之前夺取天下游刃有余，现在要守住基业却力不从心，这是为什么呢？大概是因为人在忧患的时候，必然诚心诚意对待下属；一旦功成名就，就放纵私欲，轻视他人。诚心交往，即使相隔遥远的胡、越也能结为一体；轻视他人，即使是骨肉之亲也会形同陌路。即使用严酷刑罚来督责百姓，用权威和愤怒去威慑百姓，最终他们只会贪求免于刑罚却不心怀对国君的恩德，外表谦恭却心存怨恨。怨恨虽不在大小，但可怕的是失去人心，人民如同载舟之水，亦能覆舟，应当谨慎对待。奔腾的马

深慎。奔车朽索，其可忽乎？

车如果用腐朽的绳子来驾驭，这样的危险怎能疏忽大意？

注释

1 **景命**：天命。

2 **殷忧**：深忧。

3 **胡越**：胡在北，越在南，比喻相隔遥远。

4 **行路**：路人。

5 **董**：监督。

6 **苟**：贪求。

原文

“君人者，诚能见可欲则思知足以自戒，将有作则思知止以安人，念高危则思谦冲而自牧，惧满溢则思江海下百川，乐盘游[1]则思三驱[2]以为度，忧懈怠则思慎始而敬终，虑壅蔽则思虚心以纳下，想谗邪则思正身以黜恶，恩所加则思无因喜以谬赏，罚所及则思无因怒而滥刑。总此十思，弘兹九德[3]，简[4]能而任之，择善而从之，则智者尽其谋，勇者竭其

译文

“作为国君，如果见到想要的东西时，就应该考虑知足常乐，用以警诫自己；在大兴土木之时，就应考虑适可而止，以使百姓安宁；一想到地位高而危险性大时，就应该保持谦虚平和，以加强自我修养；害怕骄傲自满时，就应该想到海纳百川的道理；陶醉于游猎的欢乐时，就应该考虑每年只有三次的限度；担心自己懈怠时，就应该想想凡事如何做才能善始善终；害怕自己受蒙蔽时，就应该思考自己如何虚怀若谷才能广纳臣下良言；担心听信谗言，就应该思考如何端正自身，以废除奸恶；施加恩宠，就应想到不能因自己的喜好而随意赏赐；执行惩罚，也要想到不能因一时的怒火而滥用刑罚。君主做到这‘十思’，就能弘扬九德之修养，选拔良才以任用，选择善言而听从，那么聪明人能尽献他的智谋，勇敢者

力，仁者播其惠，信者效其忠。文武争驰，君臣无事，可以尽豫游之乐，可以养松、乔之寿，鸣琴垂拱[5]，不言而化。何必劳神苦思，代下司职，役聪明之耳目，亏无为之大道哉？”

能发挥他全部的力量，有仁德的人能够广施贤德，有信义的人能表现出他的忠义。文臣武将都能竞相为朝廷效力，君臣之间的关系融洽和睦，国君就可以享受巡游之乐，像神仙赤松子、王子乔一样健康长寿，鸣琴奏乐，垂衣拱手，不做任何事就能教化天下。何必去劳心费力，替臣下做事，既劳累自己的身体，又有损于无为而治的天道呢？”

注释

1 **盘游**：游猎。

2 **三驱**：古时王者田猎之制，一年以三次为度。一说田猎时须让开一面，三面驱赶，以示好生之德。

3 **九德**：古谓贤人所具备的九种优良品格，其内容说法不一。《逸周书·常训》称九德为忠、信、敬、刚、柔、和、固、贞、顺。

4 **简**：选拔。

5 **垂拱**：形容不亲理事务。

原文

太宗手诏答曰：“省频抗表，诚极忠款[1]，言穷切至。披览忘倦，每达宵分。非公体国情深，启沃[2]义重，岂能示以良图，匡其不及？朕闻晋武帝[3]自平吴已后，务在骄奢，不复留心治政。何曾[4]退朝谓其子劭[5]

译文

唐太宗亲手写诏书答复说：“朕看了你多次上的奏章，十分忠诚，言无不尽，恳切之至。批阅你的奏章，常让我忘记疲倦，直到深夜。如果不是你关心国家政务，竭诚地启发和开导我，怎么能够为我提出如此中肯的建议，及时匡救我的不足呢？我听说晋武帝灭掉吴国之后，只顾骄奢淫逸，不再关心国家政治。何曾退朝回家对他儿子何劭说：‘我每天都看见皇上不谈论治理国家

曰：'吾每见主上不论经国远图，但说平生常语，此非贻厥子孙者，尔身犹可以免。'指诸孙曰：'此等必遇乱死。'及孙绥[6]，果为淫刑所戮。前史美之，以为明于先见。朕意不然，谓曾之不忠，其罪大矣。夫为人臣，当进思尽忠，退思补过，将顺其美，匡救其恶，所以共为治也。曾位极台司[7]，名器崇重，当直辞正谏，论道佐时。今乃退有后言，进无廷诤，以为明智，不亦谬乎？危而不持，焉用彼相？公之所陈，朕闻过矣。当置之几案，事等弦、韦[8]。必望收彼桑榆，期之岁暮，不使康哉良哉[9]，独美于往日，若鱼若水，遂爽于当今。迟复嘉谋，犯而无隐。朕将虚襟静志，敬伫德音。"

的长远打算，而只说一些日常事务，这不像是能把国家社稷传给子孙的国君，你这一代还可免于祸乱，保全性命。'他又指着他的孙子们说：'你们必定遇上变乱而性命不保。'后来他的孙子何绥果然遇上叛乱，死于酷刑。以往的史书称赞这事，说何曾有先见之明。我的看法不是这样，我认为何曾是不忠之臣，且罪过很大。作为臣子，上朝时应当想着如何直言尽忠，退朝时应当想着如何弥补皇上的过失，协助国君发扬他的美德，纠正国君所犯的错误，这就是君臣同治的道理。何曾地位尊贵，权势显赫，应当直言进谏，谈论治国大道，辅佐时政。而他却在退朝后才发表言论，上朝时没有勇敢地直言规劝，说他是明智之人，难道不荒谬吗？国家有了危险却不扶持，要这样的人有什么用？你所上书的建议，我已认真地阅读过了。我会把它们放在我的案头上，就像古代用来警勉自己的信物一样。这样，他日必有收获，等我晚年之时，国家就会更加繁荣，不会使康哉良哉的盛世，只出现在过去，君臣之间鱼水一样的良好关系，也不只出现在今天。稍晚希望再看到你的嘉言良策，可直言相谏，冒犯也无妨。我将虚怀静心，等待你提出的宝贵意见。"

注释

1 **忠款**：忠诚。

2 **启沃**：对君王的开导与启发。

3 **晋武帝**：即司马炎，字安世。司马昭的长子，晋朝开国皇帝。

4 **何曾**：字颖考，陈郡阳夏人，西晋太尉、太保。

5 **劭**：何劭，何曾之子。晋武帝时任散骑常侍。

6 **绥**：何绥，何曾之孙。晋武帝时官至侍中、尚书。

7 **台司**：指三公等宰辅大臣。

8 **弦**、**韦**：借指警勉自己。《韩非子·观行》中说："西门豹之性急，故佩韦以自缓；董安于之心缓，故佩弦以自急。"韦，皮绳；弦，弓弦。

9 **康哉良哉**：意为诸事安宁，君明臣良。

原文

贞观十五年，太宗谓侍臣曰："守天下难易？"侍中[1]魏徵对曰："甚难。"太宗曰："任贤能，受谏诤，即可，何谓为难？"徵曰："观自古帝王，在于忧危之间，则任贤受谏。及至安乐，必怀宽怠，言事者惟令兢惧，日陵月替[2]，以至危亡。圣人所以居安思危，正为此也。安而能惧，岂不为难？"

译文

贞观十五年，唐太宗问身边的侍臣："守江山是难还是易？"侍中魏徵回答："很难。"唐太宗说："我选拔任用贤才，接受建议就行了，有什么难的？"魏徵说："我看自古以来的帝王，在忧患危难的时候能够任用贤才，接受忠告，等到安定快乐的时候就会松弛懈怠，直言进谏的人，只能惶惶恐恐唯命是从，这样下去国家就会逐渐衰败，直至灭亡。古代圣人之所以要居安思危，正因为如此。国家太平无事，却要国君心怀忧惧，这难道不难吗？"

注释

1 **侍中**：官名。专管纳言之事，为门下省长官，乃宰相之职。

2 **日陵月替**：逐渐衰退败落。陵，衰微；替，衰落。

政体

导读

《政体》篇主要阐述君王治理国家所应掌握的要领，它从为君之道、君臣之道、君民之道三个层面分别论述国家兴亡发达所应具备的条件。此篇内容与《君道》篇的内容互相补充，互为表里，共同构成了《贞观政要》一书的总纲。为君之道以君王应该“居安思危”为核心，强调君王要勤于政务，不自负自夸，不仅要做到“志尚清静，以百姓之心为心”，更应当“尊天事地，敬社稷，保四国，慈爱万民，薄赋敛，轻租税”。所谓君臣之道是指作为臣子，应当“灭私徇公，坚守直道”，不应“阿旨顺情，唯唯苟过”，必须能做君王之耳目，尽臣下之义务，秉公直谏。作为君王只有广任贤良，信任百官，不妄自专断，方能使君臣相互保全，“义均一体，宜协力同心”。君民之道强调君舟民水的辩证关系，指出“可爱非君，可畏非民”，只有君王清净无为，百姓才能安居乐业。篇末，作者在描绘“贞观之治”时期大唐繁荣景象的同时，总结了唐太宗治理国家的宝贵经验，认为他“志在忧人，锐精为政，崇尚节俭，大布恩德”；能“从谏如流，雅好儒术，孜孜求士，务在择官，改革旧弊，兴复制度”；能“断决大事，得帝王之体”；能严明法纪，惩治贪官，驾驭皇亲国戚与世家大族，使上下畏法，百姓不受欺凌。这些文字，虽然简短，却涵盖了治理国家的各个方面；虽然反映的是古人的治世思想，却处处闪耀着科学与理性的光辉。今天，我们重读这一篇章，应该细细品味其中的智慧和哲理，更应该把它们加以改造，合理地应用于现实的管理和领导工作中去，在具体的认识和实践中感受它们的价值和魅力所在。

原文

贞观初，太宗谓萧瑀[1]曰："朕少好弓矢，自谓能尽其妙。近得良弓十数，以示弓工，乃曰：'皆非良材也。'朕问其故，工曰：'木心不正，则脉理皆邪，弓虽刚劲而遣箭不直，非良弓也。'朕始悟焉。朕以弧矢定四方，用弓多矣，而犹不得其理。况朕有天下之日浅，得为理[2]之意，固未及于弓。弓犹失之，而况于理乎？"自是诏京官五品以上更宿[3]中书内省[4]，每召见，皆赐坐与语，询访外事，务知百姓利害、政教得失焉。

译文

贞观初年，唐太宗对大臣萧瑀说："朕从年轻时就喜欢弓箭，自以为懂得弓箭中的奥妙。近来得到十几把好弓，就拿给做弓的工匠看，他说：'都不是好材料做的。'我问其中的原因，他又说：'木料的中心不正，它的纹理就时常歪斜，这样的弓虽然刚劲有力，但射出去的箭却不直，所以不是好弓。'从这件事中我才领悟到其中的道理。我以武力平定天下，用过的弓箭非常多，但仍不懂得弓箭中的原理。更何况我得天下的时间还很短，得到治理国家的道理，肯定比不上我对弓箭掌握的知识多。我对弓箭的了解都有偏失，更何况是治理国家的要领呢？"从此以后，唐太宗就诏令五品以上的京官在中书内省轮流值宿，每次召见，唐太宗都要赐坐并与他们交谈，仔细询问外面的事，务必要了解老百姓的疾苦和国家管理、教化上的得失。

注释

1 **萧瑀**：字时文，南朝梁明帝之子。贞观初年，任太子少师，参与朝政。

2 **为理**：治理。

3 **更宿**：轮流值宿。

4 **中书内省**：官署名。

原文

贞观元年，太宗谓黄门侍郎[1]王珪曰："中书[2]所出诏敕，颇有意见不同，或兼错失而相正以否。元置中书、门下，本拟相防过误。人之意见，每或不同，有所是非，本为公事。或有护己之短，忌闻其失，有是有非，衔[3]以为怨。或有苟避私隙，相惜颜面，知非政事，遂即施行。难违一官之小情，顿为万人之大弊，此实亡国之政，卿辈特须在意防也。隋日内外庶官，政以依违，而致祸乱，人多不能深思此理。当时皆谓祸不及身，面从背言，不以为患。后至大乱一起，家国俱丧，虽有脱身之人，纵不遭刑戮，皆辛苦仅免，甚为时论所贬黜。卿等特须灭私徇公，坚守直道，庶事相启沃，勿上下雷同也。"

译文

贞观元年，唐太宗对黄门侍郎王珪说："中书省草拟颁发的文告命令，门下省颇有不同意见，有时两省都有一些错误，却可以相互纠正。本来设置中书省、门下省，就是为了相互防止发生过失。人的意见，常有不同，有肯定的也有反对的，本意都是为了公事。有的人为了掩饰自己的短处，不愿听别人指出自己的过失，一旦人家评论他的是非，就怀恨在心。有的人为了避免和别人结下私怨，就互相顾惜颜面，明知不利于国家政事，却仍马上施行。只为不违背一个官员的私情，就立刻成为损害万民的大害，这都是亡国的弊政，你们特别需要注意防范。隋朝时的内外百官，处理政事总是相互顺从而无不同意见，最终酿成祸乱，人们大多不能深思其中的道理。当时那些人都以为灾祸不会落到自己身上，当面说好话，背后说是非，不认为那是祸患。到后来天下大乱，国破家亡，虽然有逃脱的人，没有遭到刑戮，但也吃尽苦头仅免一死，还会受到世人的舆论谴责。因此你们身为大臣特别应该灭除私情，秉公办事，坚守正道，凡事互相启发，不要上下人云亦云。"

注释

1 **黄门侍郎**：门下省副长官。

2 **中书**：唐朝中央设中书省、门下省和尚书省，分管诏令草拟、审核和执行。

3 **衔**：怀藏。

原文

贞观二年，太宗问黄门侍郎王珪曰："近代君臣治国，多劣于前古，何也？"对曰："古之帝王为政，皆志尚清静，以百姓之心为心。近代则唯损百姓以适其欲，所任用大臣，复非经术[1]之士。汉家宰相，无不精通一经，朝廷若有疑事，皆引经决定，由是人识礼教，治致太平。近代重武轻儒，或参以法律，儒行既亏，淳风大坏。"太宗深然其言。自此百官中有学业优长，兼识政体者，多进其阶品，累加迁擢[2]焉。

译文

贞观二年，太宗问黄门侍郎王珪说："近代帝王和大臣治理国家，多半不如古代，这什么原因呢？"王珪回答："古代帝王治理国家，大都崇尚清净无为，把百姓的心思看作自己的心思。近代的君王却是以损害百姓的利益来满足自己的私欲，任用的大臣，也再不是饱学经术的儒士。汉代的宰相没有谁不精通一种经书的，朝廷要有什么解决不了的疑问，都引用经义来决断，于是人人懂得礼教，自然天下太平。近代却重视武功，轻视儒术，有时参用刑律来治理国家，儒家的行为规范既然受到损害，淳朴的民风也会受到严重破坏。"太宗非常同意他的意见。从此以后，官员中凡是精通儒学，又懂治国之道的人，大都得以提升官阶品级，并多次得到升迁和提拔。

注释

1 **经术**：经学、儒术。经，指《诗》《书》《礼》《易》《春秋》等儒家经典著作。

2 **擢**（zhuó）：提拔，选拔。

原文

贞观三年，太宗谓侍臣曰："中书、门下，机要之司，擢才而居[1]，委任实重。诏敕如有不稳便，皆须执论。比来惟觉阿旨顺情，唯唯苟过，遂无一言谏诤者，岂是道理？若惟署诏敕、行文书而已，人谁不堪[2]？何烦简择[3]，以相委付？自今诏敕疑有不稳便，必须执言，无得妄有畏惧，知而寝默。"

译文

贞观三年，太宗对身边侍臣说："中书省与门下省，都是机要部门，是通过选拔有才能的人来行使职责的，他们的责任很重大。诏书和命令如有不妥之处，他们必须认真讨论。近来我却发现他们只会迎合我的旨意，唯唯诺诺，敷衍而过，没有一个人敢直言进谏，这是符合道理的事吗？如果官吏只会发布诏书，抄抄写写，谁还不能干？何必麻烦地去选拔官员，委以重任呢？从今以后，诏书和命令如果不妥当的地方，官吏必须直接而认真地指出，不要心存畏惧，明知不妥当还要沉默不言。"

注释

1 **居**：担任。

2 **堪**：能，足以。

3 **简择**：选择。

原文

贞观四年，太宗问萧瑀曰："隋文帝[1]何如主也？"对曰："克己复礼，勤

译文

贞观四年，太宗问大臣萧瑀说："隋文帝是一个怎样的君主？"萧瑀回答说："他能约束自己，遵从礼仪，勤于政务，每

劳思政，每一坐朝，或至日昃[2]，五品已上，引坐论事，宿卫之士，传飧[3]而食，虽性非仁明，亦是励精之主。”太宗曰：“公知其一，未知其二。此人性至察而心不明。夫心暗则照有不通，至察则多疑于物。又欺孤儿寡妇以得天下[4]，恒恐群臣内怀不服，不肯信任百司，每事皆自决断，虽则劳神苦形，未能尽合于理。朝臣既知其意，亦不敢直言，宰相以下，惟即承顺而已。朕意则不然，以天下之广，四海之众，千端万绪，须合变通，皆委百司商量，宰相筹画，于事稳便，方可奏行。岂得以一日万机，独断一人之虑也。且日断十事，五条不中，中者信善，其如不中者何？以日继月，乃至累年，乖谬[5]既多，不亡何待？岂如广任贤良，高居深视，法令严肃，谁敢为非？”因令诸司，若诏敕颁下有未稳便

次上朝理政，都会忙到日落西山，五品以上的官吏，都要与他一起坐谈国事，负责保卫的人，也都废寝忘食，他虽然说不上仁义开明，却也算得上是一位励精图治的君王。”太宗说：“你只知其一，不知其二。隋文帝性格上过于精明，但内心并不开明。心不开明就容易观察不清，过于精明则会事事多疑。加上他又是在欺负周静帝孤儿寡母的情况下夺取江山，所以总是害怕群臣心中对他不服，不肯信任百官，事事亲自决断，虽然劳神费力，但也不可能做到事事都处理得合情合理。朝中的大臣也知道他的用意，所以不敢直言规劝，丞相以下的官吏，只是顺从旨意照章办事而已。我不能像隋文帝那样，天下如此之大，事情如此之多，千头万绪，必须变通解决，只有将政务交给百官商议，由宰相筹划，事情方能稳妥，才可以奏请皇上，下令执行。皇帝一人怎能日理万机，专断独行。如果一天处理十件政事，可能有五件事决断有错，决断正确的固然很好，但是那些决断错的会产生怎样的后果呢？日积月累，长此以往，错误必然更多，国家怎能不灭亡？哪能比得上广泛任用贤才，居高位而统揽全局，严肃法纪，这样，谁还敢胡作非为呢？”唐太宗于是下令，凡是颁布后的诏令，如有不妥，官吏必须上奏

者，必须执奏，不得顺旨便即施行，务尽臣下之意。

指出，不能只顺从旨意施行，务必尽到做臣子的责任。

注释

1 **隋文帝**：杨坚，隋朝开国皇帝。

2 **昃**（zè）：日西斜。

3 **飧**（sūn）：晚饭，这里泛指饭食。

4 **欺孤儿寡妇以得天下**：杨坚的女儿是北周宣帝的皇后，宣帝死后，杨坚就废黜年幼的周静帝，自立为帝，建立隋朝。

5 **乖谬**：背离常理的事情。

原文

贞观五年，太宗谓侍臣曰："治国与养病无异也。病人觉愈，弥须将护，若有触犯，必至殒命。治国亦然，天下稍安，尤须兢慎，若便骄逸，必至丧败。今天下安危，系之于朕，故日慎一日，虽休勿休。然耳目股肱，寄于卿辈。既义均一体，宜协力同心，事有不安，可极言无隐。傥[1]君臣相疑，不能备尽肝膈[2]，实为国之大害也。"

译文

贞观五年，唐太宗对侍臣说："治理国家和养病没有什么不同。病人感觉好的时候，格外需要精心调护，如果违反这样的准则，就会导致死亡。治理国家也是这样，天下稍微安定之时，国君尤其需要兢兢业业、谨慎小心，如果就此骄奢放纵，国家必然衰亡。如今天下安危，都取决于我，所以我一天比一天谨慎，即使有所成就也不能自傲自夸。至于辅佐之事，就寄托于你们了。既然君臣是一个整体，就应当同心协力，发现事情有所不妥，就要尽量把意见讲出来，不要有所隐藏。倘若君臣互相猜疑，不能推心置腹、肝胆相照，那实在是国家的大害啊！"

注释

1 **傥**：同"倘"。

2 **肝膈**：这里比喻内心。

原文

贞观六年，太宗谓侍臣曰："看古之帝王，有兴有衰，犹朝之有暮，皆为蔽其耳目，不知时政得失，忠正者不言，邪谄者日进，既不见过，所以至于灭亡。朕既在九重[1]，不能尽见天下事，故布之卿等，以为朕之耳目。莫以天下无事，四海安宁，便不存意。可爱非君，可畏非民。天子者，有道则人推而为主，无道则人弃而不用，诚可畏也。"魏徵对曰："自古失国之主，皆为居安忘危，处治忘乱，所以不能长久。今陛下富有四海，内外清晏[2]，能留心治道，常临深履薄，国家历数[3]，自然灵长[4]。臣又闻古语云：'君，舟也；人，水也。水能载舟，亦能覆舟。'陛下以为可畏，诚如圣旨。"

译文

贞观六年，唐太宗对侍臣说："我看古代的帝王，有的兴起有的衰亡，就如同有早晨就必然有夜晚一样，这都是因为他们的耳目受到蒙蔽，不了解当时的政治得失，忠诚正直的人不敢直谏，邪恶谄谀的人却一天天得势，君主看不到自己的过失，国家自然会灭亡。我既然身居九重深宫，不可能看到天下所有的事情，所以委托诸位，作为我的耳目。万不可认为天下无事、四海安宁，就不放在心上。人民爱戴的是君主，君主敬畏的是百姓。作为天子，如果圣明有道，人们就拥戴他做国君；如果昏庸无道，人们就会废弃他。这的确非常可怕！"魏徵回应说："古代以来的亡国之君，都是因为在安定的时候忘记了危亡，在治平的时候忘记了动乱，所以不能长治久安。如今陛下拥有天下，内外清平安定，能够留心治国的方略，经常保持如临深渊、如履薄冰一样的谨慎姿态，国运自然会长久。我又听古人说过：'君主是船，百姓是水。水能承载船，也能把船掀翻。'陛下认为百姓的力量需要敬畏，确实讲得很对。"

注释

1 **九重**：指九重深宫。

2 **清晏**：清平安宁。

3 **历数**：指国家的气运。

4 **灵长**：广远长久。

原文

贞观六年，太宗谓侍臣曰："古人云：'危而不持，颠而不扶，焉用彼相？'君臣之义，得不尽忠匡救乎？朕尝读书，见桀杀关龙逢[1]，汉诛晁错[2]，未尝不废书叹息。公等但能正词直谏，裨益政教，终不以犯颜忤旨，妄有诛责。朕比来临朝断决，亦有乖于律令者。公等以为小事，遂不执言。凡大事皆起于小事，小事不论，大事又将不可救，社稷倾危，莫不由此。隋主残暴，身死匹夫之手，率土[3]苍生，罕闻嗟痛。公等为朕思隋氏灭亡之事，朕为公等思龙逢、晁错之诛，君臣保全，岂不美哉！"

译文

贞观六年，唐太宗对侍臣说："古人讲：'国家在危急时不去支持，社稷倾覆时又不能去扶助，那要这样的人有何用？'从君臣大义来讲，臣下能不竭尽忠心匡正补救吗？我看书时，读到夏桀杀死关龙逢、汉景帝诛杀晁错，都禁不住放下书来叹息。你们只要能义正词严地直言劝谏，有益于政治教化，我绝不会以冒犯威严、违背旨意去滥用刑罚的。我近来临朝处理政务，也有违背法令的地方。你们认为这是小事，就不直言相劝了。但凡大事都是从小事开始，小事不追究，大事就会恶化到不可收拾的地步，国家危亡，没有不是因此而起。隋炀帝残暴，死于匹夫之手，天下百姓当中，很少听到有人为他悲痛的。你们替我想想隋朝灭亡的教训，我为你们想想关龙逢、晁错被杀的教训，君臣都能相互保全，岂不是很好！"

注释

1 **关龙逄**（páng）：夏朝末年贤臣，因多次直谏，为夏桀所杀。

2 **晁错**：汉景帝时任御史大夫，因建议削弱地方诸侯权力而遭诸王强烈反对，被汉景帝处死。

3 **率土**：境内。

原文

贞观七年，太宗与秘书监[1]魏徵从容论自古理政得失，因曰："当今大乱之后，造次[2]不可致理。"徵曰："不然。凡人在危困，则忧死亡；忧死亡，则思理；思理，则易教。然则乱后易教，犹饥人易食也。"太宗曰："善人为邦百年，然后胜残去杀。大乱之后，将求致理，宁可造次而望乎？"徵曰："此据常人，不在圣哲。若圣哲施化，上下同心，人应如响，不疾而速，期月而可，信不为难，三年成功，犹谓其晚。"太宗以为然。封德彝[3]等对曰："三代以后，人渐浇讹，故秦任法律，汉杂霸道，皆欲理而不能，岂能理而不欲？若信魏徵所说，恐败乱国

译文

贞观七年，唐太宗和秘书监魏徵漫谈古代以来治理国家的得失，就说："如今大乱之后，不能急于实现大治。"魏徵说："不是这样。大凡人在危难困苦的时候，就忧虑死亡；忧虑死亡，就盼望天下太平；盼望天下太平，就容易进行教化。因此大乱之后容易教化，正像饥饿的人容易进食一样。"太宗说："贤明的人治理好国家需要百年之久，才能消灭残虐，废除刑杀。大乱之后，要想达到大治理，怎可在短期内做到呢？"魏徵说："这是对一般人说的，并不包括圣贤。如果圣贤的人来施行教化，上下同心，人们就会像回声那样迅速响应，事情不求迅速也会很快推行下去，一年就见成效，也并非难事，要说三年成功，就太晚了呢。"太宗认为有道理。封德彝等人对太宗说："夏、商、周三代之后，人心日渐浮薄奸诈，所以秦朝专用法律治国，汉朝又杂用王道和霸道治国，都是想教化好百姓，但没有成功，怎么会是可以实现教化却又不去

家。”徵曰：“五帝、三王，不易人而理。行帝道则帝，行王道则王，在于当时所理，化之而已。考之载籍，可得而知。昔黄帝与蚩尤七十余战，其乱甚矣，既胜之后，便致太平。九黎[4]乱德，颛顼[5]征之，既克之后，不失其理。桀为乱虐，而汤[6]放之，在汤之代，即致太平。纣为无道，武王伐之，成王[7]之代，亦致太平。若言人渐浇讹，不及纯朴，至今应悉为鬼魅，宁可复得而教化耶？”德彝等无以难之，然咸以为不可。太宗每力行不倦，数年间，海内康宁，突厥破灭，因谓群臣曰：“贞观初，人皆异论，云当今必不可行帝道、王道，惟魏徵劝我。既从其言，不过数载，遂得华夏安宁，远戎宾服。突厥自古以来常为中国勍敌[8]，今酋长并带刀宿卫，部落皆袭衣冠。使我遂至于此，皆魏

做呢？如果相信了魏徵的话，恐怕要败乱国家。”魏徵说：“五帝、三王治国，并没有更换国中百姓就实现了教化。施行帝道就称其为帝，施行王道就称其为王，关键在于当时治理者如何施行了教化。查看古书上的记载，就可以知道。从前黄帝与蚩尤作战七十多次，天下动乱得很厉害，而打胜以后，就很快实现了太平。九黎作乱，颛顼出兵征讨，平定以后，仍没有失去国家的安定。夏桀昏乱淫虐，商汤把他赶走，在汤统治时期，就实现了太平。商纣王无道，周武王便起兵讨伐，到他儿子周成王继位时，也实现了太平。如果说百姓日渐浮薄奸诈，再也不会淳朴，那到现在都应该变得跟鬼魅一样了，还能再施行教化吗？”封德彝等人想不出什么话来辩驳，但仍认为魏徵的话行不通。太宗坚持推行教化，毫不懈怠，几年之间，天下安定，突厥被打败，因而太宗对群臣说：“贞观初年，人们颇有异议，认为当今肯定不能搞帝道、王道，只有魏徵劝我施行。我听了他的话，不过几年，就做到华夏安宁、外族臣服。突厥自古以来就是中原的强敌，如今突厥的首领成为我宫中的佩刀侍卫，部众也跟着穿戴中国衣冠。我能取得这样的成就，都是魏徵的功劳。”太宗又回头对魏徵说：

徵之力也。”顾谓徵曰：“玉虽有美质，在于石间，不值良工琢磨，与瓦砾不别。若遇良工，即为万代之宝。朕虽无美质，为公所切磋，劳公约朕以仁义，弘朕以道德，使朕功业至此，公亦足为良工尔。”

“玉虽有美好的本质，但藏在石头里，没有好工匠去雕琢研磨，那就和瓦块碎石一样没有区别。如果遇上好的工匠，就可以成为流传万代的珍宝。我虽没有好的美玉般的本质供你雕琢研磨，但也多亏你用仁义来约束我，用道德来光大我，使我能成就这样的功业，你完全可以称得上是一位好工匠啊。”

注释

1 **秘书监**：秘书省长官，掌管国家经籍图书。

2 **造次**：仓促。

3 **封德彝**：名伦，字德彝，以字行。唐初官拜尚书右仆射。

4 **九黎**：上古部落名。

5 **颛顼**（Zhuān xū）：五帝之一，号高阳氏，相传为黄帝之孙。

6 **汤**：商汤，商朝开国之君。

7 **成王**：周成王，周武王之子。

8 **勍**（qíng）**敌**：强敌。

原文

贞观八年，太宗谓侍臣曰：“隋时百姓纵有财物，岂得保此？自朕有天下已来，存心抚养，无有所科差[1]，人人皆得营生，守其资财，即朕所赐。向使朕科唤不已，虽数资赏赐，

译文

贞观八年，太宗对侍臣说：“隋朝的时候，老百姓即使拥有财物，但怎能保得住呢？自从我拥有天下以来，一心体恤百姓，没有什么差役杂税，每个人都能维持生计，守住自己的财产，这些都是我赐予他们的。当初要是我不停地加收各种赋税，即使多次赏赐资助他们，百姓还不

亦不如不得。”魏徵对曰：“尧、舜在上，百姓亦云‘耕田而食，凿井而饮’，含哺鼓腹，而云‘帝何力’于其间矣。今陛下如此含养，百姓可谓日用而不知。”又奏称：“晋文公[2]出田，逐兽于砀[3]，入大泽，迷不知所出。其中有渔者，文公谓曰：‘我，若君也，道将安出？我且厚赐若。’渔者曰：‘臣愿有献。’文公曰：‘出泽而受之。’于是送出泽。文公曰：‘今子之所欲教寡人者，何也？愿受之。’渔者曰：‘鸿鹄[4]保河海，厌而徙之小泽，则有矰[5]丸之忧。鼋鼍[6]保深渊，厌而出之浅渚，必有钓射之忧。今君出兽砀，入至此，何行之太远也？’文公曰：‘善哉！’谓从者记渔者名。渔者曰：‘君何以名？君尊天事地，敬社稷，保四国，慈爱万民，薄赋敛，轻租税，臣亦与焉。君不尊天，不事地，不敬社稷，不固四海，外失

如不要。”魏徵回答说：“尧、舜时代，百姓也会说‘我自己种田吃饭，凿井饮水’，衣食无忧，进而会说‘做帝王的与我有什么关系呢’。现在陛下如此关爱百姓，百姓可能不知道，认为这只是满足了日常所需。”魏徵又说：“晋文公出去打猎，在砀山追赶野兽，进入沼泽，迷失方向后不知从哪里出来。沼泽中有一渔翁，文公对他说：‘我是你的国君，这路该从哪里出去？我会重重地赏赐你。’渔翁说：‘我正有意见向您呈献。’文公说：‘走出这个沼泽再听你说吧。’于是渔翁将晋文公送出沼泽。文公说：‘现在你想对我有何指教？’渔翁回答：‘鸿鹄本来就生活于大河海洋之上，如果厌烦了迁徙到小泽之中，就会有被猎人弓箭袭击的危险。鼋鼍原本生活在深水中，如果厌烦了跑到浅水滩中，必然会有被猎人钓射的危险。现在你在砀山打猎，以至于误入沼泽，为什么要走这么远呢？’文公说：‘你说得太好了！’于是命令随从记下渔翁的姓名。渔翁说：‘国君为什么要记下我的名字呢？只要国君尊奉天地，敬重社稷，保卫边疆，爱护百姓，减徭役，轻赋税，我也就获益了。国君要是不尊敬天地，不重视社稷，不巩固边防，外不结交诸侯，内又丧失民心，一旦国破家亡，我

礼于诸侯，内逆民心，一国流亡，渔者虽有厚赐，不得保也。’遂辞不受。”太宗曰：“卿言是也。”

这个打鱼人，即使拥有你丰厚的赏赐，也不能保全啊。’于是渔翁坚决推辞，不接受文公的赏赐。”太宗说：“你说得很对。”

注释

1 **科差**：与下文“科唤”同义，指官府向平民征收财物或征发劳役。

2 **晋文公**：姬姓，名重耳。春秋时晋国国君，春秋五霸之一。

3 **砀**（dàng）：地名。在今天河南夏邑东南。

4 **鸿鹄**（hú）：指天鹅。

5 **矰**（zēng）：泛指弓箭。

6 **鼋鼍**（yuán tuó）：大鳖和扬子鳄。

原文

贞观九年，太宗谓侍臣曰：“往昔初平京师，宫中美女珍玩，无院不满。炀帝意犹不足，征求无已，兼东西征讨，穷兵黩武[1]，百姓不堪，遂致亡灭。此皆朕所目见，故夙夜孜孜，惟欲清净，使天下无事，遂得徭役不兴，年谷丰稔[2]，百姓安乐。夫治国犹如栽树，本根不摇，则枝叶茂荣。君能清净，百姓何得不安乐乎？”

译文

贞观九年，唐太宗对侍臣说：“当年隋朝刚刚平定京城，宫中的美女珍玩，没有一个宫院不是满满的。可隋炀帝仍不满足，横征暴敛搜求不止，加上东征西讨，穷兵黩武，弄得百姓无法忍受，于是导致隋朝灭亡。这些我都亲眼所见，因此我每天从早到晚辛勤努力、毫无厌倦，只求清净无为，使天下不生事端，从而实现徭役停息，五谷丰收，百姓安居乐业。治国好比种树，只要树根不动摇，枝叶就能繁茂。君主如果能保持清净无为，百姓怎会不安居乐业呢？”

注释

1 **黩武**：滥用武力。

2 **丰稔**（rěn）：指庄稼丰收。稔，庄稼成熟。

原文

贞观十六年，太宗谓侍臣曰："或君乱于上，臣理于下；或臣乱于下，君理于上。二者苟逢，何者为甚？"特进魏徵对曰："君心理，则照见下非。诛一劝百，谁敢不畏威尽力？若昏暴于上，忠谏不从，虽百里奚[1]、伍子胥[2]之在虞、吴，不救其祸，败亡亦继。"太宗曰："必如此，齐文宣[3]昏暴，杨遵彦[4]以正道扶之得治，何也？"徵曰："遵彦弥缝暴主，救理苍生，才得免乱，亦甚危苦。与人主严明，臣下畏法，直言正谏，皆见信用，不可同年而语也。"

译文

贞观十六年，太宗问侍臣："有时君主在上面昏乱，而臣子在下面治理国家；有时君主在上面治理，而臣子却在下面作乱。如果碰到这两种情况，哪一种危害更大呢？"特进魏徵回答说："君主有心治理，就能明察臣下是非得失。杀一儆百，谁敢不畏惧君主的权威而尽心效力呢？如果君主在上昏庸，不听劝谏，即使有虞国的百里奚和吴国的伍子胥那样的忠臣，也无法挽救祸患，国家败亡随之而来。"太宗说："如果必定这样，那么北齐的文宣帝昏庸残暴，大臣杨遵彦却能用正确的方法辅佐他治理好国家，这是为什么呢？"魏徵说："杨遵彦弥补暴君的过失，挽救天下百姓，才使国家免于祸乱，但也过得十分困苦。这和君主严明、臣下畏惧法律、正确的劝谏都被采纳的情况是不能相提并论的。"

注释

1 **百里奚**：春秋时人，虞国大夫。

2 **伍子胥**：名员，字子胥，春秋时吴国大夫。

3 **齐文宣**：北齐文宣帝，姓高，名洋。

4 **杨遵彦**：名愔，北齐名臣。

原文

贞观十九年，太宗谓侍臣曰："朕观古来帝王，骄矜而取败者，不可胜数。不能远述古昔，至如晋武平吴、隋文伐陈已后，心逾骄奢，自矜诸己，臣下不复敢言，政道因兹弛紊。朕自平定突厥、破高丽已后，兼并铁勒[1]，席卷沙漠以为州县，夷狄远服，声教益广。朕恐怀骄矜，恒自抑折，日旰[2]而食，坐以待晨。每思臣下有谠言[3]直谏，可以施于政教者，当拭目以师友待之。如此，庶几于时康道泰尔。"

译文

贞观十九年，太宗对身边侍臣说："我看自古以来的帝王，由于骄傲自大而自取灭亡的，真是多得数不清。且不说年代久远的，就像晋武帝灭掉吴国、隋文帝征服陈国之后，内心骄横奢侈，自认为很了得，所以臣下再不敢劝谏，国政因此松弛混乱。我自从平定突厥、打败高丽之后，又兼并铁勒，把沙漠边疆地区置于我们州县的管辖之下，可以说是外族臣服，声威和教化更加宏远。但我唯恐因此而骄傲自满，常常警诫自己，要勤于朝政，哪怕很晚才吃饭，一直工作到天明。每想起有臣下能大胆直谏，并可以实施于国家政治教化，我都会把他们当作良师益友来看待。如果能做到这样，那么国泰民安的日子就指日可待了。"

注释

1 **铁勒**：古代北方民族名，匈奴后裔。

2 **旰**（gàn）：晚。

3 **谠**（dǎng）**言**：直言。

原文

太宗自即位之始，霜旱为灾，米谷踊贵，突厥侵扰，州县骚然。帝志在忧人，锐精为政，崇尚节俭，大布恩德。是时，自京师及河东、河南、陇右，饥馑尤甚，一匹绢才得一斗米。百姓虽东西逐食，未尝嗟怨，莫不自安。至贞观三年，关中[1]丰熟，咸自归乡，竟无一人逃散。其得人心如此。加以从谏如流，雅好儒术，孜孜求士，务在择官，改革旧弊，兴复制度，每因一事，触类为善。初，息隐、海陵[2]之党，同谋害太宗者数百千人，事宁，复引居左右近侍，心术豁然，不有疑阻。时论以为能断决大事，得帝王之体。深恶官吏贪浊，有枉法受财者，必无赦免。在京流外有犯赃者，皆遣执奏，随其所犯，置以重法。由是官吏多自清谨。制驭王公、妃主之家，大姓

译文

太宗刚即位的时候，国家接连发生霜旱之灾，粮食价格很高，再加上突厥的侵扰，许多州县不得安宁。太宗心忧百姓，精心治国理政，提倡节俭，广布恩德。当时，从京城到河东、河南、陇右一带地区，饥荒特别严重，甚至到了要一匹绢才能换一斗米的境地。百姓虽然四处寻讨食物，但无人唉声叹气，心生埋怨，而且都能安分守己。到了贞观三年，关中一带大丰收，百姓都回到了各自的家乡，竟然没有一个人逃散。太宗皇帝就是这样获得人心的。加上太宗善于听取意见，喜好儒家之说，孜孜不倦地寻求人才，选拔任用有贤能的官吏，改革旧弊端，建立新制度，每遇到一件事就能善于总结经验，触类旁通。当初，太宗的兄弟加害于他，一同参与的人达到一千多，事情平息之后，太宗仍把他们当作近臣来任用，心胸豁达，不存戒心。当时大家称赞太宗能正确决断国家大事，有帝王的气度。太宗痛恨官吏腐败，凡是贪赃枉法的人，绝不可能赦免。在京城以外犯法贪赃的官员，太宗都会派遣专人调查上奏，根据他所犯的罪行进行严厉惩处。因此，官员大多清正廉洁，谨慎行事。太宗还对皇亲国戚、世家大族进行严格约束，他们

豪猾之伍，皆畏威屏迹，无敢侵欺细人[3]。商旅野次，无复盗贼，囹圄[4]常空，马牛布野，外户不闭。又频致丰稔，米斗三四钱，行旅自京师至于岭表，自山东至于沧海，皆不赍[5]粮，取给于路。入山东村落，行客经过者，必厚加供待，或发时有赠遗。此皆古昔未有也。

慑于皇帝的威严，不敢再欺凌百姓。商人旅客露宿野外，也不会碰上盗贼，国家的牢房常常空荡，牛马随意放养，百姓夜不闭户。又加上年年丰收，一斗米才卖三四文钱，外出无论是从京城到岭南，还是从山东到沧海，都用不着准备粮食，在路途中就可随时获取。进入山东附近的村落，凡是行人经过这里，都会受到丰盛的款待，甚至离开时还有礼物相送，这些事情都是从来没有过的。

注释

1 **关中**：古人一般把函谷关以西地区，即今天的陕西地区称为关中。因为它西有大散关，东有函谷关，北有峣关，南有武关，故称关中。

2 **息隐**、**海陵**：玄武门之变后，唐太宗封李建成为息王，谥曰隐；封李元吉为海陵王。

3 **细人**：指平民。

4 **囹圄**（líng yǔ）：牢狱。

5 **赍**（jī）：携带。

卷二

任贤

导读

"任贤"一词固然是"任人唯贤"的意思,但是《任贤》篇所阐述的内容远远超出于此。"贞观盛世"局面的出现,当然是在圣主明君式的人物——唐太宗的统治下实现的,但是还应该看到,管理和运转如此庞大的封建帝国,绝非是一人之力、一人之能、一人之德所能做到的。站在唐太宗李世民背后的,实际上还有一大批这个国家的精英分子。正是他们的聪明才智、忠心辅佐和不懈努力,才成就了李世民千古流芳的帝王之名,造就了大唐久负盛名的贞观之治。如此多的贤才良将能够齐聚唐太宗麾下,各尽所用,各施所能,得益于唐太宗一再强调的"为政之要,惟在得人""致安之本,惟在得人"的思想主张。《任贤》篇分别介绍了唐太宗所用的八位贤人:房玄龄、杜如晦、魏徵、王珪、李靖、虞世南、李勣、马周。他们不一定是众多贤臣中的佼佼者,但一定是唐太宗选贤任能中的典型代表。作者通过对这八位贤能任用过程的叙述,力图展现唐太宗重贤、识贤,懂贤、爱贤,用贤、惜贤的治国主张,说明任用贤才需要慧眼识人的敏锐洞察力,需要敢于用人的胆识和魄力,需要容纳和接受人才的非凡气度和胸怀。在作者看来,选贤、任贤是君王成就帝业的必备才能,但要在最大程度上发挥贤臣的辅助作用,则需要明主和贤臣之间相互砥砺。唯有如此,才能达到任贤的最高境界——明主更明,贤臣更贤,上下相济,君臣共治。

原文

房玄龄，齐州临淄人也。初仕隋，为隰城[1]尉。坐事[2]除名，徙上郡。太宗徇[3]地渭北，玄龄杖策谒于军门。太宗一见，便如旧识，署渭北道行军记室参军。玄龄既遇知己，遂罄竭心力。是时，贼寇每平，众人竞求金宝，玄龄独先收人物，致之幕府，及有谋臣猛将，与之潜相申结，各致死力。累授秦王府记室，兼陕东道大行台考功郎中。玄龄在秦府十余年，恒典管记。隐太子、巢剌王以玄龄及杜如晦为太宗所亲礼，甚恶之，谮[4]之高祖，由是与如晦并遭驱斥。及隐太子将有变也，太宗召玄龄、如晦，令衣道士服，潜引入阁谋议。及事平，太宗入春宫[5]，擢拜太子左庶子。贞观元年，迁中书令。三年，拜尚书左仆射，监修国史，封梁国公，实封一千三百户。既

译文

房玄龄，齐州临淄人。最初在隋朝为官，任隰城县尉。后因犯事而被革职，流放到上郡。唐太宗攻占渭北时，房玄龄拄杖到军门拜见。太宗与他一见如故，任命他为渭北道行军记室参军。房玄龄获知遇之恩，决心竭力为太宗效命。当时，每次平定贼寇后，众人都竞相搜集财宝，只有房玄龄首先收拢人才，纳入自己幕府之中，如遇谋臣或猛将，他就会暗中与他们结交，相约遇事都要尽死力完成。之后他多次被提升，任秦王府记室，兼任陕东道大行台考功郎中。房玄龄在秦王府任职十几年，都担任记室一职。当时，隐太子李建成和巢剌王李元吉因房玄龄和杜如晦深得李世民的重用，十分嫉恨，就在唐高祖面前恶语中伤，因此房玄龄和杜如晦一同遭到驱逐和排斥。后来，李建成快要发动叛乱的时候，李世民秘密召见房玄龄和杜如晦，让他们穿上道士的衣服，偷偷进入秦王府的密阁，共商对策。玄武门之变后，李世民入主春宫，成为太子，就请房玄龄担任太子左庶子。贞观元年，升任中书令一职。贞观三年，升任尚书左仆射，并监修国史，封为梁国公，实际封地有一千三百户。房玄龄出任管理百官的宰相后，愈加谦虚谨慎，日夜操劳，尽心竭

总任百司，虔恭夙夜，尽心竭节，不欲一物失所。闻人有善，若已有之。明达吏事，饰以文学，审定法令，意在宽平。不以求备取人，不以己长格物，随能收叙，无隔疏贱。论者称为良相焉。十三年，加太子少师。玄龄自以一居端揆[6]十有五年，频抗表辞位，优诏不许。十六年，进拜司空，仍总朝政，依旧监修国史。玄龄复以年老请致仕[7]，太宗遣使谓曰："国家久相任使，一朝忽无良相，如失两手。公若筋力不衰，无烦此让。自知衰谢，当更奏闻。"玄龄遂止。太宗又尝追思王业之艰难，佐命之匡弼，乃作《威凤赋》以自喻，因赐玄龄，其见称类如此。

力，力求不在政务上出现半点闪失。他待人宽厚，听说别人有长处，就如同自己也有一样，从不嫉妒。他熟知政务，表达妥当，审定法令，总以宽大平和为目的。对待他人从不求全责备，不以自己的长处苛求别人，根据才能来任用人才，不分亲疏贵贱。众人提及房玄龄的时候，都称他为良相。贞观十三年，他又被加封太子少师。房玄龄自认为担任宰相之职已有十五年了，所以他多次上书辞官，但太宗总是褒美嘉奖却未准许。贞观十六年，他又被封为司空，仍然总管朝政，监修国史。此后，房玄龄又以年老为由，提出辞官，唐太宗派人对他说："国家任命你担任宰相多年，你一旦辞官，就像人失去了双臂一样无力。如果你的精力允许，就不要辞让。如果哪天你真感到力不从心了，再上奏不迟。"于是，房玄龄不再要求辞官。后来，唐太宗回顾创业的艰难岁月，想到良臣的辅佐和匡救，就写下一首《威凤赋》以自喻，赐给房玄龄，由此可见唐太宗和房玄龄之间的深厚君臣情谊。

注释

1 **隰（xí）城**：地名，今山西汾阳西。

2 **坐事**：触犯律令。

3 **徇**：攻占。

4 **谮**（zèn）：说别人坏话。

5 **春宫**：太子居住的宫室。

6 **端揆**（kuí）：指宰相。

7 **致仕**：辞官回家。

原文

杜如晦[1]，京兆万年[2]人也。武德初，为秦王府兵曹参军，俄迁陕州总管府长史。时府中多英俊，被外迁者众，太宗患之。记室房玄龄曰："府僚去者虽多，盖不足惜。杜如晦聪明识达，王佐才也。若大王守藩端拱，无所用之；必欲经营四方，非此人莫可。"太宗自此弥加礼重，寄以心腹，遂奏为府属，常参谋帷幄。时军国多事，剖断如流，深为时辈所服。累除天策府从事中郎，兼文学馆学士。隐太子之败，如晦与玄龄功第一，迁拜太子右庶子。俄迁兵部尚书[3]，进封蔡国公，实封一千三百户。贞观二年，以本官检校侍中。三年，拜尚书右仆射，兼知[4]吏部选事，仍与房玄龄共掌朝政。至

译文

杜如晦，京兆万年人。武德初年，任秦王府兵曹参军，不久就被提升为陕州总管长史。当时秦王府中人才济济，但被外调的人也非常多，李世民对此非常忧虑。记室房玄龄说："府中幕僚离开虽多，但并不都值得惋惜。可是杜如晦聪慧通达，是辅佐帝王的良才。如果您只愿做一个守住领地的藩王，不想有所作为，那么用不着他；可是如果您要统领四海，那么非用此人不可。"太宗从此对杜如晦更加以礼相待，视为心腹，并奏请调他回来做秦王府的属官，经常让他参与重大事件的谋划。当时军国大事很多，杜如晦都能迅速而妥当地进行分析决断，令众人十分佩服。之后他连任天策府从事中郎，兼任文学馆学士。在平定隐太子李建成的叛乱中，杜如晦和房玄龄功劳最大，杜如晦被提升为太子右庶子。不久又迁任兵部尚书，封为蔡国公，食邑一千三百户。贞观二年，他以本官检校侍中。贞观三年，他被拜为尚书右仆射，兼任吏部选事，仍与房玄龄共掌朝

于台阁规模，典章文物，皆二人所定，甚获当时之誉，时称房杜焉。

政。有关朝中机构设置、典章制度等事情，都由二人商议决定，他们深得人们赞许，被誉为是“房谋杜断”。

注释

1 **杜如晦**：字克明，唐初名相。

2 **京兆万年**：地名，今陕西西安。

3 **兵部尚书**：官名，统管全国军事的行政长官。

4 **知**：主管。

原文

魏徵，巨鹿[1]人也，近徙家相州之内黄[2]。武德末，为太子洗马[3]。见太宗与隐太子阴相倾夺，每劝建成早为之谋。太宗既诛隐太子，召徵责之曰：“汝离间我兄弟，何也？”众皆为之危惧。徵慷慨自若，从容对曰：“皇太子若从臣言，必无今日之祸。”太宗为之敛容，厚加礼异，擢拜谏议大夫。数引之卧内，访以政术。徵雅有经国之才，性又抗直，无所屈挠。太宗每与之言，未尝不悦。徵亦喜逢知己之主，竭其力用。又劳之曰：“卿所谏

译文

魏徵，巨鹿人，最近才迁居到相州林黄。武德末年，任太子洗马。当他看到太宗同隐太子李建成在暗中相互夺权，常劝建成早做打算。太宗杀了隐太子后，把魏徵叫来责问：“你为什么要离间我们兄弟？”大家当时都替他担惊受怕，而魏徵慷慨自若，从容地回答说：“皇太子如果听了我的话，肯定不会有今天的杀身之祸。”太宗听了这话肃然起敬，对他格外敬重，提升他为谏议大夫，还多次把他请入卧室，向他请教治理国家的方法。魏徵很有治国的才能，性情刚直不阿，不屈不挠。太宗每次和他交谈，都很高兴。魏徵也很高兴遇到了赏识自己的明主，竭力为其效劳。太宗曾抚慰他说：“你前后劝谏的二百多件事，都称我的心意。不是你忠心为国，怎能如此！”

前后二百余事，皆称朕意。非卿忠诚奉国，何能若是！”三年，累迁秘书监，参预朝政，深谋远算，多所弘益。太宗尝谓曰：“卿罪重于中钩[4]，我任卿逾于管仲[5]，近代君臣相得，宁有似我于卿者乎？”六年，太宗幸九成宫，宴近臣，长孙无忌[6]曰：“王珪、魏徵，往事息隐，臣见之若仇，不谓今者又同此宴。”太宗曰：“魏徵往者实我所仇，但其尽心所事，有足嘉者。朕能擢而用之，何惭古烈！徵每犯颜切谏，不许我为非，我所以重之也。”徵再拜曰：“陛下导臣使言，臣所以敢言。若陛下不受臣言，臣亦何敢犯龙鳞，触忌讳也！”太宗大悦，各赐钱十五万。七年，代王珪为侍中，累封郑国公。寻以疾乞辞所职，请为散官。太宗曰：“朕拔卿于仇虏之中，任卿以枢要之职，见朕之非，未尝不谏。公独不

贞观三年，魏徵经多次升迁至秘书监，参与朝政，深谋远虑，对国家发展有很大贡献。太宗曾对他说：“论你的罪过，比当年管仲射中齐桓公的带钩还要严重，而我对你的信任却超过了齐桓公对管仲的信任，近代君臣之间良好相处，难道还有像我和你这样的吗？”贞观六年，唐太宗驾临九成宫，设宴招待身边重臣，长孙无忌说：“王珪、魏徵，过去侍奉隐太子，我看到他们就像看到仇敌一样，想不到今天能在一起参加宴会。”太宗说：“魏徵过去确实是我的仇敌，但他能尽心尽力做他分内的事，这是很值得称道的。我能够提拔重用他，与古人圣贤相比，我也是毫无愧色！魏徵常不顾情面恳切劝谏，不许我做错事，所以我器重他。”魏徵拜了两拜，说：“陛下开导我进行劝谏，我才敢提出意见。如果陛下不接受我的意见，我又怎敢去惹怒龙颜，触犯忌讳呢！”太宗听了很高兴，赏赐每人十五万钱。贞观七年，魏徵替代王珪任侍中，加封郑国公。不久因病请求辞去所任官职，只做个闲职散官。太宗说：“我把你从仇敌中选拔出来，委任你中枢机要的职务，每看到我有不对的地方，都要劝谏。你难道没看到埋在矿里的黄金，哪有什么可贵的呢？若遇上高明的冶金工匠把它锻

见金之在矿，何足贵哉？良冶锻而为器，便为人所宝。朕方自比于金，以卿为良工。虽有疾，未为衰老，岂得便尔耶？”徵乃止。后复固辞，听解侍中，授以特进，仍知门下省事。十二年，太宗以诞皇孙，诏宴公卿。帝极欢，谓侍臣曰：“贞观以前，从我平定天下，周旋艰险，玄龄之功无所与让。贞观之后，尽心于我，献纳忠谠，安国利人，成我今日功业，为天下所称者，惟魏徵而已。古之名臣，何以加也。”于是亲解佩刀以赐二人。庶人承乾在春宫，不修德业，魏王泰宠爱日隆，内外庶僚，咸有疑议。太宗闻而恶之，谓侍臣曰：“当今朝臣，忠謇[7]无如魏徵，我遣傅[8]皇太子，用绝天下之望。”十七年，遂授太子太师，知门下事如故。徵自陈有疾，太宗谓曰：“太子宗社之本，须有师傅，故选

造成器物，就会被人们当作宝贝。因此我把自己比作黄金，把你看作是高明的冶炼工匠。你虽然有病，但还不算衰老，怎能想就此辞职呢？”魏徵听后只好作罢。后来他又坚决要辞职，太宗同意解除他侍中的职务，任为特进，仍主管门下省政务。贞观十二年，太宗因为皇孙诞生，下诏宴请公卿大臣，当时太宗极其高兴，对侍臣说：“贞观以前，跟随我平定天下，转战于艰险危难之中的人，房玄龄功劳最大，无人能比。自贞观以来，对我尽心竭力，进献忠言，安定国家，造福百姓，成就我今天的功业并为天下人所称道的人，就只有魏徵了。即使古代的名臣，也不过如此。”于是亲自解下佩刀赐给他们二人。后来被废为庶人的皇太子李承乾在东宫时，不修品德，而魏王李泰越来越得到太宗宠爱，内外百官对此议论纷纷。太宗听到后非常厌恶，对侍臣说：“当今朝臣之中，没有比魏徵忠诚正直的了，我派他教导皇太子，用来断绝天下人的想法。”贞观十七年，任命魏徵为太子太师，仍兼管门下省政事。魏徵讲自己有病，恐难胜任，太宗对他说：“太子是宗庙社稷的根本，一定要有好的老师，所以才挑选你这样忠直的人，来辅佐太子。我知道你有病，不妨卧床来教导太子。”魏徵

中正，以为辅弼。知公疹病，可卧护之。”徵乃就职，寻遇疾。徵宅内先无正堂，太宗时欲营小殿，乃辍其材为造，五日而就。遣中使赐以布被素褥，遂其所尚。后数日，薨[9]。太宗亲临恸哭，赠司空，谥曰文贞。太宗亲为制碑文，复自书于石。特赐其家食实封九百户。太宗后尝谓侍臣曰：“夫以铜为镜，可以正衣冠；以古为镜，可以知兴替；以人为镜，可以明得失。朕常保此三镜，以防己过。今魏徵殂逝[10]，遂亡一镜矣！”因泣下久之。乃诏曰：“昔惟魏徵，每显予过。自其逝也，虽过莫彰。朕岂独有非于往时，而皆是于兹日？故亦庶僚苟顺，难触龙鳞者欤！所以虚己外求，披迷内省。言而不用，朕所甘心；用而不言，谁之责也？自斯已后，各悉乃诚。若有是非，直言无隐。”

不得已上任，但不久就患了重病。他家里原先没有正堂，太宗当时本想给自己建造一座小殿，就停下工来把材料给魏徵造正堂，五天就完工了。又派宫中的使者赐给他布被和素色的垫褥，用来顺从他的喜好。几天后，魏徵去世。太宗亲自到他的灵柩前痛哭，追任他为司空，赐谥号文贞。太宗还亲自给他撰写碑文，并亲笔写在石碑上。又特别赏赐给他家食邑九百户。太宗后来常对侍臣说：“用铜作镜子，可以端正衣冠；用历史作镜子，可以知道历代的兴衰更替；用人作镜子，可以明白自己的得失。我常常保有这三面镜子，用来避免自己犯错。如今魏徵去世，我失去了一面镜子啊！”因而哭了很久。于是下诏说：“过去只有魏徵，经常指责我的过错。自从他去世后，我虽有过错也没有人敢公开指出。难道我只在过去有错误，而今天全是正确的吗？恐怕还是百官苟且顺从，不敢来犯颜进谏吧！因此我再次虚心征求意见，以求保持清醒反省自身。如果你们直言劝谏而我不采用，我愿承担责任；如果我愿采纳忠言而大家又不进谏，这个责任谁来承担？从今以后，大家都要竭尽忠诚。如果我有不对的言行，你们要直言劝谏不要保留隐瞒。”

注释

1 **巨鹿**：地名，今河北巨鹿县。

2 **内黄**：地名，今河南内黄县。

3 **太子洗马**：官名，负责辅佐太子、教太子政事。

4 **中钩**：射中衣带挂钩。

5 **管仲**：名夷吾，颍上人，史称管子。春秋时期齐国名相。齐襄公被杀之后，公子小白和公子纠争夺王位，管仲曾带兵阻止公子小白，并射中小白的带钩。后小白立国，是为齐桓公。鲍叔牙举荐管仲，齐桓公不计前嫌任命他为卿，尊为“仲父”。后来管仲助齐桓公成为春秋霸主。

6 **长孙无忌**：字辅机，河南洛阳人，唐朝的开国功臣，曾参与玄武门之变，助李世民夺得王位。

7 **謇**（jiǎn）：正直。

8 **傅**：教导。

9 **薨**（hōng）：死的别称，以称诸侯之死。唐代三品以上官员之死称为薨。

10 **殂**（cú）**逝**：死亡。

原文

王珪[1]，太原祁县人也。武德中，为隐太子中允[2]，甚为建成所礼。后以连其阴谋事，流于巂州。建成诛后，太宗即位，召拜谏议大夫。每推诚尽节，多所献纳。珪尝上封事[3]切谏，太宗谓曰：“卿所论皆中朕之失，自古人君莫不欲社稷永安，然而不得

译文

王珪，太原祁县人。武德年间，任太子中允，太子李建成对他十分礼遇。后来被李建成阴谋作乱之事牵连，流放到四川巂州。李建成被诛杀后，太宗即位，王珪被太宗召回，官拜谏议大夫。作为臣子，王珪总是尽心竭力，所进献的许多建议都被采纳。王珪曾经秘密上书，直言劝谏，太宗就说：“你所谈论的，都能点中我的过失，自古以来，没有哪一个国君不想使自己的国家长治久安的，然而他们都做不

者，只为不闻己过，或闻而不能改故也。今朕有所失，卿能直言，朕复闻过能改，何虑社稷之不安乎？”太宗又尝谓珪曰：“卿若常居谏官，朕必永无过失。”顾待益厚。贞观元年，迁黄门侍郎，参预政事，兼太子右庶子。二年，进拜侍中。时房玄龄、魏徵、李靖、温彦博[4]、戴胄[5]与珪同知国政，尝因侍宴，太宗谓珪曰：“卿识鉴精通，尤善谈论，自玄龄等，咸宜品藻[6]，又可自量孰与诸子贤。”对曰：“孜孜奉国，知无不为，臣不如玄龄。每以谏诤为心，耻君不及尧、舜，臣不如魏徵。才兼文武，出将入相，臣不如李靖。敷奏详明，出纳惟允，臣不如温彦博。处繁理剧，众务必举，臣不如戴胄。至于激浊扬清，嫉恶好善，臣于数子，亦有一日之长。”太宗深然其言，群公亦各以为尽己所怀，谓之确论。

到，是因为他们听不到别人批评自己的过失，或是听到了也不能改正的缘故。现在我有过错，你能直言不讳，加上我能知错就改，何必担心国家不能长治久安呢？”太宗还曾经对王珪说：“你如果一直担任谏官，我必定永远没有过错。”因而更加器重厚待王珪。贞观元年，王珪官至黄门侍郎，参与国家政务，并兼任太子右庶子。贞观二年，王珪又升任侍中。当时房玄龄、魏徵、李靖、温彦博、戴胄与王珪一起处理国家政务，有一次他们侍宴太宗，太宗对王珪说：“你善于识鉴，尤其擅长谈论和评价别人，从玄龄等人开始，你都给我评价一下，并且比照自己，看谁更加贤达。”王珪回答说：“在为国兢兢业业，凡是知道的就尽力去做的方面，我比不上玄龄。总以劝谏为己任，并因陛下无法赶上尧、舜而感到羞耻的方面，我比不上魏徵。文武全才，出能带兵打仗，入能胜任宰相，在这方面我不如李靖。陈述奏章能详细清楚，出入平正公允，我比不上温彦博。在处理纷繁复杂事务，做事有条有理方面，我比不上戴胄。可是在弘扬正气，惩恶扬善方面，我比起各位，也算有自己的独到之处！”太宗认为他说得很对，在座的诸位大臣也认为王珪说出了真实情况，认为他评价得恰如其分。

注释

1 **王珪**：字叔玠，唐初四大名相之一。

2 **中允**：官名。掌侍从礼仪等事。

3 **封事**：古时臣下上书奏事，防有泄露，用袋封缄，称为封事。

4 **温彦博**：字大临，太原祁县人，唐初名相。

5 **戴胄**：字玄胤，相州安阳人。唐初大臣，历迁尚书左丞、吏部尚书。

6 **品藻**：品评，鉴定。

原文

李靖[1]，京兆三原人也。大业末，为马邑郡丞。会高祖为太原留守，靖观察高祖，知有四方之志，因自锁上变，诣江都。至长安，道塞不通而止。高祖克京城，执靖，将斩之，靖大呼曰："公起义兵除暴乱，不欲就大事，而以私怨斩壮士乎？"太宗亦加救靖，高祖遂舍之。武德中，以平萧铣、辅公祏[2]功，历迁扬州大都督府长史[3]。太宗嗣位，召拜刑部尚书[4]。贞观二年，以本官检校[5]中书令[6]。三年，转兵部尚书，为代州行军总管，进击突厥定襄

译文

李靖，京兆三原人。隋炀帝末年，任马邑郡丞。正值高祖李渊任太原留守。李靖观察高祖，知道他有夺取天下的志向，因此就封锁守地，向朝廷上报，并准备亲赴江都向隋炀帝告发李渊。走到长安，因为道路阻塞而滞留。高祖攻克长安后，抓住了李靖，将要杀掉他的时候，李靖大声喊道："李公起义扫除暴乱，不就是想成就统一大业，为何现在却以个人恩怨斩杀有识之士？"太宗也极力请求，加以营救，于是高祖才赦免了他。武德年间，因平定萧铣、辅公祏的功劳，李靖升任扬州大都督府长史。太宗继位后，他被召回京城，任刑部尚书。贞观二年，以刑部尚书代理中书令。贞观三年，转任兵部尚书，兼任代州行军总管，率领军队进攻突厥占领的定襄城，大破突厥。突厥各部落逃往碛北，擒获了隋朝齐王杨暕的儿子杨道政

城，破之。突厥诸部落俱走碛北[7]，北擒隋齐王暕之子杨道政，及炀帝萧后，送于长安。突利可汗[8]来降，颉利可汗[9]仅以身遁。太宗谓曰："昔李陵[10]提步卒五千，不免身降匈奴，尚得名书竹帛。卿以三千轻骑，深入虏庭，克复定襄，威振北狄，实古今未有，足报往年渭水之役矣。"以功进封代国公。此后，颉利可汗大惧，四年，退保铁山[11]，遣使入朝谢罪，请举国内附。又以靖为定襄道行军总管，往迎颉利。颉利虽外请降，而心怀疑贰。诏遣鸿胪卿唐俭、摄户部尚书将军安修仁慰谕之。靖谓副将张公谨曰："诏使到彼，虏必自宽，乃选精骑赍二十日粮，引兵自白道袭之。"公谨曰："既许其降，诏使在彼，未宜讨击。"靖曰："此兵机也，时不可失。"遂督军疾进。行至阴山，遇其斥候千余帐，皆

以及隋炀帝的皇后萧氏，并将他们押送到长安。之后，突厥的突利可汗前来投降，而颉利可汗独自逃走。太宗说："汉代李陵率领五千步兵作战，还免不了投降匈奴，即使这样，还可名垂史册。你能仅凭三千骑兵，深入敌人腹地收复定襄城，威震北狄，这样的事的确亘古未有，这样的功劳足可以弥补过去渭水之战的过失了。"由于李靖功勋显赫，唐太宗加封他为代国公。此后，颉利可汗对唐军十分恐惧，贞观四年，退到铁山一带，并派遣使者入朝谢罪，请求全国归降。太宗又任命李靖为定襄道行军总管，前往迎接颉利可汗。颉利可汗虽然表面称降，但仍怀异心。太宗派遣鸿胪卿唐俭、摄户部尚书将军安修仁安抚慰问。李靖对副将张公谨说："使臣到达突厥之后，敌人必然放松警惕，你挑选精锐骑兵并带二十天的粮草，领兵从白道偷袭他们。"张公谨说："既然我们已答应受降，而且使者又在他们那里，征讨恐怕不合适吧。"李靖说道："这是用兵的大好机会，时机不容错过。"于是他率领军队迅速前进，行到阴山的时候，遇到突厥的侦察部队千余帐，将他们俘虏后一起随军前行。颉利可汗看到唐朝使者，十分高兴，没有料到唐朝的军队也到了。李靖先头部队

俘以随军。颉利见使者甚悦，不虞官兵至也。靖前锋乘雾而行，去其牙帐七里，颉利始觉，列兵未及成阵，单马轻走，虏众因而溃散。斩万余级，杀其妻隋义成公主，俘男女十余万，斥土界自阴山至于大漠，遂灭其国。寻获颉利可汗于别部落，余众悉降。太宗大悦，顾谓侍臣曰："朕闻主忧臣辱，主辱臣死。往者国家草创，突厥强梁，太上皇以百姓之故，称臣于颉利，朕未尝不痛心疾首，志灭匈奴，坐不安席，食不甘味。今者暂动偏师，无往不捷，单于稽颡[12]，耻其雪乎！"群臣皆称万岁。寻拜靖光禄大夫、尚书右仆射，赐实封五百户。又为西海道行军大总管，征吐谷浑[13]，大破其国。改封卫国公。及靖身亡，有诏许坟茔制度依汉卫、霍故事[14]，筑阙象突厥内燕然山、吐谷浑内碛石二山，以旌殊绩。

凭借大雾前进，距离颉利可汗的军帐七里时才被发觉，因此突厥军队已经来不及摆好阵势了，颉利可汗只能一人骑马逃走，敌兵也因此乱作一团，四处溃逃。这一战，共斩杀万余敌人，杀死颉利可汗的夫人隋朝义成公主，俘虏男女十多万人，疆土从阴山扩展到大漠以北，灭掉了突厥国。不久，在其他部落中擒获颉利可汗，其余部全部投降。战后，太宗十分高兴，对侍臣说："我听说国君忧虑，臣子就会感到屈辱；国君受到屈辱，臣子就会以死雪耻。过去，国家刚刚建立的时候，突厥国势强大，太上皇因爱护百姓，向颉利可汗称臣。我当时十分痛心疾首，立志要消灭匈奴，因此坐不安稳，食而无味。今天，只动用了非主力部队，就攻无不克，使匈奴单于俯首称臣，真是雪了前耻啊！"殿上群臣齐呼万岁。不久，太宗封李靖为光禄大夫、尚书右仆射，赏赐食禄五百户。此后李靖又担任西海道行军大总管，征伐吐谷浑，大败他们。后来李靖被封为卫国公。李靖死后，太宗下诏，允许他的坟墓可以按照汉代卫青、霍去病坟墓建造的旧制进行修建，坟墓前筑起高大的石碑，象征突厥国内的燕然山和吐谷浑国内的碛石山，用来表彰他卓越的功绩。

注释

1 **李靖**：字药师。隋末唐初将领，是唐朝文武兼备的著名军事家。

2 **萧铣**（xiǎn）、**辅公祏**（shí）：均为隋末唐初地方割据势力首领。

3 **大都督府长史**：唐制，总十州者为大都督。长史是大都督的首要属官。

4 **刑部尚书**：唐制，刑部掌律令、刑法等，刑部尚书即该部长官。

5 **检校**：官名。晋始设，原为散官，元以后为属官。这里有权且代理之意。

6 **中书令**：中书省长官。唐初，皇帝之下设三省，中书省掌管军国政令。

7 **碛**（qì）**北**：古称蒙古高原大漠以北地区。

8 **突利可汗**：阿史那氏，名什钵苾，始毕可汗之子，东突厥小可汗。629年，其与颉利可汗决裂，率部归唐。

9 **颉利可汗**：阿史那氏，名咄苾，始毕可汗之弟，东突厥最后一任可汗。

10 **李陵**：字少卿，西汉名将。

11 **铁山**：今内蒙古自治区阴山北。

12 **稽颡**（sǎng）：古时的一种跪拜礼，屈膝下拜，以额触地，表示极度虔诚。

13 **吐谷**（yù）**浑**：我国古代西北民族之一。

14 **故事**：先例，旧制。

原文

虞世南[1]，会稽余姚人也。贞观初，太宗引为上客，因开文馆，馆中号为多士，咸推世南为文学之宗。授以记室，与房玄龄对掌文翰[2]。尝命写《列女传》以装屏风，于时无本，世南暗书之，一无遗失。贞观七年，累迁秘书监。太宗

译文

虞世南，会稽余姚人。贞观初年，唐太宗尊他为上宾，设立文学馆，文馆中人才济济，但都推举虞世南为文学的宗师。太宗任命他为记室，与房玄龄一起掌管文章方面的事情。虞世南曾受命书写《列女传》用来装饰屏风，当时没有现成的文本，于是他就凭记忆默写了下来，竟没有一点差错。贞观七年，虞世南升任秘书监。太宗在处理政务之余，就召

每机务之隙，引之谈论，共观经史。世南虽容貌懦弱，如不胜衣，而志性抗烈，每论及古先帝王为政得失，必存规讽，多所补益。及高祖晏驾[3]，太宗执丧过礼，哀容毁悴，久替万机，文武百僚，计无所出。世南每入进谏，太宗甚嘉纳之，益所亲礼。尝谓侍臣曰："朕因暇日，每与虞世南商榷古今。朕有一言之善，世南未尝不悦；有一言之失，未尝不怅恨。其恳诚若此，朕用嘉焉。群臣皆若世南，天下何忧不治？"太宗尝称世南有五绝：一曰德行，二曰忠直，三曰博学，四曰词藻，五曰书翰。及卒，太宗举哀于别次，哭之甚恸。丧事官给，仍赐以东园秘器[4]，赠礼部尚书，谥曰文懿。太宗手敕魏王泰曰："虞世南于我，犹一体也。拾遗补阙，无日暂忘，实当代名臣，人伦准的。吾有小善，必将顺而

见虞世南与其谈论，共读经史。虞世南外表柔弱，好像连衣服的重量都不能承受，但性情刚烈，每次谈论起历代帝王的政治得失，都会在言谈中寄寓规劝和讽谏，这对太宗治国很有益处。唐高祖去世之后，太宗由于悲伤过度，面容憔悴，长久不理朝政，文武百官也无计可施。但是虞世南每次入宫进谏，太宗都很乐于接受他的意见，且对他礼敬有加。唐太宗曾对身边的侍臣说："我一有空闲就与虞世南探讨古今大事。我每有一句好的见解，虞世南就非常高兴；我每有一句错误的话，他就十分惋惜遗憾。他如此诚恳忠诚，我非常欣赏他。如果各位大臣都像世南那样，我哪还用得着担心天下治理不好呢？"唐太宗称赞虞世南有五绝：一是德行，二是忠直，三是博学，四是辞藻，五是书法。虞世南去世后，太宗不仅在偏殿为其哀悼，还失声痛哭。丧事费用全由国家负担，还赐给他棺材葬具，追封他为礼部尚书，谥号文懿。太宗在写给魏王李泰的信中说道："虞世南对于我，就像是同为一体。他为我拾遗补缺，一刻都不曾忘记，实在是当代名臣，人伦道德的榜样。过去，我有一点好的建议，他必定加以肯定并帮我实现；我有一点小的过失，他必定哪怕触怒我也要

成之；吾有小失，必犯颜而谏之。今其云亡，石渠、东观[5]之中，无复人矣，痛惜岂可言耶！”未几，太宗为诗一篇，追思往古理乱之道，既而叹曰：“钟子期死，伯牙不复鼓琴。[6]朕之此篇，将何所示？”因令起居[7]褚遂良[8]诣其灵帐读讫焚之，其悲悼也若此。又令与房玄龄、长孙无忌、杜如晦、李靖等二十四人，图形于凌烟阁。

直言相谏。现在他去世了，石渠、东观之中再无这样的人了，这样的悲痛怎能用语言来表达呢！”不久，唐太宗作了一首诗，追思古代治乱之道，写成后，不禁感慨道：“钟子期去世之后，伯牙不再弹琴。我写的这首诗，又拿给谁看呢？”于是唐太宗让起居褚遂良把诗拿到虞世南的灵帐外诵读，读完就烧掉了，可见他哀痛有多深切。后来，太宗又下令将虞世南和房玄龄、长孙无忌、杜如晦、李靖等二十四位功臣的图像，画在凌烟阁内。

注释

1 **虞世南**：字伯施，唐初政治家、书法家、文学家。

2 **文翰**：文章，也指公文信札。

3 **晏驾**：古代称帝王死亡的讳词。

4 **东园秘器**：皇室、显宦死后用的棺材。东园，官署名。掌管陵墓内器物、葬具的制造与供应。

5 **石渠、东观**：汉代朝廷藏图书秘籍的地方，这里代指相关机构。

6 **钟子期死，伯牙不复鼓琴**：史书上记载说伯牙善于鼓琴，而钟子期善于听琴。钟子期死后，伯牙不再鼓琴，因为世上无知音了。

7 **起居**：唐代在门下省设起居郎，掌管记录皇帝言行起居之事。

8 **褚遂良**：字登善，钱塘人。唐初大臣，书法家。

原文

李勣[1]，曹州离狐人也。本姓徐，初仕李密[2]，为左武侯大将军。密后为王世充[3]所破，拥众归国，勣犹据密旧境十郡之地。武德二年，谓长史郭孝恪曰："魏公[4]既归大唐，今此人众土地，魏公所有也。吾若上表献之，则是利主之败，自为己功，以邀富贵，是吾所耻。今宜具录州县及军人户口，总启魏公，听公自献，此则魏公之功也，不亦可乎？"乃遣使启密。使人初至，高祖闻无表，惟有启与密，甚怪之。使者以勣意闻奏，高祖方大喜曰："徐勣感德推功，实纯臣也。"拜黎州总管，赐姓李氏，附属籍于宗正。封其父盖为济阴王，固辞王爵，乃封舒国公，授散骑常侍。寻加勣右武侯大将军。及李密反叛伏诛，勣发丧行服，备君臣之礼，表请收葬。高祖遂归其

译文

李勣，曹州离狐人。本姓徐，起初在李密部下做左武侯大将军。后来李密被王世充打败，于是率众归降唐朝。但李勣仍控制着以前李密所占领的10个郡。武德二年，李勣对长史郭孝恪说："魏公李密既已经归顺大唐，但这些郡的人口和土地，本是魏公所有。假如我上书献给大唐，那就是利用主子的失败，来为自己邀功，以谋求富贵，我感到可耻。现在应该完整地登录州县名称和军人户口，一起报送魏公，由魏公自己来献给朝廷，那就是魏公的功劳了，这不是很好吗？"于是派使者报送李密。使者刚到长安，唐高祖听说李勣没有表奏，只有报告送给李密，感到十分不满。使者把李勣的用意上奏后，高祖才高兴地说："徐勣深感故主恩德，把功劳归送旧主，真是忠心纯正的臣子。"于是任命他做黎州总管，赐姓李氏，把户籍登入宗正寺管理。封他的父亲李盖为济阴王，因李盖坚决推辞，就改封舒国公，授予散骑常侍的官职。不久又加授李勣为右武侯大将军。等到李密反叛被诛，李勣为他发丧并穿上丧服，而且用完备的君臣之礼来处理丧事，还上表高祖请求为李密收葬。高祖就把李密的遗体交给他。于是他准

尸。于是大具威仪，三军缟素[5]，葬于黎阳山。礼成，释服而散，朝野义之。寻为窦建德[6]所攻，陷于建德，又自拔归京师。从太宗征王世充、窦建德，平之。贞观元年，拜并州都督，令行禁止，号为称职，突厥甚加畏惮。太宗谓侍臣曰："隋炀帝不解精选贤良，镇抚边境，惟远筑长城，广屯将士，以备突厥，而情识之惑，一至于此。朕今委任李勣于并州，遂得突厥畏威远遁，塞垣安静，岂不胜数千里长城耶？"其后并州改置大都督府，又以勣为长史，累封英国公。在并州凡十六年，召拜兵部尚书，兼知政事。勣时遇暴疾，验方云须灰可以疗之，太宗自剪须为其和药。勣顿首见血，泣以陈谢。太宗曰："吾为社稷计耳，不烦深谢。"十七年，高宗[7]居春宫，转太子詹事，加特进，仍知政事。太宗又尝

备了规模宏大的仪仗，全军都穿上白色的丧服，将李密埋葬在黎阳山。葬礼完毕，他才脱去丧服，解散众人，朝廷上下都认为李勣是有情义的人。不久，李勣受到窦建德的攻击，被俘，之后逃出，返回京师。又跟随太宗征讨王世充、窦建德，并把他们打败。贞观元年，李勣被任命为并州都督，他令行禁止，大家都说他称职，突厥对他也是十分畏惧。太宗对侍臣说："隋炀帝不懂得精挑良将镇守边境，只知修筑长城，派大批将士屯守，以防范突厥，他思想之糊涂，竟到了这种地步。如今我委任李勣镇守并州，就使突厥畏威远逃，边塞安宁了，这岂不胜过数千里的长城吗？"后来并州改设大都督府，又任命李勣为长史，加封到英国公。他在并州守了16年，召回京城后任兵部尚书，同时主持国家政事。李勣有次忽患重病，验方上说用胡须烧的灰可以治好，太宗剪下自己的胡须给他和药。李勣叩头到出血，哭着谢恩。太宗说："我这是为社稷打算，不用感谢。"贞观十七年，唐高宗居东宫为太子，太宗任命李勣为太子詹事，追加特进头衔，仍然主持国家政事。又有一次在宴席上，太宗看着李勣说："我想把年幼的太子托付给一个人，考虑下来没有

宴，顾勣曰："朕将属以孤幼，思之无越卿者。公往不遗于李密，今岂负于朕哉！"勣雪涕致辞，因啮指流血。俄沉醉，御服覆之，其见委信如此。勣每行军，用师筹算，临敌应变，动合事机。自贞观以来，讨击突厥、颉利及薛延陀[8]、高丽等，并大破之。太宗尝曰："李靖、李勣二人，古之韩、白[9]、卫、霍岂能及也！"

比你更合适的人了。你过去没背弃李密，如今又怎么会辜负我呢！"李勣感激涕零，致辞谢恩，并把自己的手指咬出血来表示忠心。不一会李勣喝得大醉，太宗把自己的衣服盖在他身上，由此可见太宗对他的信任。李勣每次行军作战，用兵筹划，临敌应变，都能做得很确当。自贞观以来，李勣奉令讨伐突厥、颉利可汗和薛延陀、高丽等，都把他们打得大败。太宗曾说："李靖、李勣二人，就是古代的名将韩信、白起、卫青、霍去病也很难比得上啊！"

注释

1 **李勣**（jì）：本姓徐，名世勣，字懋功，唐初大将。

2 **李密**：字玄邃，一字法主。京兆长安人，隋末瓦岗起义军首领。

3 **王世充**：隋朝新丰人，字行满。隋末地方割据势力首领，归唐后为仇人所杀。

4 **魏公**：指李密。

5 **缟素**：白色丧服。

6 **窦建德**：隋末河北农民起义军前期领袖，后被李世民击败。

7 **高宗**：唐高宗李治，唐朝第三任皇帝。

8 **薛延陀**：隋唐时期我国北方游牧民族铁勒的一支。

9 **韩、白**：指韩信和白起。

原文

马周[1]，博州茌平人也。贞观五年，至京师，舍于中郎将常何之家。时太宗令百官上书言得失，周为何陈便宜[2]二十余事，令奏之，事皆合旨。太宗怪其能，问何，何对曰："此非臣所发意，乃臣家客马周也。"太宗即日召之，未至间，凡四度遣使催促。及谒见，与语甚悦，令直门下省，授监察御史，累除中书舍人。周有机辩，能敷奏[3]，深识事端[4]，故动无不中。太宗尝曰："我于马周，暂时不见，则便思之。"十八年，历迁中书令，兼太子左庶子。周既职兼两宫，处事平允，甚获当时之誉。又以本官摄吏部尚书。太宗尝谓侍臣曰："周见事敏速，性甚慎至。至于论量人物，直道而言，朕比任使之，多称朕意。既写忠诚，亲附于朕，实借此人，共康时政也。"

译文

马周，博州茌平人。贞观五年，他到京师长安，住在中郎将常何家里。当时唐太宗要百官上书讲治国得失，马周给常何陈述了有利于国家百姓的二十多条建议，让常何上奏朝廷，结果条条都很合太宗心意。太宗很奇怪常何会有这样的才能，便问常何，常何回答说："这些并不是我想出来的，而是我家里的宾客马周讲的。"太宗当天就要召见马周，在马周还没有到的这段时间里，太宗又派人催了四次。到谒见时，太宗同他谈得很高兴，于是把他安置在门下省，授予监察御史的官职，后来升迁至中书舍人。马周机敏善辩，善于陈奏，对事情的缘由了解得很清楚，所以讲的话都很符合实际。太宗曾说："马周对于我来说，一会儿不见面，就很想念他。"贞观十八年，马周一直升迁到中书令，兼任太子左庶子。他身兼朝廷和东宫的官职，处理事情公平允当，很受当时人的赞誉。后来又以中书令身份兼代吏部尚书。太宗曾对身边的大臣说："马周看问题敏捷，性格又慎重缜密。至于评论人物，也能秉公直言，我近来任用他所推荐的人，多数都能符合我的心意。他既然竭尽忠诚，亲近依附于我，我定要依靠他，共同把政事办好。"

注释

1 **马周**：字宾王，唐初大臣。

2 **便宜**：指有利于国家、合乎时宜的事。

3 **敷奏**：陈奏，向君主报告。

4 **事端**：事情的缘由。

求谏

导读

“求谏”是指古代君王鼓励臣下向自己提出意见，及时纠正自己的过失，进而形成良好的君臣关系，有利于君王更好地治理国家的一种行为。封建社会的君主专制制度，君王集军政大权于一身，个人的决断和得失，关乎整个国家的安危与兴亡。但是，也正如唐太宗所言：“一日万机，一人听断，虽复忧劳，安能尽善？”所以，保证君主专制制度正常运转的一项必要机制就是谏官制度。谏官通过直接向皇帝提出意见、评议时政得失的方式，来向皇帝建言献策，弥补其一人决策之不足；此外，谏官还可以通过批评甚至是反对的方式，来阻止皇帝实施不利于国家和百姓的诏令，保证君王能时刻保持头脑清醒，处理好君臣、君民、君国之间的关系。《求谏》篇恰是以此为目的，记述了唐太宗如何虚怀若谷，重视并鼓励臣下向君上直言相谏的事实。通过这样的事实，作者试图阐明以下两点：第一，善于求谏，是古代圣明君主的必备素质之一。求谏，意味着君王要有博大的胸怀，谦卑的态度，面对臣下的直言劝谏，要能虚心接受，不仅要鼓励敢于劝谏的大臣，还要奖励他们，公之于众，展现君王求谏、纳谏的诚心和决心。第二，求谏，是君王处理好与臣下关系的必要途径之一。求谏的目的在于纠正君王的错误，有利于国家社稷，所以君王要认识到求谏的重要性，认识到臣下只有尽忠直谏，才能集思广益，匡正君王一人决断的不足。同时，君王还要理解臣下犯上进谏的不易之处，因为只有君臣之间知无不言，相互信任，才能形成明君贤臣共商国是的良好风气。

原文

太宗威容俨肃，百僚进见者，皆失其举措。太宗知其若此，每见人奏事，必假颜色，冀闻谏诤[1]，知政教得失。贞观初，尝谓公卿曰："人欲自照，必须明镜；主欲知过，必借忠臣。主若自贤，臣不匡正，欲不危败，岂可得乎？故君失其国，臣亦不能独全其家。至于隋炀帝暴虐，臣下钳口[2]，卒令不闻其过，遂至灭亡，虞世基等，寻亦诛死。前事不远，公等每看事有不利于人，必须极言规谏。"

译文

唐太宗平常面容威武严肃，来觐见的百官，见到他都会紧张得不知所措。太宗知道这一情况后，每见到有人上奏，总是做出和颜悦色的样子，希望能够听到谏诤，进而了解朝政的得失。贞观初年，太宗曾对公卿们说："人要看清自己，须有明镜；国君要想知道自己的过失，必须要借助于忠臣。君主假如自以为圣明，臣下又不去匡正，要想国家不倾危败亡，能办得到吗？所以君主丧失自己的国家，臣下也不能保全他自己的家。至于隋炀帝暴虐，臣下都把嘴闭起来不敢讲话，最终使他听不到自己的过失而导致灭亡，虞世基等人不久也被诛杀。前事不远，你们今后每当看到事情有不利于百姓的，必须直言规劝谏诤。"

注释

1 **谏诤**：直言规劝，使人改正过错。

2 **钳口**：因胁迫而不敢讲话。

原文

贞观元年，太宗谓侍臣曰："正主任邪臣，不能致理；正臣事邪主，亦不能致理。惟君臣相遇，有同鱼水，则海内可安。朕虽不明，幸诸公数相匡救，冀凭直言鲠议[1]，致天下太平。"谏议大夫王珪对曰："臣闻，木从绳则正，后从谏则圣。是故古者圣主必有争臣七人，言而不用，则相继以死。陛下开圣虑，纳刍荛[2]，愚臣处不讳之朝，实愿罄其狂瞽[3]。"太宗称善，诏令自是宰相入内平章[4]国计，必使谏官随入，预闻政事。有所开说，必虚己纳之。

译文

贞观元年，唐太宗对侍臣说："正直的君主任用了奸臣，就不可能治理好国家；忠直的臣子侍奉昏庸的君主，也不可能治理好国家。只有正直的君主和忠直的大臣一起共事，才能如鱼得水，天下安定。我虽然不算明君，幸亏你们的多次匡正补救，希望凭借你们直言劝谏，实现天下的太平。"谏议大夫王珪回答说："我听说木材弹上墨线就能锯得笔直，君主听从规谏就能成为圣君。所以古代圣君必须设诤臣七人，劝言如不被接受，就一个接一个地以死相谏。陛下圣虑广开，采纳臣民忠言，我等处在不避忌讳的朝代，实在愿意把愚昧之见都讲出来。"太宗称赞他说得好，下诏规定今后宰相入宫商议国家大事，必须让谏官跟着进来，参与朝政事务。如有任何建议，皇上一定虚心采纳。

注释

1 **鲠**（gěng）议：刚直的议论。

2 **刍荛**（ráo）：割草打柴的人。这里指见识不多的人。

3 **罄其狂瞽**（gǔ）：自谦之词，这里指把愚昧之见都说出来。罄，用尽；狂瞽，愚昧无知。

4 **平章**：评处，商讨。

原文

贞观二年，太宗谓侍臣曰："明主思短而益善，暗主护短而永愚。隋炀帝好自矜夸，护短拒谏，诚亦实难犯忤。虞世基不敢直言，或恐未为深罪。昔箕子佯狂自全[1]，孔子亦称其仁。及炀帝被杀，世基合同死否？"杜如晦对曰："天子有诤臣，虽无道，不失其天下。仲尼[2]称：'直哉史鱼[3]，邦有道如矢，邦无道如矢。'世基岂得以炀帝无道，不纳谏诤，遂杜口无言？偷安重位，又不能辞职请退，则与箕子佯狂而去，事理不同。昔晋惠帝贾后[4]将废愍怀太子[5]，司空张华[6]竟不能苦争，阿意苟免。及赵王伦[7]举兵废后，遣使收华，华曰：'将废太子日，非是无言，当时不被纳用。'其使曰：'公为三公，太子无罪被废，言既不从，何不引身而退？'华无辞以答，遂斩

译文

贞观二年，唐太宗对侍臣说："明君因为常能想到自己的缺点而变得愈加完美，然而昏君因为常常掩饰自己的短处而变得更加愚昧。像隋炀帝，喜欢自我夸耀，掩饰自己的缺点，拒绝别人劝谏，做臣子的确很难犯颜直谏。虞世基不敢直言，或许这算不上大罪。以前商代的箕子假装发疯来保全性命，可孔子还是评价他仁义。等到隋炀帝被杀，虞世基难道就该一同去死吗？"杜如晦回答说："君主身边有敢于直言的大臣，即使自己治国无方，也不会失去天下。孔子曾经赞扬说：'史鱼真正直啊，国家治理好的时候他的言行像箭一样刚直，国家治理不好的时候他的言行还像箭一样刚直。'虞世基怎么能因为隋炀帝无道，不接受忠言，就闭口不提意见呢？他苟且偷安，官居高位，又不能辞职引退，这和箕子装疯离去，是完全不同的情况。过去晋惠帝的皇后贾后要废掉愍怀太子，司空张华非但不苦苦相争，反而阿谀顺应贾后，苟全性命。不久赵王伦起兵废掉贾后，派人捉拿张华，张华辩解说：'贾后废太子的时候，不是我没有讲话，而是当时没有被采纳。'使者说：'你位居三公，太子无罪却被废掉，劝谏既然不被接受，那你为什么不辞职引退呢？'

之，夷其三族。古人有云：'危而不持，颠而不扶，则将焉用彼相？'故'君子临大节而不可夺也'。张华既抗直不能成节，逊言不足全身，王臣之节固已坠矣。虞世基位居宰辅，在得言之地，竟无一言谏诤，诚亦合死。"太宗曰："公言是也。人君必须忠良辅弼，乃得身安国宁。炀帝岂不以下无忠臣，身不闻过，恶积祸盈，灭亡斯及？若人主所行不当，臣下又无匡谏，苟在阿顺，事皆称美，则君为暗主，臣为谀臣。君暗臣谀，危亡不远。朕今志在君臣上下，各尽至公，共相切磋，以成治道。公等各宜务尽忠谠，匡救朕恶，终不以直言忤意辄相责怒。"

张华无言以对，于是被斩杀，株连三族。古人说得好：'危难时不去扶持，倾倒时不去支撑，这样的宰相有什么用呢？'所以'君子面临危难却能依然坚守节操'。张华既不能靠忠直的劝谏来坚守自己的节操，劝谏不被采纳又不能全身而退，作为臣子的节操已不复存在。虞世基身为宰相，在该进言的时候却没有一句劝谏，他的确该死。"唐太宗说："你说得对。君主必须有忠臣辅佐，才能够自身平安，国家太平。隋炀帝难道不是因为身边没有忠臣，听不到别人劝谏他的过失，才使得灾祸越积越大，从而致灭亡的吗？如果国君言行不当，臣下又不匡正劝谏，只是阿谀奉承，苟全性命，凡事一味称赞，那么这样的君主就是昏君，臣子就是阿谀的臣子。君主昏庸，臣子阿谀，那么国家距离灭亡就为期不远了。现在我希望君臣上下能恪尽职守，同心为公，共同协商国家大事，实现国家的长治久安。你们一定要尽忠职守，敢于直言劝谏，匡正补救我的过失，我绝不会因为你们的忠言直谏触怒了我而责备你们。"

注释

1 **箕子佯狂自全**：箕子，名胥余，殷纣王的叔父。纣王骄奢淫逸，箕子劝谏，纣王不听，于是他披发装疯，以此来保全性命。

2 **仲尼**：孔子的字。

3 **史鱼**：春秋时卫国大夫，以大公无私，耿直敢言著称。

4 **贾后**：晋惠帝司马衷的皇后。因惠帝无能，贾后专权。

5 **愍（mǐn）怀太子**：即是西晋开国皇帝司马炎的孙子、司马衷的儿子司马遹。贾后以其非己出，诬其谋反，派人将其杀害，死后追谥为愍怀太子。

6 **张华**：字茂先，西晋文学家，政治家。

7 **赵王伦**：即司马伦，字子彝。司马懿第九子，晋武帝时封赵王。

原文

贞观三年，太宗谓司空裴寂[1]曰："比[2]有上书奏事，条数甚多，朕总黏之屋壁，出入观省。所以孜孜不倦者，欲尽臣下之情。每一思政理，或三更方寝。亦望公辈用心不倦，以副朕怀也。"

译文

贞观三年，唐太宗对司空裴寂说："近来有人上书奏事，条数很多，我都粘贴到卧室的墙壁上，出入时看看思考一下。之所以要这么孜孜不倦，是想把臣下的想法都弄清楚。我每次想到治国大事，有时要到三更以后才睡觉。我也希望你们用心不倦，以符合我的心意。"

注释

1 **裴寂**：唐初大臣。字玄真，蒲州桑泉人。武德年间任尚书左仆射，掌握大权。贞观三年被太宗免官，放归故乡。

2 **比**：近来。

原文

贞观五年，太宗谓房玄龄等曰："自古帝王多任情喜怒，喜则滥赏无功，怒则滥杀无罪。是以天下丧乱，莫不由此。朕今夙夜未尝不以此为心，恒欲公

译文

贞观五年，唐太宗对房玄龄等人说："自古以来，帝王大都任由自己的性情高兴或发怒，高兴的时候就无功乱赏，发怒时就无罪乱杀。因此天下大乱，没有一个不是这样造成的。我现在日夜都把这件事挂在心上，常希望各位大臣能对我尽

等尽情极谏。公等亦须受人谏语，岂得以人言不同已意，便即护短不纳？若不能受谏，安能谏人？”

贞观六年，太宗以御史大夫[1]韦挺[2]、中书侍郎杜正伦[3]、秘书少监虞世南、著作郎姚思廉[4]等上封事称旨，召而谓曰：“朕历观自古人臣立忠之事，若值明主，便宜尽诚规谏，至如龙逄、比干，不免孥戮[5]。为君不易，为臣极难。朕又闻龙可扰而驯，然喉下有逆鳞。卿等遂不避犯触，各进封事。常能如此，朕岂虑宗社之倾败？每思卿等此意，不能暂忘，故设宴为乐。”仍赐绢有差。

力劝谏。同时，你们也应当接受别人的批评意见，怎么能因为别人的意见和自己不一致，就掩饰自己的缺点而不采纳了呢？如果一个人不接受别人的批评，那他又怎么能去批评别人呢？”

贞观六年，唐太宗因御史大夫韦挺、中书侍郎杜正伦、秘书少监虞世南、著作郎姚思廉等人所奏的事很符合自己的心意，所以召见时对他们说：“我观察自古以来臣子尽忠的事迹，如果遇到圣明的君主，自然就能够诚心规谏，但像关龙逄、比干那样的处境，就免不了全家遭杀的命运。做君主不容易，做臣子也很难。我又听说龙是可以驯养的，但喉下有逆鳞。你们不要避讳触犯逆鳞，要各自上书奏事。常能这样，我难道还怕宗庙社稷会倾灭覆亡吗？每想到你们一片忠心，我片刻不能忘怀，所以设宴共享欢乐。”又赏赐给每人数量不等的绢。

注释

1 **御史大夫**：唐制，掌刑法典章，监察和纠正百官之罪恶。

2 **韦挺**：曾是太子李建成的属官，贞观初，由王珪推荐，官拜御史大夫。

3 **杜正伦**：贞观初年，由魏徵举荐，任兵部员外郎，后迁中书侍郎。

4 **姚思廉**：名简，字思廉，以字行，唐初史学家。贞观时官至散骑常侍。

5 **孥（nú）戮**：连同妻儿被杀戮。孥，妻子和儿女；戮，杀戮。

原文

太常卿[1]韦挺尝上疏陈得失，太宗赐书曰："所上意见，极是谠言，辞理可观，甚以为慰。昔齐境之难，夷吾有射钩之罪；蒲城之役，勃鞮[2]为斩袂之仇。而小白不以为疑，重耳待之若旧。岂非各吠非主，志在无二？卿之深诚，见于斯矣。若能克全此节，则永保令名。如其怠之，可不惜也。勉励终始，垂范将来，当使后之视今，亦犹今之视古，不亦美乎？朕比不闻其过，未睹其阙[3]，赖竭忠恳，数进嘉言，用沃朕怀，一何可道！"

译文

太常卿韦挺曾经上书唐太宗，陈述治国的得失，太宗读后回书说："你所呈上的意见极其诚恳正直，言辞和道理都很值得称道，我对此感到十分欣慰。过去齐国发生内乱，管仲曾有射中齐桓公带钩的大罪；晋国蒲城之战，勃鞮曾有斩断晋文公衣袖的仇恨。但齐桓公仍任用管仲，没有猜疑；晋文公对待勃鞮仍旧像以前一样，没有差别。这难道不是他们各自攻击不是自己主人的人，而表现出的一种没有二心的忠诚吗？你的忠诚，从这里就可以看出。如果你能一直保全这样的节操，那么你的美名就可以永远保全了。如果你在这方面懈怠了，那将是多么可惜呀。我希望你能勉励自己，善始善终，做后人的表率，应当使后人看今天所发生的事，就像今天的人看古代所发生的事一样，这难道不是很好吗？近来我没有听到别人批评我的过失，也看不到自己治理国家的缺陷，希望你们竭尽忠诚，不断地提出好的建议，用来开阔我的思路和胸怀，这样的想法怎能是一两句话所能表达的啊！"

注释

1 **太常卿**：官名，掌礼乐、郊庙、社稷之事。

2 **勃鞮**（dī）：晋国人。曾奉晋献公之命去杀重耳，重耳逃走，勃鞮追上斩其衣袖。重耳成为晋文公之后，不念旧恶，仍重用勃鞮。

3 **阙**：缺点，错误。

原文

贞观八年，太宗谓侍臣曰："朕每闲居静坐，则自内省，恒恐上不称天心，下为百姓所怨。但思正人匡谏，欲令耳目外通，下无怨滞。又比见人来奏事者，多有怖慑，言语致失次第。寻常奏事，情犹如此，况欲谏诤，必当畏犯逆鳞。所以每有谏者，纵不合朕心，朕亦不以为忤。若即嗔责，深恐人怀战惧，岂肯更言！"

贞观十五年，太宗问魏徵曰："比来朝臣都不论事，何也？"徵对曰："陛下虚心采纳，诚宜有言者。然古人云：'未信而谏，则以为谤己；信而不谏，则谓之尸禄[1]。'但人之才器，各有不同，懦弱之人，怀忠直而不能言；疏远之人，恐不信而不得言；怀禄之人，虑不便身而不敢言。所以相与缄默，俯仰[2]过日。"太宗曰："诚如卿言。朕每思之，人

译文

贞观八年，唐太宗对侍臣说："我每当无事静坐，就自我反省。常常害怕对上不能使上天称心如意，对下被百姓怨恨。只考虑能得到正直忠诚之人的匡救劝谏，好让我能了解外面的情况，使百姓没有积怨。此外，近来见到来上奏的人，常显得心怀恐惧，讲话也变得语无伦次。平时奏事，情况尚且如此，何况要直言劝谏我的过失，必然害怕而不敢触犯我。所以每当有人劝谏时，纵然不合我的心意，我也不认为他们忤逆。假如立刻发怒斥责，恐怕人人心怀恐惧，岂敢再说话！"

贞观十五年，唐太宗问魏徵："近来朝臣都不议论政事，这是为什么？"魏徵回答说："陛下虚心纳谏，本来应当有进言的人。然而古人说过：'不被信任的人劝谏，会被认为是毁谤自己；获得信任却不劝谏的，就会被称为空食俸禄而不尽职。'但是人的才能、气度，各有不同，胆小怕事的人，心存忠直但不能进谏；被疏远的人，怕不信任而无法进谏；贪恋禄位的人，怕不利于自身而不敢进谏。所以大家都沉默不言，随便应付着混日子。"太宗说："确实像你所说。我常想，人臣要劝谏，动辄害怕有杀身之

臣欲谏，辄惧死亡之祸，与夫赴鼎镬[3]、冒白刃，亦何异哉？故忠贞之臣，非不欲竭诚，竭诚者，乃是极难。所以禹拜昌言，岂不为此也？朕今开怀抱，纳谏诤，卿等无劳怖惧，遂不极言。”

祸，这和赴鼎镬被烹杀、不顾被刀剑斩杀又有什么两样？因此忠贞的臣子，并非不想竭尽忠诚，是因为竭尽忠诚，实在太难了。所以夏禹听了好的意见要拜谢，难道不就是因为这个缘故吗？我如今敞开胸怀，接受直言劝谏，你们无须因为害怕就不敢尽情发言了。”

注释

1 **尸禄**：指空食俸禄而不做实事。

2 **俯仰**：低头、抬头。这里引申为随便应付。

3 **鼎镬**（huò）：古代酷刑刑具，用以烹人。这里指鼎镬之刑。

原文

贞观十六年，太宗谓房玄龄等曰：“自知者明，信为难矣。如属文[1]之士，伎巧之徒，皆自谓己长，他人不及。若名工文匠，商略诋诃[2]，芜词拙迹，于是乃见。由是言之，人君须得匡谏之臣，举其愆过[3]。一日万机，一人听断，虽复忧劳，安能尽善？常念魏徵随事谏正，多中朕失，如明镜鉴形，美恶必见。”因举觞[4]赐玄龄等数人勖[5]之。

译文

贞观十六年，唐太宗对房玄龄等人说：“自知者明，但要做到实在是困难。这就像会写作的文士、有技巧的工匠，都自夸自己有本领，别人比不上。如果遇上著名的文士、工匠来品评议论，那些杂乱无章的文辞和拙劣的技艺就会显现出来。这样说来，君主须有匡谏的臣子，来指出他的过错。日理万机，若单靠一个人来听取陈述而作出决定，即使再辛苦劳累，又怎能把每件事做得尽善尽美呢？我常想念魏徵每遇到事情就会谏诤匡正，多次切中我的错误所在，就像用明镜来照人的形体，美与丑都会显现出来。”于是太宗举起杯子给房玄龄等人敬酒，勉励他们也应这样做。

注释

1 **属（zhǔ）文**：撰写文章。
2 **商略诋诃**：品评议论。
3 **愆（qiān）过**：过失，过错。
4 **觞（shāng）**：盛满酒的杯，也泛指酒器。
5 **勖（xù）**：勉励。

原文

贞观十七年，太宗问谏议大夫褚遂良曰："昔舜造漆器，禹雕其俎[1]，当时谏者十有余人。食器之间，何须苦谏？"遂良对曰："雕琢害农事，纂组[2]伤女工。首创奢淫，危亡之渐。漆器不已，必金为之；金器不已，必玉为之。所以诤臣必谏其渐，及其满盈，无所复谏。"太宗曰："卿言是矣。朕所为事，若有不当，或在其渐，或已将终，皆宜进谏。比见前史，或有人臣谏事，遂答云'业已为之'，或道'业已许之'，竟不为停改。此则危亡之祸，可反手而待也。"

译文

贞观十七年，唐太宗问谏议大夫褚遂良说："从前虞舜制作漆器，夏禹雕饰祭器，当时劝谏的有十多人。制作器皿这样的小事，何必苦谏呢？"褚遂良回答说："从事雕琢会妨害农耕，编织彩带会加重妇女劳作的负担。首创骄奢淫逸，就是危亡的开端。有了漆器不满足，必然要用黄金来做；有了金器还不满足，必然要用玉石来做。所以谏诤之臣必须在事情萌芽的时候进谏，等到事情发展起来，问题严重了，劝谏也不起作用了。"太宗说："你说得很对，我所做的事情，如果有不当的地方，不论是在刚开始，或是已经快做完，都应当及时进谏。近来我翻阅前朝史书，有时臣下进谏，君主就回答说'已经做了'，或者说'已经同意做了'，竟然不肯停止改正。这样下去，危亡的灾祸将在覆手之间就会到来。"

注释

1 俎（zǔ）：古代祭祀时放祭品的器物。

2 纂（zuǎn）组：编织，多指精美的织物。

纳谏

导读

“纳谏”是指君王能够接纳臣下的进谏，它是君王求谏的结果和关键。作为君王，不仅要看他能否求谏，是否有大臣向他竭力进谏，还要看他能否接纳臣下的直谏和良言，因为这是检验君王能否从臣下的劝谏中获得好的建议，纠正自身错误，改进决策和政务的最终标准。《纳谏》篇记述了唐太宗接纳臣下劝谏，修正自己言行，并鼓励臣下进谏的情况。一方面，它展现了唐太宗作为最高统治者，面对臣下的直言劝谏，不但能以自省的精神，宽厚的态度来倾听和分析臣下对他提出的意见，而且能迅速认识到自己的不足，及时改正，并对臣下勇于直谏的行为进行奖赏。这充分说明了唐太宗之所以能成为一名开明君主，就是缘于他这种从谏如流的气度和魄力。另一方面，此篇重点阐述了王珪、魏徵、长孙无忌等敢于谏诤的大臣是如何借古喻今，匡正唐太宗的不妥之举的。依君臣关系来看，必须先要有忠臣的犯颜进谏，后才会有君王接纳劝言良策的圣举。因此，就作者的观点来看，纳谏的含义远不只是君王能够接纳臣下的进谏，而是指竭诚进谏的臣下与从谏如流的君主之间形成的一种良性互动。从现实来看，且不谈君主接受臣下的意见有多难，就是普通百姓也很难接受别人的意见和建议。所以当我们听到别人向自己提出批评和建议的时候，应当想想唐太宗，一朝天子尚能如此，我们又怎能不去虚心接受呢？

原文

贞观初，太宗与黄门侍郎王珪宴语，时有美人侍侧，本庐江王瑗[1]之姬也，瑗败，籍没[2]入宫。太宗指示珪曰："庐江不道，贼杀其夫而纳其室，暴虐之甚，何有不亡者乎？"珪避席曰："陛下以庐江取之为是邪？为非邪？"太宗曰："安有杀人而取其妻？卿乃问朕是非，何也？"珪对曰："臣闻于《管子》曰：齐桓公之郭国，问其父老[3]曰：'郭何故亡？'父老曰：'以其善善而恶恶也。'桓公曰：'若子之言，乃贤君也，何至于亡？'父老曰：'不然。郭君善善而不能用，恶恶而不能去，所以亡也。'今此妇人尚在左右，臣窃以为圣心是之。陛下若以为非，所谓知恶而不去也。"太宗大悦，称为至善，遽[4]令以美人还其亲族。

译文

贞观初年，唐太宗与黄门侍郎王珪在宴会上交谈，当时有个美人在一旁侍候，她本是庐江王李瑗的爱姬，李瑗谋反失败之后，她被籍没入宫。太宗指着她对王珪说："庐江王荒淫无道，杀害了她的丈夫而把她占为己有，如此暴虐之极，怎会不灭亡呢？"王珪离座而起，说："陛下认为庐江王抢取她是对还是不对呢？"太宗说："哪有杀了人还夺人妻子的道理？你却问我是对是错，这是什么意思？"王珪回答说："我见到《管子》里说：齐桓公到了郭国，问那里的父老：'郭国为什么会灭亡？'父老说：'因为郭君善待好人而厌恶坏人。'齐桓公说：'照你所说，他是个贤君啊，怎么会灭亡呢？'父老说：'不是这样。郭君善待好人却不能任用，厌恶坏人却不能予以清除，所以灭亡。'如今这个妇人还在陛下左右，所以我私下认为陛下仍然认为庐江王这样做是对的。陛下如果认为不对，那就是所谓知道邪恶而不能摒弃了。"太宗听后大为欣喜，说他讲得很对，于是马上命令把这个美人送还给她的亲族。

注释

1 **庐江王瑗**：即李瑗，字德圭。唐高祖的侄子，武德初封庐江王。

2 **籍没**：登记所有财产，加以没收。

3 **父老**：管理乡里事务的年长者。

4 **遽**（jù）：遂，于是。

原文

贞观四年，诏发卒修洛阳之乾元殿以备巡狩。给事中[1]张玄素[2]上书谏曰："陛下智周万物，囊括四海，令之所行，何往不应？志之所欲，何事不从？微臣窃思秦始皇之为君也，借周室之余，因六国之盛，将贻之万叶。及其子而亡，谅[3]由逞嗜奔欲，逆天害人者也。是知天下不可以力胜，神祇不可以亲恃。惟当弘俭约，薄赋敛，慎终始，可以永固。

译文

贞观四年，唐太宗下诏征发士兵在洛阳修缮乾元殿，以作巡游的行宫。给事中张玄素上书劝谏说："陛下您见识广博，可谓囊括四海之地，诏令所传达到的地方，哪里会不响应执行？内心想要成就的事情，哪一件能不从心所欲？臣私下考虑，秦始皇做君王，一直想凭借周朝王室的余威，承袭之前六国的旺盛之气，将基业千秋万代地传下去。可是到他儿子的时候国家就灭亡了，想必是由于他放纵自己的贪欲，违背上天旨意，残害百姓的结果。由此可以看出，统治天下不能单凭武力征服，信奉神灵也不能一味地加以依靠。只有弘扬勤俭节约，减轻赋税，慎始慎终，才可以永保江山的稳固。

注释

1 **给事中**：官名。唐代门下省的要职，具体负责审议封驳诏敕奏章，如有异议，可直接涂改后奏还。

2 **张玄素**：唐蒲州虞乡（今山西永济）人，唐太宗时著名谏臣。

3 **谅**：料想，想必。

原文

"方今承百王之末，属凋弊之余，必欲节之以礼制，陛下宜以身为先。东都未有幸期，即令补葺[1]；诸王今并出藩，又须营构。兴发数多，岂疲人之所望？其不可一也。陛下初平东都之始，层楼广殿，皆令撤毁，天下翕然[2]，同心倾仰。岂有初则恶其侈靡，今乃袭其雕丽？其不可二也。每承音旨，未即巡幸，此乃事不急之务，成虚费之劳。国无兼年之积，何用两都之好？劳役过度，怨讟将起。其不可三也。百姓承乱离之后，财力凋尽，天恩含育，粗见存立，饥寒犹切，生计未安，三五年间，未能复旧。奈何营未幸之都，而夺疲人之力？其不可四也。昔汉高祖将都洛阳，娄

译文

"如今我们刚刚结束百王纷乱的局面，属于民生凋敝的时期，一定要用礼制来节制欲望，陛下更应该先从自身做起。巡幸东都洛阳的日期还未定，就下令修缮行宫；而且现在也是诸位亲王一起出行，拱卫国家的时期，也都需要修建官邸。兴建土木和征发劳役太多，哪能是困顿的百姓所期望的呢？这是不能修葺乾元殿的第一个理由。陛下当初平定东都洛阳，凡是奢华的宫殿，都下令拆毁，所以天下安定，百姓同心敬仰陛下。哪有开始憎恶隋朝的奢侈，现在又承袭它的华丽的呢？这是不能做的第二点理由。常常听到陛下要去洛阳的旨意，但都没有立即巡幸，说明修葺行宫不是当务之急，反而会成为白白浪费劳力的事情。现在国库还不足两年的储备，哪有那么多的用度把两个都城都修建得那么好？劳役过重，百姓就会心生怨恨。这是不能做的第三点理由。百姓在遭受大乱之后，财力损失殆尽，幸亏获得陛下的天恩抚育，才看到百姓刚刚能够安身立命，但是他们仍然饥寒交迫，生计不能安定下来，这样的情况，即使三五年之内也不能恢复如前。这又怎能去营建陛下还没确定去巡幸的东都，并去掠夺那些疲惫百姓的劳力呢？这是陛下不可为的第四点理由。过去汉高祖刘邦要在洛阳建都，大臣娄敬

敬[3]一言，即日西驾。岂不知地惟土中，贡赋所均，但以形胜不如关内也？伏惟陛下化凋弊之人，革浇漓[4]之俗，为日尚浅，未甚淳和，斟酌事宜，讵[5]可东幸？其不可五也。

进谏，刘邦当天就起驾返回长安。难道他不知道洛阳地处全国中心，是各地进献贡赋最方便的地方，只因为洛阳在地势上不如关内吗？我认为陛下教化凋敝的百姓，革除浮薄的旧俗，时间还短，还没有达到特别的淳朴、和谐，所以凡事都应仔细考虑，怎么可以去巡幸并营建东都洛阳呢？这是陛下不该做的第五点理由。

注释

1 **补葺**（qì）：修缮。

2 **翕**（xī）**然**：形容和顺、安定。

3 **娄敬**：汉高祖刘邦的重要谋士之一。

4 **浇漓**：多指社会风气浮薄不厚。

5 **讵**（jù）：岂，怎。

原文

“臣尝见隋室初造此殿，楹栋宏壮，大木非近道所有，多自豫章采来。二千人拽一柱，其下施毂，皆以生铁为之，中间若用木轮，动即火出。略计一柱，已用数十万，则余费又过倍于此。臣闻阿房成，秦人散；章华[1]就，楚众离；乾元[2]毕工，隋人解体。且以陛下今

译文

“我曾经看到隋朝建造这座宫殿的时候，楹柱和栋梁都非常宏伟壮丽，所用的大木材都不是附近所出产的，大多都是从豫章一带运来的。运送一根柱子就要用两千人来拉，柱子下面安装轮子用以滑动，轮子都是用生铁铸成，中间如果使用木轮，一滑动起来就会起火。粗略一算，一根柱子的运送就要耗费数十万钱，而其他的费用更是数倍于这一数字。我听说阿房宫建成了，秦国就人心离散了；章华宫修成了，楚国民心就散乱了；乾元殿修完了，隋朝也就随之

时功力，何如隋日？承凋残之后，役疮痍之人，费亿万之功，袭百王之弊，以此言之，恐甚于炀帝远矣。深愿陛下思之，无为由余[3]所笑，则天下幸甚矣。”

太宗谓玄素曰：“卿以我不如炀帝，何如桀、纣？”对曰：“若此殿卒兴，所谓同归于乱。”太宗叹曰：“我不思量，遂至于此。”顾谓房玄龄曰：“今玄素上表，洛阳实亦未宜修造，后必事理须行，露坐亦复何苦？所有作役，宜即停之。然以卑干尊，古来不易，非其忠直，安能如此？且众人之唯唯，不如一士之谔谔[4]。可赐绢二百匹。”魏徵叹曰：“张公遂有回天之力，可谓仁人之言，其利博哉！”

灭亡了。况且以陛下今天所拥有的国力，怎能比得上当时的隋朝？国家从凋零破败中建立起来，役使原来就遭受苦难的百姓，耗费亿万财力，承袭百王纷乱时的弊病，从这方面来说，恐怕比隋炀帝还要昏庸。我恳切地希望陛下能来考虑这件事，不要做被由余嘲笑的事，那便是国家的大幸。”

太宗对张玄素说：“你认为我不如隋炀帝，那跟夏桀、商纣王相比呢？”玄素回答说：“如果这座宫殿最终得以修建，那么就与他们一样，都会导致天下大乱。”太宗感叹说：“我没有认真加以考虑，所以才导致这样的结果。”太宗转过头来对房玄龄说道：“看今天玄素的上书，洛阳的宫殿实在不应该修建，如果之后有事必须去洛阳，即使是坐在露天野外又算得上什么苦事呢？所有征发的赋役，都应该马上停止。然而地位卑微的人敢于干预地位尊贵的人，自古以来都不容易，如果没有忠心正直的胸怀，又怎能如此呢？况且许多人都唯唯诺诺，还不如一个人的直言争辩。我要赏赐玄素绢二百匹。”魏徵感叹地说：“张公的话真是有回天之力啊，可谓是很有仁心的话，这对国家和百姓的好处真是很大啊！”

注释

1 **章华**：即章华宫，楚灵王修建的巨大宫殿。

2 **乾元**：即隋朝在洛阳修建的乾元殿。

3 **由余**：春秋时期西戎人。西戎王派由余出使秦国，由余见秦穆公丽宇华屋之奢而讽谏，秦穆公纳谏，拜其为上卿，遂帮助秦穆公成为春秋五霸之一。

4 **谔谔**（è）：直言争辩的样子。

原文

太宗有一骏马，特爱之，恒于宫中养饲，无病而暴死。太宗怒养马宫人，将杀之。皇后[1]谏曰："昔齐景公[2]以马死杀人，晏子[3]请数其罪云：'尔养马而死，尔罪一也。使公以马杀人，百姓闻之，必怨吾君，尔罪二也。诸侯闻之，必轻吾国，尔罪三也。'公乃释罪。陛下尝读书见此事，岂忘之邪？"太宗意乃解。又谓房玄龄曰："皇后庶事[4]相启沃，极有利益尔。"

译文

唐太宗有一匹好马，特别喜爱，一直养在宫中，有一天这匹马没有生病就突然死掉了。太宗对养马的宫人很生气，要杀掉他。长孙皇后劝谏说："过去齐景公因为马死而要杀人，晏子请求罗列养马人的罪状，说：'你养的马死了，这是你第一条罪。让国君因马杀人，百姓知道后，必定怨恨我们的国君，这是你第二条罪。诸侯知道了，必定轻视我们齐国，这是你第三条罪。'齐景公听完后就赦免了养马人。陛下读书时曾经读到过这件事情，难道忘记了吗？"太宗听了这话才平息了怒气。他又对房玄龄说："皇后在很多事情上启发开导我，对我很有好处。"

注释

1 **皇后**：即长孙皇后，出身官宦之家。十三岁嫁给李世民为妻，唐朝建立后她被册封为秦王妃，李世民登基后，被立为皇后。

2 **齐景公**：春秋时齐国国君，名杵臼。

3 **晏子**：春秋时齐国大夫，字平仲。他爱国忧民，敢于直谏。

4 **庶事**：诸事，众事。

原文

贞观七年，太宗将幸九成宫[1]，散骑常侍姚思廉进谏曰："陛下高居紫极[2]，宁济苍生，应须以欲从人，不可以人从欲。然则离宫游幸，此秦皇、汉武之事，故非尧、舜、禹、汤之所为也。"言甚切至。太宗谕之曰："朕有气疾[3]，热便顿剧，故非情好游幸，甚嘉卿意。"因赐帛五十段。

译文

贞观七年，太宗要巡幸九成宫，散骑常侍姚思廉进谏说："陛下身居帝王之高位，要安抚天下百姓，就应该让自己的欲望顺从于天下百姓的需要，而不能让百姓都来顺从你一个人的欲望。离开皇宫到处游玩，这是秦始皇、汉武帝他们经常做的事，不是尧、舜、禹、汤这些明君的所作所为。"姚思廉的言辞诚恳激切。太宗听后解释说："我患有呼吸方面的疾病，天气热了，病痛就要加剧，所以并不是我本性喜欢到处巡游，但我还是十分感谢你的诚意。"因此赏赐给姚思廉五十匹帛。

注释

1 **九成宫**：本为隋朝的仁寿宫，位于今陕西宝鸡麟游西，系黄帝避暑处。唐贞观五年重修，以所在山有九重，改名九成，言其高大。

2 **紫极**：星名，借指帝王的宫殿或皇位。

3 **气疾**：呼吸系统的疾病。

原文

贞观三年，李大亮[1]为凉州都督，尝有台使[2]至州境，见有名鹰，讽[3]大亮献之。大亮密表曰："陛下久绝畋猎，而使者求鹰。若是陛下之意，深乖[4]昔旨；如其自擅，便是使非其人。"太宗下书曰："以卿

译文

贞观三年，李大亮任凉州都督，有一位朝廷使臣来到凉州，见到当地有名的雄鹰，就向李大亮委婉地表示可以把此鹰献给唐太宗。李大亮向唐太宗密奏说："陛下很久没有打猎了，现在却派使者前来索要名鹰。如果这是陛下的意思，那就是违背了陛下过去的旨意；如果是使臣擅自主张，那就是陛下用错人了。"唐太宗回复

兼资文武，志怀贞确，故委藩牧[5]，当兹重寄。比在州镇，声绩远彰，念此忠勤，岂忘寤寐？使遣献鹰，遂不曲顺，论今引古，远献直言。披露腹心，非常恳到，览用嘉叹，不能已已。有臣若此，朕复何忧！宜守此诚，终始若一。《诗》云：'靖恭尔位，好是正直。神之听之，介尔景福。'古人称一言之重，侔[6]于千金，卿之所言，深足贵矣。今赐卿金壶瓶、金碗各一枚，虽无千镒[7]之重，是朕自用之物。卿立志方直，竭节至公，处职当官，每副所委，方大任使，以申重寄。公事之闲，宜观典籍。兼赐卿荀悦[8]《汉纪》一部，此书叙致简要，论议深博，极为政之体，尽君臣之义，今以赐卿，宜加寻阅。"

说："因为你文武双全，又志向坚定，所以派你镇守边关，委以重任。近年来你镇守凉州，成绩显著，声威远扬，一想到你的忠诚和勤劳，我日夜不能忘记。使者索要名鹰，你却没有曲意顺从，而是借古鉴今，在那么远的地方向我进谏。真可谓披肝沥胆，诚恳之极，读过之后，十分感叹，心情不能自已。有你这样的臣子，我还担忧什么！希望你能保持这份真诚，始终如一。《诗经》说：'恭谨地奉守好你的职位，喜爱忠诚正直的人。神灵得知，会赐予洪福。'古人也说，一句有分量的话价值千两黄金，你的一番话，十分可贵。现在我赐给你金壶瓶、金碗各一枚，虽然没有千镒之重，但这是我平时自己所用的东西。你立志正直，竭心为公，所担任的官职，都符合我对你的委托和信任，现在给你以更大的责任，来表示我对你的重托。你在处理公务之余，可以读一读古代的典籍。我再赐给你一部荀悦写的《汉纪》，这本书叙述简要，议论深刻，全面阐述了治理国家的方法，以及君臣之间的关系。现在我把它赐给你，希望你认真地阅读。"

注释

1 **李大亮**：京兆泾阳人，唐朝开国功臣。贞观八年，领兵征讨吐谷浑，拜左卫大将军。

2 **台使**：指朝廷的使者。

3 **讽**：含蓄地建议。

4 **乖**：违背。

5 **藩牧**：指地方或某区域长官。

6 **侔**（móu）：相当，齐等。

7 **镒**（yì）：古代重量单位，二十两为一镒；一说二十四两为一镒。

8 **荀悦**：东汉末年政论家、史学家。字仲豫，颍川颍阴人。汉献帝因《汉书》繁博难读，命他用编年体改写，于是他依照《左传》体裁，撰成《汉纪》三十篇。

原文

贞观八年，陕县[1]丞皇甫德参上书忤[2]旨，太宗以为讪谤。侍中魏徵进言曰："昔贾谊[3]当汉文帝[4]上书云云'可为痛哭者一，可为长叹息者六'。自古上书，率多激切。若不激切，则不能起人主之心。激切即似讪谤，惟陛下详其可否。"太宗曰："非公无能道此者。"令赐德参帛二十段。

译文

贞观八年，陕县丞皇甫德参上书违逆了太宗的旨意，太宗认为这是毁谤。侍中魏徵进言说："从前贾谊在给汉文帝上书时说到'可以为帝王痛哭的事有一件，可以为帝王长叹息的事有六件'。自古以来上书奏事，往往言辞很激切。如果不激切，就不能打动君王的心。言辞激切就近似毁谤，希望陛下仔细考察他的意见是对还是不对。"太宗说："只有你能讲出这样中肯的话来。"于是下令赏赐给皇甫德参帛二十段。

注释

1 **陕县**：今河南三门峡市陕州区。

2 **忤**（wǔ）：违逆，触犯。

3 **贾谊**：西汉政论家、文学家，洛阳人。汉文帝时被任为博士。他曾多次上书，批评时政。

4 **汉文帝**：姓刘名恒，刘邦第四子。

原文

贞观十五年，遣使诣西域立叶护可汗[1]，未还，又令人多赍金帛，历诸国市马。魏徵谏曰："今发使以立可汗为名，可汗未定立，即诣诸国市马，彼必以为意在市马，不为专立可汗。可汗得立，则不甚怀恩；不得立，则生深怨。诸蕃闻之，且不重中国。但使彼国安宁，则诸国之马，不求自至。昔汉文帝有献千里马者，曰：'吾吉行[2]日三十，凶行[3]日五十，鸾舆[4]在前，属车在后，吾独乘千里马，将安之乎？'乃偿其道里所费而返之。又光武[5]有献千里马及宝剑者，马以驾鼓车，剑以赐骑士。今陛下凡所施为，皆邈过三王之上，奈何至此欲为孝文、光武之下乎？又魏文帝[6]求市西域大珠，苏则[7]曰：'若陛下惠及四海，则不求自至，求而得之，不足贵也。'陛下纵

译文

贞观十五年，太宗派遣使者到西域封立叶护可汗，使者还没回来，太宗又准备派人携带大量金帛到西域各国去买马。魏徵劝谏说："现在派的使者是以封立可汗为名义去的，可汗尚未封立，就到各国去买马，突厥人一定认为我们的目的是买马，而不是去专程封立可汗的。假如可汗被封立了，他们也不会对陛下感恩；如果封立不成，他们则会心生怨恨。西域各国听说这件事，也会看不起大唐。只要能使西域各国安定，那么各国的好马用不着去买，就会自动送来。从前汉文帝时，有人献千里马，文帝说：'我巡幸时每天行进三十里，打仗时每天行进五十里，仪仗走在我的前面，副车跟在我的后面，我单独骑一匹千里马，能走到哪里去呢？'于是给了献马人一些路费，让他回去了。汉光武帝时，有人献千里马和宝剑，光武帝则让千里马拉载战鼓，宝剑赐给手下的骑士。今天陛下的所作所为，远远超过夏禹、商汤和周文王、武王，怎么在这件事情上的见识，却在汉文帝、汉光武帝之下呢？魏文帝曾寻求购买西域的大珍珠，苏则劝谏说：'如果陛下的恩惠遍布四海，这些东西不用追求，自然会到来，能买得到的东西，就不足珍贵了。'陛下纵

不能慕汉文之高行，可不畏苏则之正言耶？”太宗遽令止之。

使不仰慕汉文帝的崇高德行，难道也不畏惧苏则的正直言论吗？”于是，太宗立即下令停止买马。

注释

1 **叶护可汗**：西突厥可汗，名薄布特勤。贞观十三年，西突厥内乱，薄布特勤嗣立，是为乙毗沙钵罗叶护可汗，简称叶护可汗。叶护可汗数遣使入唐进贡，贞观十五年，唐太宗命左领军将军持节去西突厥，即其所号立为可汗。

2 **吉行**：指皇帝巡幸。

3 **凶行**：指出兵打仗。

4 **鸾舆**：皇帝仪仗中的旗载于车上，在皇帝起驾前首先出行，称为鸾舆。

5 **光武**：东汉光武帝刘秀。

6 **魏文帝**：即曹丕。

7 **苏则**：字文师，扶风武功人，在魏做侍中，敢于直谏。

原文

贞观十七年，太子右庶子高季辅[1]上疏陈得失。特赐钟乳[2]一剂，谓曰：“卿进药石之言，故以药石相报。”

译文

贞观十七年，太子右庶子高季辅上书评论朝政得失。太宗特意赐给他钟乳石一剂，并对他说：“你向我进献像药石一样的谏言，所以我也用药石来报答你。”

注释

1 **高季辅**：名冯，字季辅，蓨县人，唐朝宰相。

2 **钟乳**：即钟乳石，可作药用。

原文

贞观十八年，太宗谓长孙无忌等曰："夫人臣之对帝王，多顺从而不逆，甘言以取容。朕今发问，不得有隐，宜以次言朕过失。"长孙无忌、唐俭[1]等皆曰："陛下圣化道致太平，以臣观之，不见其失。"黄门侍郎刘洎[2]对曰："陛下拨乱创业，实功高万古，诚如无忌等言。然顷有人上书，辞理不称者，或对面穷诘，无不惭退。恐非奖进言者。"太宗曰："此言是也，当为卿改之。"

译文

贞观十八年，唐太宗对长孙无忌等人说："臣子对帝王，多是顺从而不悖逆，多用甜言蜜语来讨皇上欢心。我今天提问，你们不准隐瞒己见，要一一说出我的过失来。"长孙无忌、唐俭等人都说："陛下圣德教化，以致天下太平，据我们看来，看不出有什么过失。"黄门侍郎刘洎回答说："陛下拨乱创业，确实功高万古，正如无忌等人所说。但不久前有人上书，遇到言辞内容不合陛下心意的，有时就当面追问到底，导致上书言事的人无不羞惭而退。这恐怕不是在鼓励进言的人吧。"太宗说："你说得对，我一定接受你的意见改正错误。"

注释

1 **唐俭**：字茂约，并州晋阳人。凌烟阁二十四功臣之一。

2 **刘洎**（jì）：字思道，荆州江陵人。官至治书侍御史、黄门侍郎。他敢于谏诤，却因褚遂良诬陷而被冤杀。

原文

太宗尝怒苑西监[1]穆裕，命于朝堂斩之。时高宗[2]为皇太子，遽犯颜进谏，太宗意乃解。司徒长孙无忌曰："自古太子之谏，或乘

译文

太宗曾对苑西监穆裕大为恼火，下令将他在朝堂上斩首。当时高宗为皇太子，不惜冒犯太宗，上前进谏，才使太宗怒气消解。司徒长孙无忌说："自古以来，太子总是找适当的机会委婉进

间从容而言。今陛下发天威之怒，太子申犯颜之谏，诚古今未有。”太宗曰：“夫人久相与处，自然染习。自朕御天下，虚心正直，即有魏徵朝夕进谏。自徵云亡，刘洎、岑文本[3]、马周、褚遂良等继之。皇太子幼在朕膝前，每见朕心说谏者，因染以成性，故有今日之谏。”

谏，今天陛下大发天威，太子却能犯颜直谏，这是古今没有的。”太宗说：“人在一起相处久了，习气上自然会相互浸染。自从我统治天下以来，虚心接纳正直的意见，才有魏徵不分早晚地随时进谏。自从魏徵死后，又有刘洎、岑文本、马周、褚遂良等继续进谏。皇太子从小在我身边，常见我听到进谏后心情愉悦，因此养成了喜欢纳谏、进谏的习性，所以才有今天的进谏。”

注释

1 **苑西监**：唐时掌宫苑之官。

2 **高宗**：即唐太宗之子李治。起初封为晋王，贞观十七年立为皇太子。

3 **岑文本**：字景仁，邓州棘阳人。唐朝宰相。

卷三

君臣鉴戒

导读

《君臣鉴戒》篇所阐述的核心内容仍然是君臣关系，但其角度却是从古往今来为君为臣的经验教训出发，其目的是用来劝诫和警示当下的君臣，要以古为鉴戒，实现君臣相契合，不要重蹈前人的覆辙。因为君臣之间本来就是“本同治乱，共安危”的关系，如果“君失其国，臣亦不能独全其家”。作为君主，首先要以古代亡国之君为鉴戒，时刻不忘夏桀、商纣之暴虐，秦朝灭亡之教训，警醒自己要心怀危惧，戒除骄奢，纳用忠良，广开言路。其次，君主要懂得君臣本为一体的道理，即“君为元首，臣作股肱，齐契同心，合而成体”。要做到这一点，最重要的就要掌握“君使臣以礼，臣事君以忠”的原则。再次，君主要善于用臣。一方面，君主要“疑人不用，用人不疑”，只有对贤臣忠良备加信任，才能以礼待臣，发挥臣下的最大能力。如果君主轻信流言，则容易被小人误导，致使贤臣受辱，君臣相隔。另一方面，君主要善于用臣。关于这一点，要掌握“委大臣以大体，责小臣以小事”的原则，使大臣和小臣各司其职，各尽其能，决不能“小臣委以大事，大臣责以小罪”。最后，作为臣下，要尽忠职守，不顾个人安危，敢于直谏，匡正君主的过失。唯有如此，君臣之间才能上下相济，相互砥砺，实现国家的长治久安。

原文

贞观三年，太宗谓侍臣曰："君臣本同治乱，共安危。若主纳忠谏，臣进直言，斯故君臣合契，古来所重。若君自贤，臣不匡正，欲不危亡，不可得也。君失其国，臣亦不能独全其家。至如隋炀帝暴虐，臣下钳口，卒令不闻其过，遂至灭亡，虞世基等寻亦诛死。前事不远，朕与卿等可得不慎，无为后所嗤！"

贞观四年，太宗论隋日。魏徵对曰："臣往在隋朝，曾闻有盗发，炀帝令於士澄[1]捕逐。但有疑似，苦加拷掠，枉承贼者二千余人，并令同日斩决。大理丞[2]张元济怪之，试寻其状。乃有六七人，盗发之日，先禁他所，被放才出，亦遭推勘[3]，不胜苦痛，自诬行盗。元济因此更事究寻，二千人内惟九人逗遛不明。官人有谙识者，就九人内四人非贼。有司以

译文

贞观三年，唐太宗对侍臣说："君臣之间本应该共同经历安定与混乱，平安和危险。如果君主能接受忠言，臣子能够直言进谏，那么君臣之间就会非常默契，这是自古以来治国所推重的。如果君主贤明，而臣子却不匡正辅佐，想要不亡国，是不可能的。君主要是失去了国家，臣子也就不能独自保全自己的家族。像隋炀帝，他为人非常暴虐，臣下不敢进言，这使他听不到自己的过失，于是导致国破家亡，大臣虞世基等人不久也被诛杀。这件事距离我们并不远，我和各位大臣不能不谨慎啊，绝不能被后人耻笑。"

贞观四年，唐太宗谈论隋朝统治的时候，魏徵对答说："我过去在隋朝，曾听说有盗窃案发生，隋炀帝派於士澄追捕。只要发现可疑的人，就苦苦拷打，被迫含冤承认自己是盗贼的有两千多人，隋炀帝下令在同一天斩决他们。大理丞张元济感到奇怪，试查有关案件的文书，竟发现有六七人在盗窃案发生的那天，原先就关押在别的地方，盗案发生后才放出来，也被拷打审问，因为受不了痛苦，委屈承认偷盗。张元济因此进一步调查探究，这两千人中只有九个人当时行踪不清楚。官吏中有熟悉这些人的，证明九个人里有四

炀帝已令斩决，遂不执奏，并杀之。”太宗曰：“非是炀帝无道，臣下亦不尽心。须相匡谏，不避诛戮，岂得惟行谄佞，苟求悦誉？君臣如此，何得不败？朕赖公等共相辅佐，遂令囹圄[4]空虚。愿公等善始克终，恒如今日！”

个不是盗贼。有关部门因为隋炀帝已下令斩决，就不把真相上奏，并把这两千人都杀了。”太宗说：“这不仅是隋炀帝暴虐无道，臣下办事也不尽心。他们应当匡正谏诤，不怕有杀身之祸，怎能一味谄媚奉迎，只求讨皇上的欢心和赞誉？隋朝君臣都是这样，怎么能不败亡？我依靠你们共同辅佐，就能使监狱空无一人。希望你们能善始善终，常像今天一样！”

注释

1 **於士澄**：原为隋将，后来降唐。

2 **大理丞**：大理寺的副职。大理寺是当时最高司法机构。

3 **推勘**：审问。

4 **囹圄**（líng yǔ）：监狱。

原文

贞观六年，太宗谓侍臣曰：“朕闻周、秦初得天下，其事不异。然周则惟善是务，积功累德，所以能保八百之基。秦乃恣其奢淫，好行刑罚，不过二世而灭。岂非为善者福祚延长，为恶者降年不永[1]？朕又闻桀、纣帝王也，以匹夫比之，则以为辱；颜、闵[2]匹夫也，以帝王比之，则以为荣。此亦帝王深

译文

贞观六年，唐太宗对侍臣说：“我听说周朝与秦朝刚得到天下的时候，治理国家的方法没有不同。但是周朝推行仁政，积累功德，所以能够保住自己的基业八百年不变。而秦朝恣意妄为，骄奢淫逸，好施刑罚，不过两代就灭亡了。这难道不是行善可以延长福禄，作恶的年寿不长吗？我又听说夏桀、商纣是帝王，但与百姓相比，我却为他们羞耻，颜回、闵损是普通百姓，但与帝王相比，我却以他们为荣。这也是帝王应该

耻也。朕每将此事以为鉴戒，常恐不逮，为人所笑。”魏徵对曰：“臣闻鲁哀公[3]谓孔子曰：‘有人好忘者，移宅乃忘其妻。’孔子曰：‘又有好忘甚于此者，丘见桀、纣之君乃忘其身。’愿陛下每以此为虑，庶免后人笑尔。”

感到羞惭的事。我时常用这些事来告诫自己，常担心自己的德行赶不上颜回、闵损，因而被人耻笑。”魏徵说：“臣听说鲁哀公曾对孔子说：‘有个人很健忘，一搬家就把自己的妻子给忘了。’孔子说：‘还有比这个人更健忘的，我看桀、纣这些君主，把自己都给忘了。’希望陛下以此为戒，以免被后人耻笑。”

注释

1 **降年不永**：指上天赐给人的寿命不能长久。

2 **颜、闵**：指孔子的弟子颜回和闵损，二人均以德行著称。

3 **鲁哀公**：姬姓，名将，春秋时期鲁国第二十六任君主。

原文

贞观十四年，太宗以高昌[1]平，召侍臣赐宴于两仪殿，谓房玄龄曰：“高昌若不失臣礼，岂至灭亡？朕平此一国，甚怀危惧，惟当戒骄逸以自防，纳忠謇[2]以自正。黜邪佞，用贤良，不以小人之言而议君子，以此慎守，庶几于获安也。”魏徵进曰：“臣观古来帝王拨乱创业，必自戒慎，采刍荛之议，从忠谠之言。天下既安，则恣情肆欲，甘乐谄

译文

贞观十四年，唐太宗因为平定了高昌，在两仪殿招待各位大臣。席间，唐太宗对房玄龄说：“高昌如果不丧失作为臣子的礼节，怎么会至于灭亡呢？我平定了这个国家，是心怀畏惧的，现在我只能戒掉骄奢淫逸来自我防范，接纳忠言来纠正自己的错误。罢免奸邪谄媚的人，任用贤良的人，不以小人的言论来评论君子，用这些方法来守护基业，或许可以使国家获得安定。”魏徵进言说：“我观察自古以来帝王们平乱创业的时候，都能警诫自己，听从百姓的意见，采纳忠直的谏言。待天下太平之后，他们就开始

谀，恶闻正谏。张子房，汉王计画[3]之臣，及高祖为天子，将废嫡立庶[4]，子房曰：'今日之事，非口舌所能争也。'终不敢复有开说。况陛下功德之盛，以汉祖方之，彼不足准。即位十有五年，圣德光被，今又平殄高昌。屡以安危系意，方欲纳用忠良，开直言之路，天下幸甚。昔齐桓公与管仲、鲍叔牙[5]、甯戚[6]四人饮，桓公谓叔牙曰：'盍[7]起为寡人寿乎？'叔牙奉觞而起曰：'愿公无忘出在莒时，使管仲无忘束缚于鲁时，使宁戚无忘饭牛车下时。'桓公避席而谢曰：'寡人与二大夫能无忘夫子之言，则社稷不危矣！'"太宗谓徵曰："朕必不敢忘布衣时，公不得忘叔牙之为人也。"

穷奢极欲，只喜欢听谄媚讨好的话，厌恶正直的劝谏。张良是汉高祖的谋臣，高祖称帝后，想废掉嫡出的太子另立庶子，张良说：'这件事不是凭借口舌之言可以争辩的。'所以之后张良就再也不敢开口劝说高祖。况且陛下目前功德这样卓著，与汉高祖相比，他不足以与您媲美。陛下即位已有十五年，圣德广播，现在又平定了高昌，您经常把国家的安危系于心上，采纳忠言，广开言路，真是国家的大幸。过去齐桓公和管仲、鲍叔牙、甯戚四个人一起饮酒，齐桓公对鲍叔牙说：'为什么不起来向寡人敬酒祝寿呢？'鲍叔牙举起酒杯站起来说：'愿主公不忘当年在莒国流亡时的情形，愿管仲不忘在鲁国被囚禁的情形，愿甯戚不忘当年在车下喂牛时的情形。'齐桓公听后，站起来答谢说：'我和管仲、甯戚如果能不忘你这番话，那么国家就不会有灭亡危险了！'"唐太宗对魏徵说："我一定不会忘记自己身为平民的时候，你也一定不要忘记鲍叔牙的为人。"

注释

1 **高昌**：西域古国名。

2 **謇**（jiǎn）：正直。

3 **计画**：谋划。

4 **废嫡立庶**：指刘邦要废掉妻生的太子盈，另立妾生的赵王如意为太子。

5 **鲍叔牙**：春秋时齐国大夫，以知人善交著称。

6 **甯戚**：卫国人，春秋时齐国大夫。甯戚出身贫穷，以为商人赶车喂牛为生。但他胸有大志，设法主动接近齐桓公，以唱歌引起桓公的注意，并表达自己的志向，之后被齐桓公破格重用。

7 **盍**（hé）：为什么不。

原文

贞观十四年，特进魏徵上疏曰："臣闻君为元首[1]，臣作股肱，齐契同心，合而成体，体或不备，未有成人。然则首虽尊高，必资手足以成体，君虽明哲，必借股肱以致治。《礼》云：'民以君为心，君以民为体，心庄则体舒，心肃则容敬。'《书》云：'元首明哉，股肱良哉，庶士康哉。''元首丛脞[2]哉，股肱惰哉，万事堕哉。'然则委弃股肱，独任胸臆，具体成理，非所闻也。

译文

贞观十四年，特进魏徵上书说："臣听说国君就像是人的头脑，臣下就像是人的四肢，两者只有相互配合、同心协力，才能构成一个人的整体，缺少任何一部分，都不能算是一个完整的人。头脑虽然尊贵重要，但必须凭借四肢的配合，才能成为一个整体，国君虽然英明，但必须依靠大臣的辅佐才能把国家治理好。《礼记》上说：'百姓把国君看成是自己的心，国君把百姓看成是自己的身体，内心端正，身体方能舒畅健康，内心肃穆，面容才会恭敬。'《尚书》上说：'国君英明，大臣贤良，百姓安康。'又说：'国君无能，大臣懒惰，万事不成。'所以，像国君抛开大臣，仅凭独断专行就能把国家治理得很好的事情，我从来没有听说过。

注释

1 **元首**：这里指人的头。

2 **丛脞**（cuǒ）：细碎，这里指无雄才大略。

原文

“夫君臣相遇，自古为难。以石投水[1]，千载一合；以水投石，无时不有。其能开至公之道，申天下之用，内尽心膂[2]，外竭股肱，和若盐、梅[3]，固同金石者，非惟高位厚秩，在于礼之而已。昔周文王游于凤凰之墟，袜系解，顾左右莫可使者，乃自结之。岂周文之朝尽为俊乂[4]，圣明之代独无君子者哉？但知与不知，礼与不礼耳！是以伊尹[5]，有莘[6]之媵臣[7]；韩信，项氏之亡命。殷汤致礼，定王业于南巢；汉祖登坛，成帝功于垓下。若夏桀不弃于伊尹，项羽垂恩于韩信，宁肯败已成之国为灭亡之虏乎？又微子，骨肉也，受茅土于宋；箕子，良臣也，陈《洪范》[8]于周，仲尼称其仁，莫有非之者。《礼记》称：‘鲁穆公[9]问于子思[10]曰：

译文

“君臣之间相互知遇，自古以来就是一件难事。就像把石头投进水中，让石头顺水而流，千年才能碰上一回；而让水顺石而流，则时刻都在发生。君臣能够秉持公正的道义，让天下的人才各尽其用，国君在内尽心尽力，臣下在外竭力辅佐，二者如果能像汤中的盐、梅一样融和，像金石一样坚固，就不仅仅是靠高官厚禄所能达到的，而在于以礼相待。过去周文王游凤凰台时，系袜的带子开了，他环顾左右，认为没有一个人能加以使唤的，就自己把袜带系好了。难道周文王的朝臣全都贤良，而今天的圣明时代反倒没有君子了吗？只不过是君王知遇或不知遇臣下，礼待或不礼待臣下罢了！伊尹是有莘国的陪嫁之臣，韩信是从项羽手下逃亡的大将。商汤礼遇伊尹，所以能在南巢成就了王业；汉高祖登坛拜韩信为大将，于是在垓下成就了帝功。如果夏桀不嫌弃伊尹，项羽施恩于韩信，难道会丧失已经建成的国家而做亡国之奴吗？还有微子，他是商纣王的骨肉同胞，武王灭商以后受封于宋；箕子也是商纣王时的良臣，却向周武王陈述了《洪范》名篇，孔子称赞他们的仁德，没有人不赞成。《礼记》上说：‘鲁穆公问子思：“被放逐的朝臣，仍为原来的君主服

"为旧君反服，古欤？"子思曰："古之君子，进人以礼，退人以礼，故有旧君反服之礼也。今之君子，进人若将加诸膝，退人若将队诸泉。毋为戎首，不亦善乎，又何反服之礼之有？"'齐景公问于晏子曰：'忠臣之事君如之何？'晏子对曰：'有难不死，出亡不送。'公曰：'裂地以封之，疏爵而待之，有难不死，出亡不送，何也？'晏子曰：'言而见用，终身无难，臣何死焉？谏而见纳，终身不亡，臣何送焉？若言不见用，有难而死，是妄死也；谏不见纳，出亡而送，是诈忠也。'《春秋左氏传》[11]曰：'崔杼[12]弑齐庄公，晏子立于崔氏之门外，其人曰："死乎？"曰："独吾君也乎哉！吾死也？"曰："行乎？"曰："吾罪也乎哉！吾亡也？故君为社稷死，则死之；为社稷亡，则亡

丧，古来有这种情况吗？"子思说："古代的君主，用人时以礼相待，辞退时也以礼相待，所以有被辞退的臣子为原君主服丧的礼仪。然而现在的君主，用人时恨不得把他搂放在膝盖上，辞退时恨不能推他下深渊。不兴兵讨伐他就不错了，哪里还谈得上什么服丧之礼？"'齐景公问晏子：'忠臣是如何侍奉君主的？'晏子说：'君主有难不为他去死，君主流亡不为他送行。'齐景公说：'君主为臣子分封土地，加官晋爵，而君主有难臣下不为他去死，君主流亡臣下也不相送，这是为什么呢？'晏子说：'如果忠臣的建议被采纳，君主就会终身无难，忠臣何必去死呢？如果忠臣的规劝被接受，君主就会终身太平，臣子又何必为他送行呢？如果忠言不被采纳，君主有难而臣下赴死，这是妄死；如果臣子不进献良言，等君主逃亡而去相送，那是伪装的忠诚。'《春秋左氏传》上说：'崔杼杀死了齐庄公，晏子站在崔府大门外，他的随从问他："你是来为君主殉死的？"晏子说："只是我一人的君主吗！我殉死？"那人又问："你要逃亡吗？"晏子说："是我的罪吗！我要逃亡？如果君主是为国家而死，那我就和他一起去死；如果君主是为国家而逃亡，我也陪他一起逃亡。如果君主为了自己的私利而死，为了自己的私利

之。若为己死，为己亡，非其亲昵，谁敢任之？"门启而入，枕尸股而哭，兴，三踊而出。'孟子曰：'君视臣如手足，臣视君如腹心；君视臣如犬马，臣视君如国人；君视臣如粪土，臣视君如寇仇。'虽臣之事君无二志，至于去就之节，当缘恩之厚薄，然则为人主者，安可以无礼于下哉？

而逃亡，不是他亲近的人，谁敢为他痛哭，为他而死呢？"于是开门而入，抱着齐庄公的尸体痛哭，然后又站起来，顿足三次就大步离开了。'孟子说：'君主把臣子看成手足，臣子就会视君主如心腹；君主把臣子视为犬马，臣子就会把君主视作路人；君主把臣子视为粪土，臣子就会把君主视作仇敌。'虽然臣子对待君主应当没有二心，但在决定去留的名节上，应当以君主对臣子恩德的厚薄而定，然而作为君主，怎么可以对臣下无礼呢？

注释

1 **以石投水**：石投水中，顺水而流，借喻君臣关系协调、契合。

2 **心膂**（lǚ）：心思和精力。

3 **和若盐、梅**：比喻君臣关系融洽。盐、梅都是古代调味品。

4 **俊乂**（yì）：有才德的人。

5 **伊尹**：商汤大臣。名伊，尹为官名。一说名挚。原为汤妻有莘氏的陪嫁之臣，汤用为"小臣"，后来任以国政，助汤灭夏。

6 **有莘**：古代国名，故址在今河南开封陈留东。

7 **媵**（yìng）**臣**：古代随嫁的臣仆。媵，指以臣仆陪嫁。

8 **《洪范》**：《尚书》中的一篇。有人认为这是箕子向周武王陈述的"天地之大法"。

9 **鲁穆公**：春秋时期鲁国的第二十九任国君。

10 **子思**：即孔伋，字子思，孔子之孙。

11 **《春秋左氏传》**：简称《左传》，是我国现存最早的一部编年体史书。相传是春秋末年左丘明为解释孔子的《春秋》而作。

12 **崔杼**：春秋时齐国大夫。

原文

“窃观在朝群臣，当主枢机之寄者，或地邻秦、晋，或业与经纶[1]，并立事立功，皆一时之选，处之衡轴[2]，为任重矣。任之虽重，信之未笃，则人或自疑。人或自疑，则心怀苟且。心怀苟且，则节义不立。节义不立，则名教不兴。名教不兴，而可与固太平之基，保七百之祚，未之有也。又闻国家重惜功臣，不念旧恶，方之前圣，一无所间。然但宽于大事，急于小罪，临时责怒，未免爱憎之心，不可以为政。君严其禁，臣或犯之，况上启其源，下必有甚，川壅而溃，其伤必多，欲使凡百黎元，何所措其手足？此则君开一源，下生百端之变，无不乱者也。《礼记》曰：‘爱而知其恶，憎而知其善。’若憎而不知其善，则为善者必惧；爱

译文

“我私下观察在朝中的大臣们，有的是身居要职的大臣，有的是在西北地区担任过边防的重臣，有的是在朝廷参与国家大事的要员，他们都曾建功立业，功勋卓著，都是当代优秀的人才，让他们担任国家要职，责任非常重大。朝廷委他们以重任，但又对他们信任不深，这样就会使人有时产生疑虑。有疑虑就会怀有敷衍塞责的态度。心怀有敷衍塞责的态度，就树立不起忠君报国的节义。树立不起节义，纲常名教就不能振兴。名教不能振兴，而想巩固基业的太平，保住七百年的大唐国运，是不可能的事。我又听说国家爱惜功臣，不计较他们过去的错误，这与以前圣明的国君所做的没有什么区别。但是陛下对大事宽大，对小过错反而严厉处理，随时发怒责备，免不了爱憎之心，这样是不能处理好朝政的。国君法令严厉，还有些臣子敢于触犯，更何况身居高位的人带头违犯，下面的人就更加不可收拾了，就像河水冲垮堤坝，泛滥成灾，伤害的人一定很多，那黎民百姓又该怎么办呢？这就是说，国君开启了一项弊端，下面就会生出一百个弊端，这样一来，天下就没有不乱的地方。《礼记》上说：‘喜欢一个人要知道他的缺点，憎恨一个人要知道他的优点。’如果憎恨一个人就抹杀了他

而不知其恶，则为恶者实繁。《诗》曰：‘君子如怒，乱庶遄沮[3]**。’然则古人之震怒，将以惩恶，当今之威罚，所以长奸。此非唐、虞之心也，非禹、汤之事也。《书》曰：‘抚我则后**[4]**，虐我则仇。’荀卿子**[5]**曰：‘君，舟也，民，水也。水所以载舟，亦所以覆舟。’故孔子曰：‘鱼失水则死，水失鱼犹为水也。’故唐、虞战战栗栗，日慎一日。安可不深思之乎？安可不熟虑之乎？**

的优点，那么做善事的人一定会产生恐惧情绪；如果喜爱一个人就包庇他的缺点，那么做坏事的人就会越来越多。《诗经》上说：‘国君如果发起怒来，作乱者就会很快收敛。’然而，古人的震怒，是为了惩处邪恶的人，当下的严厉惩罚，却助长了奸邪的风气。这不是尧、舜那样的明主的本意，也不是禹、汤那样的贤君所应该做的事。《尚书》中说：‘抚爱我的人就是我的国君，残暴地对待我的人就是我的仇人。’荀子说：‘君主是船，百姓是水。水可以载船，也可以覆船。’所以孔子说：‘鱼失去了水就会死，水里没有了鱼还是水。’所以，尧、舜这样圣明的君主总是战战兢兢，一天比一天谨慎。对于这样的道理，怎么能不深思？怎么能不熟虑呢？

注释

1 **经纶**：这里指处理国家大事。

2 **衡轴**：这里指中枢岗位。

3 **乱庶遄**（chuán）**沮**：祸乱就会迅速终止。庶，差不多；遄，快；沮，终止。

4 **后**：君主，帝王。

5 **荀卿子**：即荀况，时人尊称为荀卿。

原文

“夫委大臣以大体[1]，责小臣以小事，为国之常也，为治之道也。今委之以职，则重大臣而轻小臣；至于有事，则信小臣而疑大臣。信其所轻，疑其所重，将求至治，岂可得乎？又政贵有恒，不求屡易。今或责小臣以大体，或责大臣以小事，小臣乘非所据，大臣失其所守。大臣或以小过获罪，小臣或以大体受罚。职非其位，罚非其辜[2]，欲其无私，求其尽力，不亦难乎？小臣不可委以大事，大臣不可责以小罪。任以大官，求其细过，刀笔之吏，顺旨承风，舞文弄法，曲成其罪。自陈也，则以为心不伏辜；不言也，则以为所犯皆实。进退惟咎，莫能自明，则苟求免祸。大臣苟免，则谲诈萌生。谲诈萌生，则矫伪成俗。矫伪成俗，则不可以臻至理矣。

译文

“让大臣负责国家大事，让小臣负责具体的小事，这是治国的常理，也是处理政务的正确方法。现在委任职权时，却是重视大臣而轻视小臣；遇到事情时，又轻信小臣而怀疑大臣。信任自己所轻视的而怀疑自己所重视的，要想求得天下的大治，怎么能够实现呢？再者，朝政贵在稳定持久，不能经常改变。现在有时责令小臣办大事，有时又责令大臣去管理小事，小臣处在他不该占据的位置，而大臣又失去他应当担当的职责。大臣或者因为小过错而获罪，小臣或者因为大事故而受罚。职责和职位不相符合，所惩罚的不属于他们各自该担的责任。要求他们没有私心，竭尽全力，岂不是很难吗？对小臣不可以委以大事，对大臣不能因为小过错就加以治罪。给予很高的职位，追究细小的错误，于是那些刀笔小吏就会顺着陛下的旨意，舞文弄墨，让臣下蒙冤受罪。大臣为自己辩白，就认为他是不肯服罪；不辩白，就认为所犯罪行都是事实。这真是进退两难，自己不能辩明冤屈，于是只好苟且免祸。大臣苟且免祸就会谲诈萌生，谲诈萌生就会虚伪成风，虚伪成风就不能实现天下大治了啊！

注释

1 **大体**：重要的，关系大局的。

2 **辜**：罪。

原文

“又委任大臣，欲其尽力，每官有所避忌不言，则为不尽。若举得其人，何嫌于故旧。若举非其任，何贵于疏远。待之不尽诚信，何以责其忠恕哉？臣虽或有失之，君亦未为得也。夫上之不信于下，必以为下无可信矣。若必下无可信，则上亦有可疑矣。《礼》曰：‘上人疑，则百姓惑。下难知，则君长劳。’上下相疑，则不可以言至理矣。当今群臣之内，远在一方，流言三至而不投杼[1]者，臣窃思度，未见其人。夫以四海之广，士庶之众，岂无一二可信之人哉？盖信之则无不可，疑之则无可信者，岂独臣之过乎？夫以一介庸夫结为交友，

译文

“朝廷委任大臣，都是想让他们竭尽全力，但每当大臣有所避讳不敢直言的时候，这就叫未尽全力。如果举荐的官员得当，即使是故人旧友又有什么关系。如果举荐的官员不得当，即使关系疏远又有什么可贵。对待大臣不给予充分的信任，又怎能要求他们行忠恕之道呢？臣子虽然有时会犯过错，但国君也不能如此对待臣下。皇上既然不信任臣下，那么必然认为臣下无可信之处。如果臣下都不值得信任，那么皇上必然也有让人怀疑的地方。《礼记》上说：‘地位高的人相互猜疑，那么百姓就会感到困惑。对臣下不了解，那么国君就会常常忧心劳累。’国君与臣下之间互相猜疑，就谈不上实现天下大治了。如今诸位大臣之中，远在一方，能经历三番五次的谣言却不信以为真的人，据我所知还未曾有过。我朝疆域辽阔，人口众多，难道连一两个值得信赖的人都没有吗？用信任的态度去选择人，就没有绝对不能用的人；用怀疑的态度去选择人，就选不到信得过的人，难道这只是臣子单独的过失

以身相许，死且不渝，况君臣契合，寄同鱼水。若君为尧、舜，臣为稷、契[2]，岂有遇小事则变志，见小利则易心哉？此虽下之立忠未有明著，亦由上怀不信，待之过薄之所致也。岂君使臣以礼，臣事君以忠乎？以陛下之圣明，以当今之功业，诚能博求时俊，上下同心，则三皇可追而四，五帝可俯而六矣。夏、殷、周、汉，夫何足数！”

太宗深嘉纳之。

吗？即使普通人，一旦结为朋友，都可以用生命来许诺，至死不渝，更何况君臣之间相互契合，如同鱼水的关系。如果国君像尧、舜那样，臣子像稷、契一样，怎么会有遇到小的事情就改变志向，碰到小的利益就变心的道理呢？这虽然是有臣下忠心不足的原因，但也有国君心怀不信任、对待臣下过于苛刻的缘故。这怎么谈得上君以礼待臣、臣以忠事君呢？凭借陛下的圣明和当今的功业，要是能诚恳广泛地寻求贤能的人，君臣同心同德，那么三皇就可以追加为四皇，五帝往下就能增为六帝。夏、商、周、汉，又算得了什么！”

太宗十分赞许并采纳了这一意见。

注释

1 **投杼**：抛下织布用的梭子。这里比喻谣言众多，足以动摇人的看法。

2 **稷**、**契**：稷，姬姓，名弃，传说是周的始祖，掌管农事。契，传说中商的始祖，曾助禹治水有功，被舜任为司徒，掌管教化。

原文

贞观十六年，太宗问特进魏徵曰：“朕克己为政，仰企前烈。至于积德、累仁、丰功、厚利，四者常以为称首，朕皆庶几自勉。人苦不能自见，不知朕之所行，何等优劣？”徵对曰：

译文

贞观十六年，太宗问特进魏徵：“我克己奉公，一心处理政事，仰慕并希望达到前贤的功业。至于聚积美德、累加仁义、建立功业、为民谋利，这四个方面我都认为是首要的事情，我经常用它们来勉励自己。可是人都苦于不能觉察自己的过失，不知这四个方面，我做得好还是不好？”

“德、仁、功、利，陛下兼而行之。然则内平祸乱，外除戎狄，是陛下之功。安诸黎元，各有生业，是陛下之利。由此言之，功利居多，惟德与仁，愿陛下自强不息，必可致也。”

贞观十七年，太宗谓侍臣曰：“自古草创之主，至于子孙多乱，何也？”司空房玄龄曰：“此为幼主生长深宫，少居富贵，未尝识人间情伪，治国安危，所以为政多乱。”太宗曰：“公意推过于主，朕则归咎于臣。夫功臣子弟多无才行，借祖父资荫遂处大官，德义不修，奢纵是好。主既幼弱，臣又不才，颠而不扶，岂能无乱？隋炀帝录宇文述在藩之功，擢化及[1]于高位，不思报效，翻行弑逆。此非臣下之过欤？朕发此言，欲公等戒勖子弟，使无愆过，即家国之庆也。”太宗又曰：“化及与玄感，即隋大臣受

魏徵回答说：“德、仁、功、利四个方面，陛下都在做。对内平定祸乱，对外征服戎狄，这都是陛下的功劳。安抚百姓，使他们各有生计，这是陛下为他们谋的利益。从这方面看，陛下的功、利占了多数，只是德与仁这两方面，希望陛下自强不息，必定可以做到。”

贞观十七年，唐太宗对侍臣说：“从古以来，开创国家基业的君主，到他子孙的时候就往往发生祸乱，这是什么缘故？”司空房玄龄说：“这是因为幼主生长在深宫之内，从小过着富贵生活，并不知道民间事情的真伪和治理国家的安危，所以当政后就容易发生祸乱。”太宗说：“你的意思是把过失推到君主身上，我则要把它归罪于臣下。那些功臣子弟多数无才无德，靠祖父、父亲的功勋和爵位就做上大官，不修美德与仁义，只爱奢侈放纵。君主既然幼弱，臣下又没有才能，遇到国家有倾覆的危险却不能匡正扶持，怎能不发生祸乱？隋炀帝记取宇文述在自己当晋王时的功劳，所以把他的儿子宇文化及提升到高官显位，可是宇文化及不考虑如何报效，反而叛逆弑君。这难道不是臣下的罪过吗？我讲这话，希望你们训诫勉励自己的子弟，使他们不要违法犯罪，就是家庭和国家值得庆幸的了。”太宗又说：“宇

恩深者子孙,皆反,其故何也?"岑文本对曰:"君子乃能怀德荷恩,玄感[2]、化及之徒,并小人也。古人所以贵君子而贱小人。"太宗曰:"然。"	文化及和杨玄感,都是隋朝大臣中深受皇恩者的子孙,可后来他们都谋反了,这是什么缘故?"岑文本回答说:"君子才能够感恩戴德,杨玄感、宇文化及之流,都是小人。这就是古人看重君子而鄙视小人的原因。"太宗说:"你说得对!"

注释

1 **化及**:即宇文化及。隋朝宰相宇文述之子,武德初年,杀隋炀帝于江都。

2 **玄感**:即杨玄感。隋朝宰相杨素之子,曾为大将,大业九年,起兵反叛。

择官

导读

"择官",不仅仅是选择官吏,还涉及皇帝如何选拔和录用贤才,如何认识有才之人,如何量才授职,如何设置和精简官僚机构,如何亲贤臣远小人等多个方面。《择官》全篇都贯穿一个鲜明的主题,即"致安之本,惟在得人"。作者以鲜活的事例,富有哲思的语言分别阐述了重才求才、选才用才、爱才管才的思想。唐太宗作为一国之君,日理万机,日夜不怠。自身的贤明与前代的用人得失使他充分认识到寻找和选拔优秀的人才来担任国家官员的重要性和紧迫性。所以文中无论是唐太宗要求臣下举荐人才,还是从下级官吏中擢选贤才,都体现了他对人才的渴求和重视。然而择官最重要的一步就是选才用才,然而想要尽快地辨明并获得真才,必须借用两条路径。一是仿照两汉选拔官员,由州郡遴选具有德行之人,推荐给朝廷任用;二是从地方官员,如刺史或县令中进行考核、选拔,品行和政绩兼优者方能进入中央机构。同时,作者也强调,"用人弥须慎择",

"太平之时,必须才行俱兼,始可任用"。最后,作者认为,不是贤才任用之后就万事大吉了,作为国君,还应当爱才管才,发挥他们最大的作用。国君对待人才,不仅要"因其材以取之,审其能以任之,用其所长,掩其所短",还要引导贤臣"处六正之道,不行六邪之术"。君主只有赏罚分明,公平仁义,实事求是,方能"进忠良,退不肖",实现不化而教,天下大治。《择官》篇中许多择人用人的观念对当下社会的借鉴意义是很大的,如果能真正理解和掌握文中择官的思想和原则,那么必将大大提升我们自己识人、知人、用人的技巧和水平。

原文

贞观元年,太宗谓房玄龄等曰:"致治之本,惟在于审。量才授职,务省官员。故《书》称:'任官惟贤才。'又云:'官不必备,惟其人。'若得其善者,虽少亦足矣;其不善者,纵多亦奚为[1]?古人亦以官不得其才,比于画地作饼,不可食也。《诗》曰:'谋夫孔多[2],是用不就。'又孔子曰:'官事不摄[3],焉得俭?'且'千羊之皮,不如一狐之腋'。此皆载在经典,不能具道。当须更并省官员,使得各当所任,则无为而治矣。卿宜详思此理,量

译文

贞观元年,唐太宗对房玄龄等人说:"治理国家的根本在于能审察官吏。要根据人的能力大小授予官职,务必精减官员人数。所以《尚书》说:'只选取贤良和有才能的人做官。'《尚书》还说:'官员不在多,而在于任用得当。'如果任用了好官,尽管人数不多也足够任用了;如果任用了不好的官,人数再多又有什么用呢?古人说,不根据才能选择官员,就像在地上画饼,不能充饥一样。《诗经》有句话:'谋划的人多了,事情就不能办成。'而且孔子也说:'官员不能身兼两职,怎谈得上精简节约呢?'孔子还说:'一千只羊的皮,不如一只狐狸的腋下皮毛。'这些名言都记载在经典上,不能一一说尽。现在应当进一步省减官员,使他们能各自担当起所任官职的责任,那么国家就可以无为而治了。你应该仔细考虑一下这个问题,衡量并制

定庶官员位。”玄龄等由是所置文武总六百四十员。太宗从之，因谓玄龄曰：“自此倘有乐工杂类，假使术逾侪辈[4]者，只可特赐钱帛以赏其能，必不可超授官爵，与夫朝贤君子比肩而立，同坐而食，遣诸衣冠[5]以为耻累。”

定官员的职位和职责。”房玄龄等人于是拟定出文武官员共六百四十人，唐太宗表示同意，并对房玄龄说：“从今以后，如果有一些乐工及其他杂务人员，他们的能力超过了同辈，只可以赏赐给他们钱财布帛来嘉奖他们的技能，但一定不能超员授予他们官职，从而让他们和朝廷的贤臣君子并肩而站，同桌而食，使士大夫们感到羞耻。”

注释

1 **奚为**：有何用处。奚，疑问词。

2 **孔多**：很多。

3 **摄**：代理。

4 **侪（chái）辈**：同辈。

5 **衣冠**：古代士以上戴冠，因用以指士以上的服装。这里借指官员、士大夫阶层。

原文

贞观二年，太宗谓房玄龄、杜如晦曰：“公为仆射[1]，当助朕忧劳，广开耳目，求访贤哲。比闻公等听受辞讼，日有数百。此则读符牒[2]不暇，安能助朕求贤哉？”因敕尚书省，细碎务皆付左右丞[3]，惟冤滞大事合闻奏者，关于仆射。

译文

贞观二年，唐太宗对房玄龄、杜如晦说：“你们身为仆射，应帮助我排忧解难，广开耳目，求访贤能之人。听说你们处理的诉讼文件，每天有数百之多。这样整天阅读公文都应接不暇，怎能有时间帮助我寻访贤才呢？”于是唐太宗下令尚书省把细碎的事情交给左右丞处理，只有滞留未申的冤案才能交给仆射处理。

注释

1 **仆射**：唐时负责行政的尚书省最高长官，左、右仆射各一人。

2 **符牒**：公文。

3 **左右丞**：唐代尚书省仆射之下的官职。

原文

贞观二年，太宗谓侍臣曰："朕每夜恒思百姓间事，或至夜半不寐。惟恐都督[1]、刺史[2]堪养百姓以否。故于屏风上录其姓名，坐卧恒看，在官如有善事，亦具列于名下。朕居深宫之中，视听不能及远，所委者惟都督、刺史。此辈实治乱所系，尤须得人。"

译文

贞观二年，唐太宗对侍臣说："我每天夜里总考虑着百姓的事情，有时到半夜还睡不着，就是担心都督、刺史能否安抚好百姓。所以在屏风上记下他们的姓名，坐着躺下都可看到，如果他们在任上做了好事，也都记录在他们的姓名之下。我住在深宫之中，看到的和听到的都不能涉及很远，所依靠的就是这些都督和刺史。这些地方长官确实关系到国家的安定与动乱，特别需要选择优秀的人去担当。"

注释

1 **都督**：古代的军事长官，掌督诸州兵、马、甲、械、粮廪等。

2 **刺史**：官名。原为朝廷所派督察地方之官，后沿为地方官职名称。

原文

贞观二年，太宗谓右仆射封德彝曰："致安之本，惟在得人。比来命卿举贤，未尝有所推荐。天下事重，卿宜分朕

译文

贞观二年，唐太宗对右仆射封德彝说："安定国家的根本，在于得到有贤能的人。近来我让你向我推荐人才，却不见你有所举荐。治理天下事关重大，你应当替我分忧解难，你们不向我进言举荐贤才，那我又

忧劳，卿既不言，朕将安寄？”对曰：“臣愚岂敢不尽情，但今未见有奇才异能。”太宗曰：“前代明王使人如器，皆取士于当时，不借才于异代。岂得待梦傅说[1]，逢吕尚[2]，然后为政乎？且何代无贤，但患遗而不知耳！”德彝惭赧[3]而退。

能去依靠谁呢？”封德彝回答说：“臣下愚钝，怎么敢不尽心尽力，只是现在还没有发现具有很高才能的人。”唐太宗说：“过去，圣明的君主使用人才，宛如使用器皿一样用其所长，都是在当代选拔人才，不向其他朝代去借用。难道我们一定要等到梦到傅说，遇到吕尚这样的贤才，才能去治理国家吗？况且哪个朝代没有贤才，只担心是遗漏了或是不知道吧！”封德彝听后羞愧地退了下去。

注释

1 **傅说**（yuè）：商代贤臣。

2 **吕尚**：本姓姜，名望，又称姜子牙。周代贤臣。

3 **赧**（nǎn）：因羞愧而脸红。

原文

贞观三年，太宗谓吏部尚书杜如晦曰：“比见吏部择人，惟取其言词刀笔，不悉其景行[1]。数年之后，恶迹始彰，虽加刑戮，而百姓已受其弊。如何可获善人？”如晦对曰：“两汉取人，皆行著乡闾[2]，州郡贡之，然后入用，故当时号为多士。今每年选集，向数千人，厚

译文

贞观三年，唐太宗对吏部尚书杜如晦说：“我近来看到吏部选择官员，只看口才、文笔是否出众，而不看他的道德品行。几年后，这些人的劣迹逐渐败露，虽然对他们进行了惩罚，但是老百姓已经深受其害。那么，如何才能够选拔到优秀的官员呢？”杜如晦说：“西汉和东汉选拔官员，被选者都以美德闻名于乡里，然后州郡推荐他们给朝廷，最后才被任用，所以当时号称人才济济。现在每年所选的人才，多达数千人，这些人外表忠厚、巧言善饰，不可能很全面

貌饰词，不可知悉，选司但配其阶品而已。铨简之理[3]，实所未精，所以不能得才。”太宗乃将依汉时法令，本州辟召，会功臣等将行世封事，遂止。

地了解他们，吏部只能做到授予他们品级和职位而已。选补官员的规章制度，实在不够完善，所以不能得到真正的人才。”太宗于是打算依照两汉时的法令，改由各州举荐德才兼备的人，恰逢功臣等将进行世袭封官授爵之事，这件事就停止了。

注释

1 **景行**：高尚的德行。

2 **乡闾**：即乡里。

3 **铨**（quán）**简之理**：选补官员的规章制度。铨，选官授职。

原文

贞观六年，太宗谓魏徵曰：“古人云，王者须为官择人，不可造次[1]即用。朕今行一事，则为天下所观；出一言，则为天下所听。用得正人，为善者皆劝；误用恶人，不善者竞进。赏当其劳，无功者自退；罚当其罪，为恶者戒惧。故知赏罚不可轻行，用人弥须慎择。”徵对曰：“知人之事，自古为难，故考绩黜陟[2]，察其善恶。今欲求人，必须审访其行。若知其善，然后用之，设令此人不能

译文

贞观六年，唐太宗对魏徵说：“古人说过，君主必须根据官职来选择合适的人，不能轻率任用。我现在做一件事，就被天下人看到；说一句话，就被天下人听到。任用了正直的人，品质好的人都会得到劝勉；错用了坏人，品质坏的人就会争相钻营求利。奖赏和功绩相称，没有功劳的人就会自动退避；惩罚和罪行相称，坏人就有所戒惧。由此可知赏罚绝不可以随意使用，用人更需要慎重选择。”魏徵回答说：“知人善任这件事，从古以来就很难，所以在考核政绩、决定贬降还是升迁时，要观察他的善恶。如今想求得人才，必须仔细察访他的品行。如果了解到他真有好的品行，然后才可

济事，只是才力不及，不为大害。误用恶人，假令强干，为害极多。但乱世惟求其才，不顾其行。太平之时，必须才行俱兼，始可任用。”

任用。假如此人不会办事，只是才力不够，还没有什么大的害处。错用了坏人，假使他能力强，会办事，那为害就太多了。但在乱世可以只求有才能，不管品行。太平时候，必须才能、品行都好，方可任用。”

注释

1 **造次**：鲁莽，轻率。

2 **黜陟**（chù zhì）：指人才的进退或官职的升降。

原文

贞观十一年，侍御史[1]马周上疏曰：“治天下者以人为本，欲令百姓安乐，惟在刺史、县令。县令既众，不可皆贤，若每州得良刺史，则合境苏息。天下刺史悉称圣意，则陛下可端拱岩廊之上，百姓不虑不安。自古郡守、县令，皆妙选贤德，欲有迁擢为将相，必先试以临人，或从二千石[2]入为丞相及司徒、太尉[3]者。朝廷必不可独重内臣，外刺史、县令，遂轻其选。所以百姓未安，殆由于此。”太宗因谓侍

译文

贞观十一年，侍御史马周上疏说：“人才是治理好天下的根本。要想让百姓安居乐业，关键是选好刺史和县令。县令那么多，不可能都是贤能，如果每个州都能有一个好的刺史，那么每个州就可以安定繁荣了。如果全天下的刺史都符合皇上的心意，那么陛下就可以高枕无忧，百姓就不必忧虑不能安居乐业了。自古以来，郡守、县令都是精心挑选德才兼备的人担任，想要提拔为将军或宰相的，一定先让他们做一段时间的地方官进行考察，或者从州郡官员直接升任宰相、司徒或太尉。朝廷千万不要只注重在京任职的大臣，忽视刺史和县令这两级地方官员，从而轻率决定他们的选拔。百姓不能安居乐业，恐怕与此有关。”于

臣曰："刺史朕当自简择，县令诏京官五品已上，各举一人。"

是太宗对侍臣说："刺史应由我亲自挑选，县令应由在京五品以上的官员每人推荐一个。"

注释

1 **侍御史**：御史台中的官员，主管审理案件，弹劾百官。

2 **二千石**：汉制，郡守俸禄为二千石，世因称郡守为"二千石"。

3 **太尉**：辅佐皇帝处置军政要事，掌握兵权。

原文

贞观十一年，治书侍御史刘洎以为左、右丞宜特加精简，上疏曰："臣闻尚书万机，实为政本，伏寻此选，授任诚难。是以八座[1]比于文昌，二丞方于管辖，爰至曹郎[2]，上应列宿，苟非称职，窃位兴讥。伏见比来尚书省诏敕稽停，文案壅滞，臣诚庸劣，请述其源。贞观之初，未有令、仆，于时省务繁杂，倍多于今。而左丞戴胄、右丞魏徵并晓达吏方，质性平直，事应弹举，无所回避，陛下又假以恩慈，自然肃物。百司匪懈，

译文

贞观十一年，治书侍御史刘洎认为尚书左、右丞的人选应当特别精心选拔，他上疏说："臣知道尚书省日理万机，是施政的中枢部门，寻找和选拔适当的人来担任，确实很难。所以左、右仆射和六部长官好比是天上文昌宫内的众星，左、右丞好像是锁管和车辖，这些官员以及下至曹郎，也与上天的星宿相应，如果不能称职，就会引起窃居要职讥评。我近来看到尚书省内诏书敕令不能迅速执行，文书案卷堆积不能及时处理，我虽然庸劣无能，但也请让我讲一讲造成这种现象的原因。贞观初年，没有任命尚书令和左右仆射，当时尚书省里公务繁杂，比今天还多一倍，左丞戴胄、右丞魏徵，都通晓管理和处理政务的方法，而且他们品性公平正直，凡遇到应当弹劾举报的问题，从不回避。陛下给予他们信任和爱护，自然能整肃纲纪。各个部门之所以

抑此之由。及杜正伦续任右丞，颇亦厉下。比者纲维不举，并为勋亲在位，器非其任，功势相倾。凡在官僚，未循公道，虽欲自强，先惧嚣谤。所以郎中予夺，惟事咨禀；尚书依违[3]，不能断决。或纠弹闻奏，故事稽延，案虽理穷，仍更盘下。去无程限，来不责迟，一经出手，便涉年载。或希旨失情，或避嫌抑理。勾司以案成为事了，不究是非；尚书用便僻[4]为奉公，莫论当否。互相姑息，惟事弥缝。且选众授能，非才莫举，天工人代，焉可妄加？至于懿戚元勋，但宜优其礼秩，或年高及耄，或积病智昏，既无益于时宜，当置之以闲逸。久妨贤路，殊为不可。将救兹弊，且宜精简尚书左右丞及左右郎中。如并得人，自然纲维备

不敢懈怠，就是用人得当的缘故。到杜正伦继任右丞，也能够对下面严格要求。近来之所以纲纪不振，都是由于功臣、国戚占据了重要职位，他们既无才能胜任，又依仗功勋和地位互相倾轧。其他官僚，也不能秉公办事，即使想振作自己，又会先畏惧流言毁谤。所以郎中定夺事情，凡事都向上级请示；尚书也模棱两可，不能决断。有些纠察弹劾的案件应该上奏，却故意拖延，案件虽然已经处理清楚，仍然再次盘问下属。公文发出去没期限，回复来迟了也不指责，事情一经交办，就拖上成年累月。有的只迎合圣上的旨意而不考虑是否和实情相符，有的为了避免嫌疑而不管是否符合常理。办案的部门只求尽快结案，却不追究是非；尚书把逢迎谄媚作为办公的标准，不管对错。互相姑息，有了问题就极力掩盖。而且官职应该从众人中选拔有才能的授予，没有才能就不应举荐，官员是代上天办事，怎能随便授予官位？至于皇亲国戚和元勋功臣，只能给他们优厚的礼遇，他们有的年高岁老，有的久病智衰，既然在当前已做不出贡献，就应让他们退位安享晚年。让他们长期在位妨碍选拔贤能的途径，这是极不恰当的。为纠正这类弊端，应先精心挑选尚书左、右丞和左、右郎中。如果都能任用称职的人，自然纲纪大振，还能纠正那种

举，亦当矫正趋竞，岂惟息其稽滞哉！”疏奏，寻以洎为尚书左丞。

奔走争官做的歪风，这解决的岂止是办事拖延的问题！”奏章送了上去，不久便委任刘洎做尚书左丞。

注释

1 **八座**：隋唐以尚书省左、右仆射及六部长官合称为“八座”。

2 **曹郎**：官名，即部曹，指部属各司的官员。

3 **依违**：犹豫不决，模棱两可。

4 **便僻**：谄媚逢迎。

原文

贞观十三年，太宗谓侍臣曰：“朕闻太平后必有大乱，大乱后必有太平。大乱之后，即是太平之运也。能安天下者，惟在用得贤才。公等既不知贤，朕又不可遍识，日复一日，无得人之理。今欲令人自举，于事何如？”魏徵对曰：“知人者智，自知者明。知人既以为难，自知诚亦不易。且愚暗之人，皆矜能伐善，恐长浇竞之风，不可令其自举。”

贞观十四年，特进魏徵上疏曰：“臣闻知臣莫若君，知子莫若父。父不能

译文

贞观十三年，唐太宗对侍臣说：“我听说，太平之后必然天下大乱，大乱之后，必然又回归太平。大乱之后，就是太平的气运了。要想使国家安定，只有任用贤才。你们既然不知道贤才，我又不可能一一加以考察，日复一日，就得不到贤才治理国家了。现在我下令让人才自我推荐，你们看怎么样呢？”魏徵回答说：“了解别人的人聪明，了解自己的人明智。了解别人难，了解自己就更不容易。况且愚昧无知的人，总以为自己贤能，夸耀自己的长处，这样恐怕会助长竞逐名利的不良风气，我认为陛下不可以下令让人自荐。”

贞观十四年，特进魏徵上疏说：“我听说，了解臣子莫若君主，了解孩子莫若父亲。父亲不了解自己的孩子，就无法

知其子，则无以睦一家；君不能知其臣，则无以齐万国。万国咸宁，一人有庆，必借忠良作弼。俊乂在官，则庶绩其凝，无为而化矣。故尧、舜、文、武见称前载，咸以知人则哲，多士盈朝，元、凯[1]翼巍巍之功，周、召[2]光焕乎之美。然则四岳、九官、五臣、十乱[3]，岂惟生之于曩代[4]，而独无于当今者哉？在乎求与不求，好与不好耳！何以言之？夫美玉明珠，孔翠犀象，大宛之马，西旅之獒，或无足也，或无情也，生于八荒之表，途遥万里之外，重译入贡，道路不绝者，何哉？盖由乎中国之所好也。况从仕者怀君之荣，食君之禄，率之以义，将何往而不至哉？臣以为与之为孝，则可使同乎曾参、子骞[5]矣；与之为忠，则可使同乎龙逄、比干矣；与之为信，则可使同乎尾

使家庭和睦；君主不了解自己的臣子，就不能治理好国家。而要使天下太平，国君有善，那就要有忠臣辅佐。贤臣在朝，就会政绩卓越，做到无为而治了。所以尧、舜、文王、武王能名存史册，他们都有知人之明，所以众多贤能才会聚于朝廷，八元、八凯帮助舜建立了赫赫功业，周公、召公辅佐周成王成就一代辉煌帝业。那么四岳、九官、五臣、十乱这样的贤臣，难道只能生活在前朝，而唯独当今没有吗？这只是在于国君求与不求、喜好与不喜好而已！为什么这样说呢？像那些美玉明珠、孔雀翡翠、犀牛大象、大宛的宝马、西域的獒犬，它们或是没有手足，或是没有感情，出产在蛮荒的地方，离这里有万里之远，而且经过辗转翻译进贡到中国，道路上的献宝人还络绎不绝，这是为什么呢？是因为朝廷喜好这些。况且做官的人都想着君主所给予的荣华，享受君主赐予的俸禄，如果君主用仁义去引导他们，还有什么事情做不成呢？我认为如果用孝悌来教导他们，那么就可以使他们成为像曾参、闵子骞那样孝子；如果用忠义来教导他们，就可以使他们成为像关龙逄和比干那样的忠臣；如果用信义来教导他们，就可以使他们成为像尾生、展禽一样的义士；如果用廉洁来教

生、展禽矣；与之为廉，则可使同乎伯夷、叔齐矣。

导他们，就可以使他们成为像伯夷、叔齐一样的廉正之人。

注释

1 **元、凯**：八元、八凯，传说是舜的贤臣。

2 **周、召**：周，周公，名旦，周武王之弟。召，召公，名奭，为周太保。二人曾辅佐周成王。

3 **四岳、九官、五臣、十乱**：都指古代传说中的贤臣。

4 **曩（nǎng）代**：从前的朝代。

5 **曾参、子骞**：曾参，字子舆。子骞，姓闵，名损，字子骞。二人都是孔子的弟子，以孝著称。

原文

“然而今之群臣，罕能贞白卓异者，盖求之不切，励之未精故也。若勖之以公忠，期之以远大，各有职分，得行其道；贵则观其所举，富则观其所养，居则观其所好，习[1]则观其所言，穷则观其所不受，贱则观其所不为；因其材以取之，审其能以任之，用其所长，掩其所短；进之以六正，戒之以六邪，则不严而自励，不劝而自勉矣。故《说苑》[2]曰：‘人臣之行，有六正六邪。行六正则荣，犯六邪则辱。

译文

“然而今天的群臣之中，很少有正直清白、才能出众的人，恐怕是因为朝廷求贤之心不急切，没有认真激励他们的缘故。如果用公正忠诚去要求他们，用远大抱负去激励他们，让他们各尽其职，各自施展他们的主张；身处高位时就要看他们举荐的人才，家境富裕时就要看他们蓄养的门客，闲居时看他们的喜好，亲近君主时要看他们说的话，穷困时要看他们的气节，卑贱时要看他们的德行；根据他们的才能选拔他们，考察他们的能力后任用他们，发挥他们的长处，克服他们的短处，用六正去勉励他们，用六邪去警诫他们，那么，即使不严格要求他们，他们也会自我激励，不

何谓六正？一曰萌芽未动，形兆未见，昭然独见存亡之机，得失之要，预禁乎未然之前，使主超然立乎显荣之处，如此者，圣臣也。二曰虚心尽意，日进善道，勉主以礼义，谕主以长策，将顺其美，匡救其恶，如此者，良臣也。三曰夙兴夜寐，进贤不懈，数称往古之行事，以厉主意，如此者，忠臣也。四曰明察成败，早防而救之，塞其间，绝其源，转祸以为福，使君终以无忧，如此者，智臣也。五曰守文奉法，任官职事，不受赠遗，辞禄让赐，饮食节俭，如此者，贞臣也。六曰家国昏乱，所为不谀，敢犯主之严颜，面言主之过失，如此者，直臣也。是谓六正。何谓六邪？一曰安官贪禄，不务公事，与世浮沉，左右观望，如此者，具臣[3]也。二曰主所言皆曰善，主所为皆曰可，隐而求主之所好而进之，以快主之耳目，偷合苟容[4]，

用刻意劝勉，他们也会自己努力。因此汉代刘向在《说苑》中说：'臣下的行为，有六正六邪之说。行六正是臣下的光荣，犯六邪则是臣下的耻辱。什么是六正呢？一是当事情的端倪还未萌生，各种征兆还不显著的时候，臣下能够独自清楚地预见得失存亡的利害，使君主免于祸患，永保江山稳固，这样的臣子，是圣臣。二是虚心进谏，不断提出好的建议，勉励君主实行礼义，向君主进好言献良策，避免君主犯错误，这样的臣子，是良臣。三是废寝忘食，不断地为朝廷举荐贤才，不断用古代圣贤的事迹来勉励君主，这样的臣子，是忠臣。四是明察成败，能及早地预防或补救，堵塞漏洞，根绝祸源，转祸为福，使君主高枕无忧，这样的臣下，是智臣。五是奉公守法，尽职尽责，不收贿赂，谦让节俭，这样的臣子，是贞臣。六是国家混乱，不阿谀奉承，敢犯言直谏，当面指出君主的过错，这样的臣子，是直臣。以上就是所说的六正。那么六邪是什么呢？一是贪得无厌，不务正事，随波逐流，没有立场，这样的臣子，是具臣。二是认为君主说的话都是好的，君主的行为都是对的，私下投君主之所好并加以逢迎，以此来取悦君主耳目声色之乐，

与主为乐，不顾其后害，如此者，谀臣也。三曰内实险诐[5]，外貌小谨，巧言令色，妒善嫉贤，所欲进，则明其美、隐其恶，所欲退，则明其过、匿其美，使主赏罚不当，号令不行，如此者，奸臣也。四曰智足以饰非，辩足以行说，内离骨肉之亲，外构朝廷之乱，如此者，谗臣也。五曰专权擅势，以轻为重，私门成党，以富其家，擅矫主命，以自贵显，如此者，贼臣也。六曰谄主以佞邪，陷主于不义，朋党比周，以蔽主明，使白黑无别，是非无间，使主恶布于境内，闻于四邻，如此者，亡国之臣也。是谓六邪。贤臣处六正之道，不行六邪之术，故上安而下治。生则见乐，死则见思，此人臣之术也。'《礼记》曰：'权衡诚悬，不可欺以轻重。绳墨诚陈，不可欺以曲直。规矩诚设，不可欺以方圆。君子审礼，不可诬以奸诈。'然则臣之情伪，知之不

助长君主的逸乐，不顾严重后果，这样的臣子，是谀臣。三是内心阴险，外表拘谨，巧言令色，嫉贤妒能，只要他想提拔谁，就只说好话，隐瞒过失，要想排挤谁，就夸大他的缺点，掩盖他的优点，致使君主赏罚不明，诏令不被执行，这样的臣子，是奸臣。四是凭着自己的机巧辩才，掩过饰非，对内离间骨肉之情，对外制造朝廷混乱，这样的臣子，是谗臣。五是专权仗势，以轻为重，私结友党，聚敛财富，假借君主诏令，使自己地位显赫，这样的臣子，是贼臣。六是用奸邪向君主献媚，陷君主于不仁不义之境地，私结朋党，蒙蔽君主，使他不辨黑白，不明是非，致使君主不仅恶名传遍国内，还远播邻国，这样的臣子，是亡国之臣。这就是所说的六邪。如果贤臣做到六正，避免六邪，那么上就会使朝廷获得安宁，下就会使国家得到治理。生时为百姓所爱戴，死后被人追忆怀念，这就是为臣之道。'《礼记》还说：'秤杆一提，就不可能在轻重上受到欺骗。绳墨一拉，就不会在曲直上受到欺骗。规矩一比，就不会在方圆上感到困惑。君子懂得各种礼仪规范，就不会被奸诈诬陷。'这样，臣子的忠奸真伪，就不难辨别。如果朝

难矣。又设礼以待之，执法以御之，为善者蒙赏，为恶者受罚，安敢不企及乎？安敢不尽力乎？

廷能够对他们以礼相待，以法约束，行善的能够加以褒奖，作恶的能够处以刑罚，谁还敢不求上进？谁还敢不尽心尽力呢？

注释

1 **习**：亲近。

2 **《说苑》**：西汉刘向撰，是一部富有文学意味的重要文献，内容多哲理深刻的格言警句。

3 **具臣**：备位充数的大臣。

4 **偷合苟容**：装样子迎合讨好别人。

5 **险诐**（bì）：邪恶不正。

原文

“国家思欲进忠良，退不肖，十有余载矣，徒闻其语，不见其人，何哉？盖言之是也，行之非也。言之是，则出乎公道，行之非，则涉乎邪径。是非相乱，好恶相攻。所爱虽有罪，不及于刑；所恶虽无辜，不免于罚。此所谓爱之欲其生，恶之欲其死者也。或以小恶弃大善，或以小过忘大功。此所谓君之赏不可以无功求，君之罚不可以有罪免者也。赏

译文

“朝廷想要提携忠良的大臣，贬斥不贤的大臣，已经有十几年了，但是为什么只是听到这样的说法，而没见到这样的人，这是为什么？大概是因为说的正确，做的不对吧。说得对是出于公道，而做得不对就涉及邪道了。这样，就会是非混乱，好恶相攻。自己喜欢的人即使有罪，也不会受到处罚，自己不喜欢的人即使清白无辜，也总会受到惩罚。这就是所谓的喜欢他就会让他生存，憎恨他就会将其置于死地。或者因为小的恶行而忘记大的善行，或者因小的过失而忽略大的功劳。这就是所谓的君主的赏赐不能给无功的人，君主的刑罚不能漏掉有罪的人。奖

不以劝善，罚不以惩恶，而望邪正不惑，其可得乎？若赏不遗疏远，罚不阿亲贵，以公平为规矩，以仁义为准绳，考事以正其名，循名以求其实，则邪正莫隐，善恶自分。然后取其实，不尚其华，处其厚，不居其薄，则不言而化，期月而可知矣。若徒爱美锦，而不为民择官，有至公之言，无至公之实；爱而不知其恶，憎而遂忘其善，徇私情以近邪佞，背公道而远忠良，则虽夙夜不怠，劳神苦思，将求至理，不可得也。"

书奏，甚嘉纳之。

贞观二十一年，太宗在翠微宫，授司农卿[1]李纬户部尚书。房玄龄是时留守京城。会有自京师来者，太宗问曰："玄龄闻李纬拜尚书，如何？"对曰："但云'李纬大好髭须[2]'，更无他语。"由是改授洛州刺史。

赏不能劝勉大家为善，惩罚不能禁止一些人作恶，却希望达到邪正分明，这怎么能实现呢？如果赏赐时不忘被疏远的臣子，处罚时不庇护亲近的人，做到以公平为规矩，以仁义为准绳，考察事实来辨别名分，按照名分来考订事实，那么邪恶就会无处藏身，善恶自然分明。录取有真才实干的人，不要那些浮夸的，录用宅心仁厚的人，不要那些浅薄的，这样就会达到不言而教化天下的目的，而且不用一个月就能看出效果。如果只看重外在仪表，而不去为百姓选拔好的官员，只有至公的言辞，没有至公的事实；喜欢臣下，就对他们的缺点视而不见，厌恶他们，就忘记他们善的品行，私情而亲近奸邪的臣子，背离公道而疏远忠臣良将，这样即使日夜辛劳，费神苦想，希望求得天下大治，也是不能得到的。"

看过奏书后，唐太宗欣然接受。

贞观二十一年，唐太宗在翠微宫加授司农卿李纬为户部尚书。房玄龄当时留守在京城任职。恰巧有个官员从京城来，唐太宗问他："房玄龄听说李纬出任尚书之后，有什么意见呢？"那个官员回答："只听到房玄龄说'李纬特别喜欢留胡须'，再没有其他评语。"唐太宗听后，改任李纬为洛州刺史。

注释

1 **司农卿**：唐时掌粮食储备等事的官职。

2 **髭**（zī）**须**：胡子。

卷四

尊敬师傅

导读

尊师重道,古已有之。无论是普通百姓,还是帝王将相,老师在人的成才过程中都起着至关重要的作用。对于普通百姓而言,老师的好坏直接关系到他们个人的成长和命运,但对于太子和诸王来讲,师傅的好坏还直接关系到国家的治乱兴衰。有鉴于此,《尊敬师傅》篇记录了唐太宗和诸位大臣探讨为何要重视尊敬师傅以及怎样尊敬师傅的问题,以求太子和诸王能通过师傅的教导而达到迅速成长的目的。太子的师傅在其任职过程中,实际上扮演着三种角色。一是榜样,太子的师傅一般都是德才兼备的重臣,他们的一言一行,都将对太子的成长起到耳濡目染的作用;二是教师,太子师傅传授太子礼乐之教,诗书之文,治国之策,使太子能才德具备,将来有能力继承皇位,统治天下;三是辅臣,太子师傅亦师亦友亦臣,在传道授业的同时也辅佐太子处理日常政务,是太子的智囊和谋臣。因此,尊敬师傅关乎太子的切身成长,也关乎国家的前途命运。那么如何尊敬师傅呢?其一,设置辅导太子的官职,如太师、太傅、太保"三师"之位,使师傅的教授名正而言顺;其二,要制定太子与师傅相处的礼仪制度,对师傅礼敬有加;其三,要使太子有充足的时间接受师傅的教导,不使师傅之名和师傅之位虚衔空设。当然,本篇的目的仍是教育太子,强调太子从小长于深宫之中,没有草创国家的实践环境和经历。因此,要使太子避免将来会骄奢淫逸,具备良好的道德品质,有处理朝政、管理国家的能力,就必须借助师傅的力量,没有其他捷径可走。

原文

贞观三年，太子少师李纲[1]有脚疾，不堪践履。太宗赐步舆[2]，令三卫[3]举入东宫，诏皇太子引上殿，亲拜之，大见崇重。纲为太子陈君臣父子之道，问寝侍膳之方，理顺辞直，听者忘倦。太子尝商略古来君臣名教，竭忠尽节之事，纲懔然曰："托六尺之孤，寄百里之命，古人以为难，纲以为易。"每吐论发言，皆辞色慷慨，有不可夺之志，太子未尝不耸然礼敬。

译文

贞观三年，太子少师李纲患有脚痛的疾病，不能穿鞋走路。于是唐太宗赏赐给他一架步舆，并命令侍卫抬他进入东宫，还下诏命令皇太子亲自迎接他上殿，行礼作揖，以示对他的敬重。李纲为太子讲述君臣父子之间的礼仪，以及问候起居方面的礼节，讲得道理明畅，言语直白，让听者都忘记了疲倦。太子曾经与李纲商讨自古以来君臣之间的伦理纲常，以及效忠尽节的事情，李纲正气凛然地说："受托于先王，身负辅佐储君的使命，古人认为这件事很困难，臣却认为十分容易。"每次发表言论，李纲面色严肃，言语激昂，透露出一种不可动摇的意志，太子因而每次都肃然起敬。

注释

1 **李纲**：字文纪，蓨县人。贞观初，拜为太子少师。
2 **步舆**：古代一种人抬的代步工具。似轿而无轿厢，架上只有坐具。
3 **三卫**：唐制，禁卫军有亲卫、勋卫、翊卫，合称为"三卫"。

原文

贞观六年，诏曰："朕比寻讨经史，明王圣帝，曷尝无师傅哉？前所进令遂不睹三师[1]之位，意将未可，何以然？黄帝学

译文

贞观六年，唐太宗下诏说："我近来研读经史，知道凡是古代英明的帝王，哪一个不是没有师傅的呢？先前呈上来待批的诏令竟没设三师的职位，我认为不妥，为什么这样说呢？昔日，黄帝向大颠求

大颠，颛顼学录图，尧学尹寿，舜学务成昭，禹学西王国，汤学威子伯，文王学子期，武王学虢叔[2]。前代圣王，未遭此师，则功业不著乎天下，名誉不传乎载籍。况朕接百王之末，智不同圣人，其无师傅，安可以临兆民者哉？《诗》不云乎：'不愆[3]不忘，率由旧章。'夫不学，则不明古道，而能政致太平者，未之有也。可即著令，置三师之位。"

教，颛顼向录图问学，尧以尹寿为师，舜向成昭学习，禹在西王国求学，汤学威子伯，文王学子期，武王学虢叔。前代圣明的君王，如果没有遇到这些名师的教导，他们的功绩就不能广布天下，自己的声名也不能载入史册。何况我在百王之后统治天下，才智与圣人有所差别，要是没有师傅，怎么能够统率天下百姓呢？《诗经》上不是说：'要想不犯错误不忘教训，都必须从前人的规章制度入手。'不学习，就不能明白古时治国的道理，像这样而能获得天下太平的，历史上还未有过啊！应马上发布诏令，设立三师的职位。"

注释

1 **三师**：北魏以后称太师、太傅、太保为"三师"，品级列正一品，但仅为虚衔。三师是古代于天子坐而论道或辅导太子的官员。

2 **虢**（Guó）**叔**：又称虢公，周武王的叔叔。

3 **愆**（qiān）：过失，差错。

原文

贞观八年，太宗谓侍臣曰："上智之人，自无所染，但中智之人无恒，从教而变，况太子师保[1]，古难其选。成王幼小，周、召为保傅，左右皆贤，日

译文

贞观八年，唐太宗对侍臣说："智慧高明的人，当然不会沾染什么恶习，但智慧中等的人就不稳定了，他们会随着教育而发生改变，况且太子的师傅，自古就很难挑选。周成王即位时年纪幼小，周公、召公做他的太保太傅，左右都是贤人，每天他都能

闻雅训，足以长仁益德，使为圣君。秦之胡亥，用赵高作傅，教以刑法，及其嗣位，诛功臣，杀亲族，酷暴不已，旋踵而亡。故知人之善恶，诚由近习。朕今为太子、诸王精选师傅，令其式瞻[2]礼度，有所裨益。公等可访正直忠信者，各举三两人。”

听到有益的教诲，这足以增长他的仁义道德，使他成为圣君。秦二世胡亥，任用赵高做师傅，赵高教他以刑名法术之学，因此胡亥继位后，就诛戮功臣，屠杀亲族，残酷暴虐到了极点，结果秦国很快就灭亡了。由此可知人的善恶确实受身边人的影响。我如今要给太子、诸王精心挑选师傅，让他们耳濡目染礼仪法度，对自身的修养有所裨益。诸位大臣，你们可求访正直忠信的人，各自推荐两到三个人。”

注释

1 **师保**：古代辅弼天子和教导王室子弟的官员，有师有保，统称“师保”。

2 **式瞻**：瞻仰效法。

原文

贞观十一年，以礼部尚书王珪兼为魏王师。太宗谓尚书左仆射房玄龄曰：“古来帝子，生于深宫，及其成人，无不骄逸，是以倾覆相踵，少能自济。我今严教子弟，欲皆得安全。王珪，我久驱使，甚知刚直，志存忠孝，选为子师。卿宜语泰，每对王珪，如见我面，宜加尊敬，

译文

贞观十一年，太宗任命礼部尚书王珪兼任魏王的老师。唐太宗对尚书左仆射房玄龄说：“自古以来的帝王之子，生长于深宫之中，等到他们长大成人，没有一个不是骄奢淫逸的，因此相继灭亡，很少有能够自强自立的。我现在严格教育子弟，希望他们都能够保全自己。王珪是我长期任用的人，我非常了解他刚直的个性，他心存忠孝，因此可以选择他来担任太子的老师。你应该告诉魏王李泰，每次见到王珪，就如同见到我一样，应该倍加尊敬，

不得懈怠。”珪亦以师道自处，时议善之也。

贞观十七年，太宗谓司徒长孙无忌、司空房玄龄曰：“三师以德道人者也。若师体卑，太子无所取则[1]。”于是诏令撰太子接三师仪注[2]。太子出殿门迎，先拜三师，三师答拜，每门让三师。三师坐，太子乃坐。与三师书，前名惶恐，后名惶恐再拜。

不能懈怠。”王珪也认为应该以为师之道来要求自己，获得了当时舆论的好评。

贞观十七年，唐太宗对司徒长孙无忌、司空房玄龄说：“三师是以德行来教导别人的。如果三师的身份卑下，太子就没有学习的榜样。”于是下诏，让人制定太子接待三师的礼仪制度。太子要走出殿门迎接师父，先礼拜三师，然后三师答拜，每当过门时要让三师在前。三师坐下后，太子才能坐。写给三师的书信，前边称“惶恐”，后边再写上“惶恐再拜”四个字。

注释

1 **则**：效法。

2 **仪注**：制度，仪节。

原文

贞观十八年，高宗初立为皇太子，尚未尊贤重道，太宗又尝令太子居寝殿之侧，绝不往东宫。散骑常侍刘洎上书曰：“臣闻郊迎四方，孟侯[1]所以成德；齿学三让[2]，元良[3]由是作贞。斯皆屈主祀之尊，申下交之义。故得刍言咸荐，

译文

贞观十八年，高宗刚被立为太子时，还没有学会尊贤重道，太宗又曾经命令太子居住在自己寝宫的旁边，并且不准太子住到东宫去。散骑常侍刘洎上书说：“我听说太子要学会迎接四方诸侯，才能成就德名；通过学习懂得‘三让’的准则，太子才能养成正直的作风。这些都是委屈君主的礼节，展现君主能与臣下结交的仁义。所以君主才能听到百姓的声音，通过睿智的询问以求触类旁通，虽然足不出户，却能知道天下

睿问旁通，不出轩庭，坐知天壤，率由兹道，永固鸿基者焉。至若生乎深宫之中，长乎妇人之手，未曾识忧惧，无由晓风雅，虽复神机不测，天纵生知，而开物成务，终由外奖。匪夫崇彼干籥[4]，听兹谣颂，何以辨章庶类，甄核彝伦[5]？历考圣贤，咸资琢玉。是故周储上哲，师望、奭[6]而加裕；汉嗣深仁，引园、绮而昭德。原夫太子，宗祧是系，善恶之际，兴亡斯在，不勤于始，将悔于终。是以晁错上书，令通政术，贾谊献策，务知礼教。窃惟皇太子玉裕挺生[7]，金声夙振，明允笃诚之美，孝友仁义之方，皆挺自天姿，非劳审谕，固以华夷仰德，翔泳希风[8]矣。然则寝门视膳，已表于三朝，艺宫论道，宜弘于四术。虽富于春秋，饬躬有渐，实恐岁月

大事，只有遵循这种办法，才可以使国家大业永远得到巩固。如果生于深宫之中，又在妇人身边长大，从未经历过忧患恐惧，也不懂得教化规范，即使圣智莫测，生性聪明，然而要成就大业，终需外力的协助。如果不重视礼乐的教化，不学习诗词歌赋，那他凭什么去辨别万物，分清道理？普遍考察圣贤的事迹，都可以用来教导太子。因此周朝的储君虽然天资贤明，但仍以太公、召公为师，才能增加他的才德；汉朝的嗣君非常仁义，但还需要礼迎东园公、绮里季等贤人彰显他的仁德。太子维系着国家和宗庙的兴亡，国家的命运与他的善恶息息相关，如果一开始就不勤加学习，最终必定追悔莫及。所以晁错上书，是为了要求太子通晓治国方略；贾谊进献策论，是想让太子辨明礼教。臣私下认为，皇太子天资聪明，德行仁和，具备明察、笃厚、诚信的美德，又有忠孝仁义的品质，这些来自他的天性，而不需要师傅费神地对太子进行开导，这足以让四海之内敬仰他的美德，上下都钦慕他的风节。太子在陛下身边侍奉寝食的孝心，已经展现在一日三次的朝见上，在谈论艺术和治国之道方面，也应该博通《诗》《书》《礼》《乐》这四门学问。太子虽然年轻，修身养性也是日有所进，但我实在担心岁月易逝，荒废了他的学业和事业，引起讥讽和非议，

易往，堕业兴讥，取适晏安，言从此始。臣以愚短，幸参侍从，思广储明，暂愿闻彻，不敢曲陈故事，切请以圣德言之。

如果贪图安逸的生活，那么非议的言论就会马上出现。臣下见识浅薄，有幸侍奉太子，希望他思虑广阔，蓄养明德，能够听进去我的教导，我并不敢详述旧事，只是希望以陛下的圣明为例来说明。

注释

1 **孟侯**：诸侯之长，这里指太子。

2 **齿学三让**：即齿让，以年岁大小相让，示长幼有序。齿学，指太子入学，不敢居人之前，与公卿之子依年龄大小为序，以示谦卑。

3 **元良**：太子的代称。

4 **干籥**（yuè）：指礼乐教化。干，乐舞用的盾牌。籥，一种管乐器。

5 **甄核彝伦**：分清道理。甄核，甄别。彝伦，伦常。

6 **望、奭**（shì）：太公望和召公。奭，召公的名。

7 **玉裕挺生**：形容资质杰出，如玉一般挺拔而生。玉裕，美玉似的姿容，常用以形容太子。

8 **翔泳希风**：上下钦慕他的风节。翔泳，本指飞鸟和游鱼，这里引申为上上下下的人。希，钦慕，羡慕。

原文

“伏惟陛下诞睿[1]膺图，登庸[2]历试；多才多艺，道著于匡时；允文允武，功成于纂祀[3]；万方即叙[4]，九围[5]清晏。尚且虽休勿休，日慎一日，求异闻于振古，劳睿思于当年。乙夜观书，事高汉帝；马上披卷，勤过魏王。陛下自励如此，

译文

“陛下天生睿智，蒙受天命，荣登帝位，身经百战；多才多艺，匡补时弊；文武双才，建功立业；万方有序，天下太平。况且陛下即使受到赞美，也不自以为可以赞美，一日比一日谨慎，从历史兴亡中获得新知，像当年那样终日劳神苦思于政务。陛下夜夜阅读典籍，比汉光武帝还值得推崇；在马上阅览经史，比魏武帝还勤勉。陛下能自我鞭策，如此勤奋，却

而令太子优游弃日，不习图书，臣所未谕一也。加以暂屏机务，即寓雕虫[6]。纡宝思于天文，则长河韬映；摛[7]玉华于仙札[8]，则流霞成彩。固以锱铢万代[9]，冠冕百王，屈、宋[10]不足以升堂，钟、张[11]何阶于入室。陛下自好如此，而太子悠然静处，不寻篇翰，臣所未谕二也。陛下备该众妙，独秀寰中，犹晦天聪，俯询凡识。听朝之隙，引见群官，降以温颜，访以今古，故得朝廷是非，闾里好恶，凡有巨细，必关闻听。陛下自行如此，而令太子久趋入侍，不接正人，臣所未谕三也。陛下若谓无益，则何事劳神？若谓有成，则宜申贻厥。蔑而不急，未见其可。伏愿俯推睿范，训及储君，授以良书，娱之嘉客。朝披经史，观成败于前踪；晚接宾游，访得失于当代。间以书札，继以篇章，则日闻所未闻，

让太子整日悠闲，荒废时间，不学无术，这是臣下第一个不明白的地方。另外，陛下一搁下政务，马上投入文学写作。文章构思之妙，使长河顿失光彩；书法结构之精，宛若霞飞成彩。足以称得上万世稀有之作，盖过历代帝王，即使屈原、宋玉都不足以相比，钟繇、张芝也难以入室。陛下能够如此，而太子却悠然自处，无所事事，不读书学习，这是我第二个不明白的地方。陛下博采众长，亘古未有，虚怀若谷，不耻下问。朝会之余，接见百官，和颜悦色，广闻博取，询问古今之理，所以能知道朝政得失，民间百姓的好恶，事不论大小，都必须亲自过问。陛下身体力行，却让太子长久地陪伴自己左右，不接触正人君子，这是臣第三个不明白的地方。陛下如果认为这些没有好处，为何还对此事费尽心思呢？如果认为这些有益，那就应该加以申明，为子孙做出榜样。陛下轻视此事，不急于处理，恐怕是不行的。臣希望陛下推广您的风范，教诫太子，用好书教授他，使他与有才能的人交往。使太子能在早晨披阅经史，探索前朝成败的经验；晚上接待宾客，考察当代朝政的得失。有时间经常写文章，那么太子就会每天都能听到从未听到的事，看到从未看到的事。

日见所未见。副德愈光，群生之福也。

他的德行就会愈加完美，这将是百姓的洪福。

注释

1 **诞睿**：天生睿智。

2 **登庸**：登上帝位。

3 **纂祀**：继承帝王大业。

4 **即叙**：就序，归顺。

5 **九围**：九州。

6 **雕虫**：指写作诗文辞赋。

7 **摛**（chī）：舒展，铺陈。

8 **仙札**：皇帝的文书。

9 **锱铢万代**：使历代文章黯然失色。锱铢，旧制锱为一两的四分之一，铢为一两的二十四分之一。比喻极其微小的数量，这里指渺小。

10 **屈**、**宋**：屈原，战国末期楚国著名辞赋家。宋玉，相传是屈原的学生，是继屈原之后的辞赋大家。

11 **钟**、**张**：钟繇，三国魏书法家。张芝，东汉书法家。

原文

"窃以良娣之选[1]，遍于中国。仰惟圣旨，本求典内[2]，冀防微，慎远虑，臣下所知。暨乎征简人物，则与聘纳相违，监抚二周，未近一士。愚谓内既如彼，外亦宜然者，恐招物议，谓陛下重内而轻外也。古之太子，问安而

译文

"臣认为太子妻妾的选择，遍及全国。而了解陛下的圣意，在于寻找出掌管好太子宫内事务的人，希望能够防微杜渐，慎重做好长远打算，这些是臣所能理解的。至于为太子选拔辅佐的人才，就跟聘娶太子妻妾有所不同了，太子已经监国抚军两年，却没有接近过一个贤士。臣认为选取太子的妻妾都如此重视，那么选拔外朝的人才也应该如此，否则恐怕招致非议，说陛下重

退，所以广敬于君父；异宫而处，所以分别于嫌疑。今太子一侍天闱，动移旬朔[3]，师傅已下，无由接见。假令供奉有隙，暂还东朝，拜谒既疏，且事俯仰，规谏之道，固所未暇。陛下不可以亲教，宫寀[4]无因以进言，虽有具寮，竟将何补？伏愿俯循前躅[5]，稍抑下流，弘远大之规，展师友之义，则离徽克茂，帝图斯广，凡在黎元，孰不庆赖！太子温良恭俭，聪明睿哲，含灵所悉，臣岂不知？而浅识勤勤，思效愚忠者，愿沧溟益润，日月增华也。”

太宗乃令洎与岑文本、马周递日往东宫，与皇太子谈论。

内轻外。古代的太子，向皇上问安后就退回，从而更加孝敬君父；皇上和太子居住在不同的地方，是为了避免嫌疑。现在太子侍奉陛下，动辄十天半月，太师、太傅等人都无暇接见。即使太子在侍奉的空隙，暂时回到东宫，拜访和接见官员的机会也很少，只能例行公事，对规谏之事无暇顾及。陛下不能亲自教导太子，太子的属官又没有机会进言，虽然各级职官齐备，但有什么用呢？臣恳请陛下教导太子遵循前人的行迹，稍微放弃一些不重要的事，以弘扬远大的志向，发展与师友之间的情谊，那么太子的才德就会日益旺盛，宏图帝业将会更加宽广，普天之下的百姓，有谁会不庆幸信赖呢！太子性情温和，谦逊节俭，聪明睿智，尽人皆知，对此，臣怎么会不知道呢？我才识疏浅，但希望仿效古代忠臣，愿为沧海添一滴水，给日月增一丝光华。”

唐太宗于是下诏命令刘洎、岑文本、马周轮流到东宫，与皇太子谈论经世治国之道。

注释

1 **良娣之选**：指为太子选妻妾之事。良娣，太子姬妾的称号，这里泛指太子的妻妾。

2 **典内**：掌管宫廷内务。

3 **旬朔**：十天或一个月。这里意为十天半月，说明太子待在皇帝身边太久。

4 **宫宷**（cǎi）：太子宫内的属官。

5 **前躅**（zhuó）：前人的典范。躅，足迹，踪迹，比喻人的行为、事迹。

教戒太子诸王

导读

几乎所有的封建王朝都逃不出“其兴也勃焉，其亡也忽焉”的历史周期律，所以评价一个王朝的强大与兴盛，往往不是看立国之君的贤明，更多地是看这个朝代一共有多少位圣主明君，能持续多久的统治。因此，作为当朝皇帝，除了勤于政务，统御天下外，就是要培养和教育自己的后代，选择能够胜任王位的储君。正是由于这一当下的教育和选择，直接影响到整个王朝的未来，所以历代君主都重视对太子诸王的教育和教导。《教戒太子诸王》篇承续前篇的主旨，主要记录了唐太宗和诸大臣总结王朝兴衰的历史教训，警示和训诫太子诸王，要以前朝为借鉴，戒除骄奢，加强自身修养，既要知礼度，又要存友爱，时刻保持洁身自省的精神，以防微杜渐，励志成才。由于太子诸王“生而富贵，不知疾苦”，所以必须要“拣择贤才，为汝师友，须受其谏诤，勿得自专”。这是要从师友引导的角度来弥补太子诸王实践经验不足的缺陷，让他们不专断，摈弃错误的习惯和观念，从而达到正心修身的目的。更为重要的是，唐太宗教导太子诸王要以克修德行为上，正所谓“人之立身，所贵者惟在德行，何必要论荣贵”，所以太子诸王必须“使善事日闻，勿纵欲肆情”，时刻不忘“有国有家者，其兴也必由于积善，其亡也皆在于积恶”的道理。

原文

贞观七年，太宗谓太子左庶子[1]于志宁[2]、杜正伦曰："卿等辅导太子，常须为说百姓间利害事。朕年十八，犹在民间，百姓艰难，无不谙练。及居帝位，每商量处置，或时有乖疏[3]，得人谏诤，方始觉悟。若无忠谏者为说，何由行得好事？况太子生长深宫，百姓艰难，都不闻见乎！且人主安危所系，不可辄为骄纵。但出敕云，有谏者即斩，必知天下士庶无敢更发直言。故克己励精，容纳谏诤，卿等常须以此意共其谈说。每见有不是事，宜极言切谏，令有所裨益也。"

译文

贞观七年，唐太宗对太子左庶子于志宁、杜正伦说："你们辅导太子，平常应该为他讲述百姓生活在民间的疾苦。我十八岁时还在民间，对百姓的艰难困苦非常清楚。登上帝位后，每逢商议事情如何处理的时候，有时还会出现疏漏，由于得到他人的谏诤，才有所醒悟。如果没有忠心的人对我直言进谏，我如何能做到为百姓办好事呢？何况太子长期生长在深宫之中，甚至都看不见、听不到百姓的艰难困苦！而且君主是关系到天下安危的人，更不能动辄就骄奢放纵。只要发个敕令说，有谁直谏立即斩首，那么天下官员百姓肯定没有人敢直言了。所以要克制私欲，励精图治，容纳别人的忠言直谏，你们应该经常把这些道理讲给太子听。每当看到他有做得不对的地方，应该勇敢直谏，使他能有所获益。"

注释

1 **庶子**：官名。太子属官。

2 **于志宁**：唐初大臣。字仲谧，京兆高陵人。

3 **乖疏**：违背礼义，出现疏漏。

原文

贞观十八年，太宗谓侍臣曰："古有胎教世子[1]，朕则不暇。但近自建立太子，遇物必有诲谕。见其临食将饭，谓曰：'汝知饭乎？'对曰：'不知。'曰：'凡稼穑艰难，皆出人力，不夺其时，常有此饭。'见其乘马，又谓曰：'汝知马乎？'对曰：'不知。'曰：'能代人劳苦者也，以时消息[2]，不尽其力，则可以常有马也。'见其乘舟，又谓曰：'汝知舟乎？'对曰：'不知。'曰：'舟所以比人君，水所以比黎庶，水能载舟，亦能覆舟。尔方为人主，可不畏惧！'见其休于曲木之下，又谓曰：'汝知此树乎？'对曰：'不知。'曰：'此木虽曲，得绳则正。为人君虽无道，受谏则圣。此傅说所言，可以自鉴。'"

译文

贞观十八年，唐太宗对侍从大臣说："古时有胎教世子的说法，我却没有时间考虑这事。但最近自设立太子以来，遇到事情都要对他教诲晓谕。看见他准备吃饭，便问他：'你知道饭是怎样来的吗？'太子回答说：'不知道。'我说：'凡是播种、收获等农事都很辛苦，这些活儿全靠农民的苦力，只有不去占用他们劳作的时间，才会常有这样的饭吃。'看到他骑马，又问他：'你知道马是用来干什么的吗？'太子回答说：'不知道。'我说：'这是能够替人代劳的东西，要使它按时得到休息，不耗尽它的气力，这样就可以常有马骑。'看到他乘船，又问他：'你知道船是怎样运行的吗？'太子回答说：'不知道。'我说：'船好比君主，水好比是百姓，水能浮载船，也能倾覆船。你不久将做君主了，对这样的道理怎能不感到畏惧！'我看到他在弯曲的树下休息，又问他：'你了解这棵树吗？'太子回答说：'不了解。'我说：'这树虽然弯曲，但打上墨线就可以加工成平正的木材了。做君主的虽然有时难免会做出一些荒唐的事，但是虚心接受谏诤就可以变得圣明。这是傅说讲的道理，可以对照自己的行为作为鉴戒。'"

注释

1 **古有胎教世子**：相传周文王之母，为人端庄，很有德操，在怀孕期间，“目不视恶色，耳不听淫声，口不出敖言”。生下文王后，文王聪敏异常。人称文王之母能胎教。

2 **消息**：休养，休息。

原文

贞观七年，太宗谓侍中魏徵曰：“自古侯王能自保全者甚少，皆由生长富贵，好尚骄逸，多不解亲君子远小人故尔。朕所有子弟欲使见前言往行，冀其以为规范。”因命徵录古来帝王子弟成败事，名为《自古诸侯王善恶录》，以赐诸王。其序曰：“观夫膺期受命，握图御宇，咸建懿亲[1]，藩屏王室，布在方策，可得而言。自轩[2]分二十五子，舜举一十六族，爰历周、汉，以逮陈、隋，分裂山河，大启磐石者众矣。或保乂[3]王家，与时升降；或失其土宇，不祀忽诸。然考其隆替，察其兴灭，功成名立，咸资始封之

译文

贞观七年，太宗对侍中魏徵说：“自古以来，君王能够自我保全的很少，这都是由于他们从小生长在富贵的环境中，骄奢懒惰，贪图个人享受，不了解亲近君子、疏远小人的道理。我想让所有的子女都能够见识古人的言行，希望他们以此作为自己的行为规范。”于是命令魏徵辑录古代帝王子弟成功与失败的实例，编成《自古诸侯王善恶录》，把它赠送给诸王。序中写道：“看那些接受天命、统治天下的君王，没有一个不是分封自己的宗亲来守卫王室的，这些都记载于史册，可以拿来讨论研究。自黄帝分封二十五子，舜帝任命八元、八凯十六位贤臣，经过周朝、汉朝，直到南朝陈、隋朝，分裂河山，大动国家根基的为数不少了。这些被分封的诸侯有的得以保全，随时代变迁而浮沉；有的失去封地，瞬间亡族灭家。然而考察他们的兴衰成败，那些功成名就的，都是开国时受封的王侯，国破家亡的，大都是后世继

君，国丧身亡，多因继体之后。其故何哉？始封之君，时逢草昧，见王业之艰阻，知父兄之忧勤，是以在上不骄，夙夜匪懈，或设醴[4]以求贤，或吐飧[5]而接士。故甘忠言之逆耳，得百姓之欢心，树至德于生前，流遗爱于身后。暨夫子孙继体，多属隆平，生自深宫之中，长居妇人之手，不以高危为忧惧，岂知稼穑之艰难？昵近小人，疏远君子，绸缪哲妇[6]，傲狠明德，犯义悖礼，淫荒无度，不遵典宪，僭差越等。恃一顾之权宠，便怀匹嫡之心；矜一事之微劳，遂有无厌之望。弃忠贞之正路，蹈奸宄[7]之迷途。愎谏违卜[8]，往而不返。虽梁孝、齐冏之勋庸，淮南、东阿之才俊，摧摩霄之逸翮，成穷辙之涸鳞，弃桓、文之大功，就梁、董之显戮，垂为炯戒[9]，可不惜乎！皇帝以圣哲之资，拯倾危之运，耀七德

位的子孙。原因何在呢？建国时分封的王侯，经历乱世，知道王国创建的艰难，知道父兄为建立国家所付出的辛勤劳苦，所以即使在位时也不骄纵，不论白天夜晚，从不懈怠政务，有的像汉代楚元王那样设醴酒招待贤人，有的像周公那样不顾吃饭来招贤纳士。所以，他们能够听取逆耳忠言，深得百姓的欢心，生前道德高尚，死后也能万古流芳。到了子孙继承王位的时候，天下太平兴盛，他们从小深居宫中，备受妇人呵护，从不忧惧处于高位的危险，哪里还能知道老百姓的艰难呢？亲近小人，疏远君子，宠爱美妾，轻视道德，违背礼法，荒淫无度，不守法令，僭越等级。自恃皇帝的恩宠，就萌生匹敌嫡子的野心；倚仗一事的细微功劳，便生出无穷的欲望。他们不遵循忠贞的正道，误入为非作歹的歧途。武断专横，违背天命，迷而不返。即使有汉代梁孝王刘武、晋代齐王司马冏那样的功勋，有汉代淮南王刘安、曹魏东阿王曹植那样的才华，也不免摧折凌云健翅，沦为涸辙之鱼，丢弃齐桓公、晋文公那样的丰功伟业，落得梁冀、董卓那样斩首示众的下场，成为后世的鉴戒，能不可惜吗！皇上以圣人般的天赋，挽救危亡，功耀千秋，廓清宇宙，统一中原，民众拥戴，安抚四方，亲睦九族，

以清六合，总万国而朝百灵，怀柔四荒，亲睦九族，念华萼[10]于《棠棣》[11]，寄维城于宗子。心乎爱矣，靡日不思，爰命下臣，考览载籍，博求鉴镜，贻厥孙谋。臣辄竭愚诚，稽诸前训。凡为藩为翰，有国有家者，其兴也必由于积善，其亡也皆在于积恶。故知善不积不足以成名，恶不积不足以灭身。然则祸福无门，吉凶由己，惟人所召，岂徒言哉？今录自古诸王行事得失，分其善恶，各为一篇，名曰《诸王善恶录》，欲使见善思齐，足以扬名不朽；闻恶能改，庶得免乎大过。从善则有誉，改过则无咎。兴亡是系，可不勉欤！”

太宗览而称善，谓诸王曰：“此宜置于座右，用为立身之本。”

吟诵《棠棣》之诗来增进兄弟之情，以连城封赐宗子，辅佐王室。爱子之情，没有一天不思念的，于是命令下臣，考察历代历史记载，广求借鉴，为子孙后代打算。我尽自己的愚忠，收集古代遗训。凡诸侯勋臣有国有家者，他们的兴盛都是源于不断地做善事，他们的衰亡都是源于不断地作恶。所以从中可知，不积善不足以成就一个人的声名，不积恶不至于让自己灭亡。可是祸与福都没有定数，一个人吉凶的关键在于自己，是自己造成的，这仅仅是空话而已吗？现在我收录自古以来各个帝王做事的得失情况，根据善恶分类，各为一篇，书名叫作《诸王善恶录》，目的是想使太子诸王看到好的地方就不断修正自己，可以扬名百代，永垂不朽；看到不好的地方就及时加以改正，免得造成更大的错误。跟从善的东西就能获得赞誉，改正过错就没有什么灾难。这些东西都关系着国家的兴亡，能不以此共勉！”

太宗看了大加赞赏，对诸王说：“此书应放在你们座位的右边，用作你们立身处世的根本。”

注释

1 **懿亲**：至亲。

2 **轩**：轩辕氏，即黄帝。

3 **保乂**：治理使之安定太平。

4 **醴**（lǐ）：一种甜酒。

5 **吐飧**（sūn）：传说周公一饭之间，三次停下来，以接待宾客。比喻求贤殷切。飧，饭食。

6 **绸缪哲妇**：迷恋美色。绸缪，缠绵亲密的样子。哲妇，美妇。

7 **奸宄**（guǐ）：犯法作乱之人。

8 **愎谏违卜**：刚愎自用，不听劝谏，违反天意，坚持错误。卜，占卜。

9 **炯戒**：明显的鉴戒。

10 **华萼**（è）：即“花萼”，花萼相承，比喻兄弟间和睦友爱的情谊。

11《**棠棣**》：《诗经·小雅》中一首申述兄弟应该互相友爱的诗。

原文

贞观十年，太宗谓荆王元景、汉王元昌、吴王恪、魏王泰等曰：“自汉已来，帝弟帝子，受茅土、居荣贵者甚众，惟东平[1]及河间王[2]最有令名，得保其禄位。如楚王玮[3]之徒，覆亡非一，并为生长富贵，好自骄逸所致。汝等鉴诫，宜熟思之。拣择贤才，为汝师友，须受其谏诤，勿得自专。我闻以德服物，

译文

贞观十年，唐太宗对荆王元景、汉王元昌、吴王恪、魏王泰等说：“从汉代以来，帝王的兄弟、儿子处于荣华富贵之中的很多，唯有东汉的东平王和西汉的河间王名声最好，能够保全自己的禄位。如西晋的楚王司马玮这等奸佞之人，国灭身亡的不止一个，这都是因为他们生长于富贵之中，骄傲自大、好逸恶劳造成的。你们应当引以为戒，深思熟虑。我挑选贤良之人，作为你们的师友，你们必须听从他们的规劝，不要擅作主张，自以为是。我听说只有德行才能使人信服，确

信非虚说。比尝梦中见一人云虞舜，我不觉竦然敬异，岂不为仰其德也？向若梦见桀、纣，必应斫之。桀、纣虽是天子，今若相唤作桀、纣，人必大怒。颜回、闵子骞[4]、郭林宗、黄叔度[5]，虽是布衣，今若相称赞道类此四贤，必当大喜。故知人之立身，所贵者惟在德行，何必要论荣贵。汝等位列藩王，家食实封，更能克修德行，岂不具美也？且君子小人本无常，行善事则为君子，行恶事则为小人。当须自克励，使善事日闻，勿纵欲肆情，自陷刑戮。”

实不是信口乱说。我不久前曾梦见一个叫作虞舜的人，不禁肃然起敬，这难道不是因为我敬仰他品德的缘故吗？要是梦见桀、纣，我一定会砍杀他们。桀、纣虽然是天子，要是今天称某人为桀、纣，他一定会十分生气。颜回、闵子骞、郭林宗、黄叔度等人，虽然是普通老百姓，今天要是大家称赞某人像这四个贤人一样，那么他一定会十分高兴。可见，一个人立身处世，可贵的是德行，哪用得着谈及富贵。你们位列王公，衣食有封地食邑作保障，要是再能加强德行修养，那岂不更加完美了吗？况且君子小人本来就不是永远固定不变的，做善事就是君子，做恶事就是小人。你们应当自我克制、自我勉励，使人们每天都能听到你们的善行善事，不要放纵自己的私欲，使自己陷入刑戮之中。”

注释

1 **东平**：即东平王刘苍，汉光武帝之子。好经书，有智思，文称典雅。明帝问他处家何事最乐，他答道：“为善最乐。”

2 **河间王**：刘德，汉景帝之子。以博学有德著称。

3 **楚王玮**：晋武帝之子司马玮，初封始平王，后改封楚王。曾掌兵权，刚狠好杀，后因参与政变被斩首。

4 **颜回、闵子骞**：二人都是孔子的学生，以德行著称。

5 **郭林宗、黄叔度**：二人都是东汉时的高尚之士。

原文

贞观十年，太宗谓房玄龄曰："朕历观前代拨乱创业之主，生长民间，皆识达情伪，罕至于败亡。逮乎继世守文之君，生而富贵，不知疾苦，动至夷灭[1]。朕少小以来，经营多难，备知天下之事，犹恐有所不逮。至于荆王诸弟，生自深宫，识不及远，安能念此哉？朕每一食，便念稼穑之艰难；每一衣，则思纺绩之辛苦，诸弟何能学朕乎？选良佐以为藩弼[2]，庶其习近善人，得免于愆过尔。"

译文

贞观十年，唐太宗对房玄龄说："我看历代平乱创业的帝王，都生长在民间，都通情达理，能识别人情真假，少有导致败亡的。到了后来继承王位的君主，生下来就享受荣华富贵，不知道人间疾苦，导致国家动乱灭亡。我从小以来，经历了很多艰难险阻，知道天下很多的事情，但仍然害怕自己还有做得不够的地方。至于像荆王他们这些人，从小在深宫中长大，见识短浅，哪能想到这些问题呢？我每天一吃饭，就要想到耕种的艰难；每天一穿衣，就想到纺织的辛苦，我那些王子兄弟能学我吗？选一些贤良的人作为他们的老师，使他们的习惯与品德能接近高尚的人，这样才能使他们少犯错误。"

注释

1 **夷灭**：灭亡。

2 **藩弼**：教导、辅助。

原文

贞观十一年，太宗谓吴王恪曰："父之爱子，人之常情，非待教训而知也。子能忠孝则善矣。若不遵诲诱，忘弃礼法，必自致刑戮，父虽爱之，将如之何？昔汉

译文

贞观十一年，太宗对吴王恪说："父亲疼爱子女，这是人之常情，是不通过教育就可以知道的。儿子能尽忠尽孝就对了。若儿子不遵循教诲，废弃礼法，必然自招刑罚，到那时，父亲即使疼爱他，又有什么办法呢？从前，汉武帝驾崩之后，

武帝既崩，昭帝嗣立，燕王旦素骄纵，诪张[1]不服，霍光遣一折简诛之，则身死国除。夫为臣子不得不慎。”

昭帝继位，燕王刘旦向来自高自大，骄横不服，霍光辅佐昭帝，用皇帝的一纸御书就诛杀了他，使他身亡国灭。所以作为臣子的不得不谨慎行事。”

注释

1 **诪（zhōu）张**：欺诳，狂妄。

原文

贞观中，皇子年小者多授以都督、刺史，谏议大夫褚遂良上疏谏曰：“昔两汉以郡国治人，除郡以外，分立诸子，割土封疆，杂用周制。皇唐郡县，粗依秦法。皇子幼年，或授刺史。陛下岂不以王之骨肉，镇捍四方，圣人造制，道高前古？臣愚见有小未尽。何者？刺史师帅，人仰以安。得一善人，部内苏息；遇一不善人，阖州劳弊。是以人君爱恤百姓，常为择贤。或称河润九里，京师蒙福；或与人兴咏，生为立祠。汉宣帝云：‘与我共理者，惟良二千石乎！’

译文

贞观年间，年龄小的皇子都被授以都督、刺史的爵位，谏议大夫褚遂良上疏进谏说：“过去两汉都用郡国的方法治理国家，除郡国外，还分封诸子，划地封爵，杂用了周代的制度。现在我们唐代采用郡县制，沿用的是秦的体制。皇子年龄尚小，有的就授以刺史的爵位。陛下难道不是用自己的骨肉来安定四方，认为圣人创设的制度，比前人的还要高明吗？但是我认为这种方法有一些不完善的地方。为什么呢？刺史和都督，都是百姓得以安宁的依靠。这些职位若遇上好人担任，那么辖境之内就太平安乐；如果遇到一个不好的人来管理，整个州县就会民生凋敝。所以仁君爱抚体恤百姓，常常选择贤能的人。有的刺史被称赞是如同河流一样泽被一方，就连京城也蒙受他的恩惠；有的刺史被百姓歌颂赞美，并且立下生祠纪念。汉宣帝说：‘与我一同治理国家的，唯有贤良的太

如臣愚见，陛下子内年齿尚幼，未堪临民者，请且留京师，教以经学。一则畏天之威，不敢犯禁；二则观见朝仪，自然成立。因此积习，自知为人，审堪临州，然后遣出。臣谨按汉明、章、和三帝，能友爱子弟，自兹以降，以为准的。封立诸王，虽各有土，年尚幼小者，各留京师，训以礼法，垂以恩惠。讫三帝世，诸王数十百人，惟二王稍恶，自余皆冲和深粹。惟陛下详察。”太宗嘉纳其言。

守啊！’按我的想法，陛下皇子中年龄尚小，还不能统领百姓的，请暂时留在京城，用经学教导他们。一则使他们畏惧天子的威严，不敢违法乱纪；二则使他们观摩学习朝廷的仪礼，自然地成长自立。时间长了，自然养成习惯，懂得为人处世的方法，能胜任州郡之职的，再派遣他们到州郡任职。我认为汉明帝、汉章帝、汉和帝三个帝王，能够友爱子弟，后世都把他们作为榜样。他们封立的诸王虽然各有封地，但是年纪小的就会留在京城，用礼法训诫他们，用恩惠抚慰他们。从这三个帝王在位期间来看，诸王数百人当中，只有两个王稍微不好，其余的性格都正直谦和。希望陛下详察。”太宗赞成并且采纳了褚遂良的言论。

卷五

仁义

导读

《仁义》篇主要记述了唐太宗以“仁义”作为治理国家的基本原则。中国汉代以后的封建王朝，大都以儒家学说作为治理国家的基本思想。“仁义”是儒家的重要伦理范畴，其本义为仁爱与正义。早在《礼记·曲礼上》就曾记载，“道德仁义，非礼不成”。而战国时的孟子对此更是推重。此后，汉代儒学家董仲舒继承其学说，将“仁义”发展为传统道德的最高准则。太宗认为，用仁义治国，才是治理国家的根本之道，国家气运才会长久。本篇紧紧围绕李唐王朝长治久安这个中心展开，论述了唐太宗对广修仁义的一些基本观点：“古来帝王以仁义为治者，国祚延长”，“林深则鸟栖，水广则鱼游，仁义积则物自归之”，甚至认为“行仁义则灾害不生”。不过，虽然唐太宗认为治国之道要依赖“仁义”，但也要辅之以“威信”。正所谓治国之道，一张一弛，一刚一柔，刚柔并济，张弛有度。

原文

贞观元年，太宗曰：“朕看古来帝王以仁义为治者，国祚延长，任法御人者，虽救弊于一时，败亡亦促。既见前王成事，足是元龟[1]。今欲专以仁

译文

贞观元年，太宗说：“我看古代的帝王，凡是以仁义治理国家的，都国运久远，用严刑酷法统治人民的，虽然能挽救一时的弊端，但离国家灭亡也就不远了。既然我们看到了前代帝王成败的例子，就可以把它们作为治理国家的借鉴。现在，我们

义诚信为治，望革近代之浇薄[2]也。”黄门侍郎王珪对曰：“天下凋丧日久，陛下承其余弊，弘道移风，万代之福。但非贤不理，惟在得人。”太宗曰：“朕思贤之情，岂舍梦寐！”给事中杜正伦进曰：“世必有才，随时听用，岂待梦傅说，逢吕尚，然后为治乎？”太宗深纳其言。

要以诚信、仁义作为治理国家的方针，希望这有助于铲除近代社会的浮薄之风。”黄门侍郎王珪回答说：“天下的仁义道德衰败已经很久了，陛下在天下积弊之时治理国家，弘扬古代圣贤的遗风，实在是万民之福。但没有贤才是治理不好国家的，关键在于用人得当。”太宗说：“我求贤若渴，即使夜晚做梦都念念不忘。”给事中杜正伦说：“哪个时代都有人才，随时等候陛下的发掘任用，难道要等梦到傅说，遇到吕尚，然后才能治理天下吗？”太宗十分赞赏他的话。

注释

1 **元龟**：大龟，古代用以占卜。引申为借鉴。

2 **浇薄**：指社会风气浮薄。

原文

贞观二年，太宗谓侍臣曰：“朕谓乱离之后，风俗难移，比观百姓渐知廉耻，官民奉法，盗贼日稀，故知人无常俗，但政有治乱耳。是以为国之道，必须抚之以仁义，示之以威信，因人之心，去其苛刻，不作异端，自然安静。公等宜共行斯事也。”

译文

贞观二年，唐太宗对侍臣说：“我原来认为在离乱之后，民间的风俗习惯会很难改变，近来我发现百姓逐渐懂得了廉耻，官员庶民都能遵守法纪，盗贼一天比一天少，我才知道民间没有一成不变的风俗习惯，只是施政有治和乱的区别。所以，治理国家，必须用仁义来抚慰百姓，同时还要显示出朝廷的威信，顺应民心，废除苛刻的法令，不做背离道义的事情，这样社会自然会平定安静。你们应该

贞观四年，房玄龄奏言："今阅武库甲仗，胜隋日远矣。"太宗曰："饬兵备寇虽是要事，然朕唯欲卿等存心理道，务尽忠贞，使百姓安乐，便是朕之甲仗。隋炀帝岂为甲仗不足，以至灭亡？正由仁义不修，而群下怨叛故也。宜识此心。"

贞观十三年，太宗谓侍臣曰："林深则鸟栖，水广则鱼游，仁义积则物自归之。人皆知畏避灾害，不知行仁义则灾害不生。夫仁义之道，当思之在心，常令相继，若斯须懈怠，去之已远。犹如饮食资身，恒令腹饱，乃可存其性命。"王珪顿首曰："陛下能知此言，天下幸甚！"

共同来做好这件事。"

贞观四年，房玄龄上奏说："最近，臣检查武器库里的铠甲兵器，发现已远远超过隋朝了。"唐太宗说："整修兵器防御寇乱，虽然是紧要的事情，但我要求你们把更多的心思用于治国的策略，各自务必竭尽忠贞，使老百姓安居乐业，这才是我真正要的铠甲兵器。隋炀帝难道是因为铠甲兵器不足，才遭到灭亡的吗？正是由于他不修仁义，群臣才会怨恨叛离他。你们应该理解我的心思啊！"

贞观十三年，唐太宗对侍臣说："树林茂密了就有飞鸟栖息，水域广阔了就有鱼儿游弋，多施仁义百姓自然会归顺。人们都知道恐惧而躲避灾害，却不知施行仁义，灾害就不会产生。仁义之道，一刻也不能忘记，我们要不断地将仁义推行下去，如有片刻懈怠，就会远离仁义之道。这就好比用饮食来滋养身体，要让肚子经常吃饱，才能够维持生命。"王珪叩头说："陛下能知道这些道理，真是天下的大幸啊！"

忠义

导读

《忠义》篇主要记载了历代贤臣名相对封建君主竭诚效忠的事迹，以及唐太宗对忠臣义士的高度重视和垂爱之情。从一般意义上讲，“君使臣以礼，臣事君以忠”是君臣之关系的基本原则，但《忠义》篇的意义却不止于此。封建王朝没有近代国家的概念，有的是朕即国家、国家即朕的思想，臣下对皇帝尽忠，其实就是对国家和民族尽忠，这在当时是合为一体，不可分割的。就本质上讲，这跟我们现在尽忠爱国是同样的含义和道理。因此，今天我们去理解古代的“忠义”，不能狭隘地只认为那是封建臣子向皇帝尽愚忠的行为，或是封建君王愚弄臣下、加强自己统治的手段，而应当客观地看待，把握其中的精髓，如誓死报国的勇气、从一而终的坚贞、尽忠职守的责任。另外，阅读此篇，必须把握两点。第一，唐太宗对前代及当时的忠臣义士极为推崇，体现了他对儒家忠义思想以及树立效仿典范的重视，其中固然有统治的需要，但更重要的是对传统道德和价值观念的建构和塑造，即主张世人应该各在其位，各司其职，各尽其责，从而有利于社会秩序的稳定。第二，全篇列举了数位臣子竭诚尽忠的事迹，体现了他们坚贞不渝的忠诚，与忠诚不可分割的，是君臣之间深深的情义。因为共处一朝，曾为君臣，且受皇恩，所以不能背叛，这正是中国古代忠诚观所具有的特点，即忠贞不贰的信念是建立在深厚的情感和对等的观念基础上的。

原文

冯立[1]，武德中为东宫率[2]，甚被隐太子亲遇。太子之死也，左右多逃散，立叹曰："岂有生受其恩，而死逃其难？"于是率兵犯玄武门，苦战，杀屯营将军敬君弘，谓其徒曰："微以报太子矣。"遂解兵遁于野。俄而来请罪，太宗数之曰："汝昨者出兵来战，大杀伤吾兵，将何以逃死？"立饮泣而对曰："立出身事主，期之效命，当战之日，无所顾惮。"因歔欷[3]悲不自胜，太宗慰勉之，授左屯卫中郎将。立谓所亲曰："逢莫大之恩幸而获免，终当以死奉答。"未几，突厥至便桥，率数百骑与虏战于咸阳，杀获甚众，所向皆披靡，太宗闻而嘉叹之。时有齐王元吉府左车骑谢叔方率府兵与立合军拒战，及杀敬君弘、中郎将吕衡，王师不振，秦府护军尉尉迟敬德乃持元吉首以示

译文

冯立，唐武德年间任东宫率，深受隐太子李建成的厚待。太子死后，他以前的随从有很多都逃走了，冯立感叹道："怎能有在太子活着的时候受他的恩惠，太子死后各自逃走避难的道理？"于是率兵在玄武门与秦王李世民的军队苦战，杀死屯营将军敬君弘，然后对手下随从说："总算可以稍微报答太子了。"然后解散军队逃于山野之中。不久，冯立回朝向太宗李世民请罪，太宗责问他说："你先前带兵来和我的军队作战，杀伤我许多兵将，你如何能够逃过这项死罪？"冯立哭着回答："我冯立生来侍奉太子，希望能够为他效命，所以当时战斗的时候，我就什么也不顾忌了。"说完悲痛不已，太宗好言安慰他，并封他为左屯卫中郎将。冯立对他的亲信说："得到皇上莫大的恩惠，免我一死，我一定要以死报答皇上。"不久，突厥进犯渭河便桥，冯立率数百名骑兵与突厥兵大战于咸阳，杀死和俘虏许多敌人，所到之处无人能敌，太宗听说后大加赞叹。玄武门之变时，齐王李元吉府上左车骑谢叔方率府兵与冯立一同作战，当他们杀了敬君弘、中郎将吕衡后，秦王军队士气低沉，秦王府护军尉尉迟敬德就拿李元吉的人头让谢叔方

之，叔方下马号泣，拜辞而遁。明日出首，太宗曰："义士也。"命释之，授右翊卫郎将。

看，谢叔方下马痛哭，然后拜辞逃离。第二天，谢叔方便来自首，太宗说："真是义士。"命令左右释放他，并封他为右翊卫郎将。

注释

1 **冯立**：同州冯翊人。太子李建成的亲信，任翊卫车骑将军。

2 **东宫率**：唐制，在东宫掌兵仗宿卫的官职。

3 **歔欷**（xū xī）：抽噎，悲泣。

原文

贞观元年，太宗尝从容言及隋亡之事，慨然叹曰："姚思廉不惧兵刃，以明大节，求诸古人，亦何以加也！"思廉时在洛阳，因寄物三百段，并遗其书曰："想卿忠节之风，故有斯赠。"初，大业末，思廉为隋代王侑[1]侍读，及义旗克京城时，代王府僚多骇散，惟思廉侍王，不离其侧。兵士将升殿，思廉厉声谓曰："唐公[2]举义兵，本匡王室，卿等不宜无礼于王！"众服其言，于是稍却，布列阶下。须臾，高祖至，闻而义

译文

贞观元年，太宗曾经谈论到隋朝灭亡的事情，感慨地说："姚思廉不顾及生命危亡，来表明臣子应有的节操，即使拿古人与他相比，也没有人能超过他。"当时姚思廉正在洛阳，太宗寄给他三百段丝帛，并附信说："想着你忠孝大节的风骨，因此有这些馈赠。"隋朝大业末年，姚思廉担任隋朝代王杨侑的侍读，等到起义军攻克京城时，代王府的许多幕僚都逃散了，只有姚思廉侍奉代王，不离左右。兵士要到殿上捉拿代王，思廉严厉地说道："唐公举义兵，本意在于匡复王室，你等在代王面前不得无礼！"众人敬服他的言行，稍稍退后，排列在殿堂的台阶下。没过多久，高祖来了，听了别人的讲述后，认为他很忠义，允许他搀扶代王杨

之，许其扶代王侑至顺阳阁下，思廉泣拜而去。见者咸叹曰："忠烈之士！仁者有勇，此之谓乎！"

侑到顺阳阁，思廉哭泣着拜谢而去。看到这一情景的人都感叹地说："真是一位忠烈之士！人们说仁义的人有勇气，说的不就是他！"

注释

1 **代王侑**：即隋恭帝，隋炀帝孙，李渊攻入长安后拥立他为帝。在位半年，武德二年去世，年仅十五岁。

2 **唐公**：唐高祖起初的封号。

原文

贞观二年，将葬故息隐王建成、海陵王元吉，尚书右丞魏徵与黄门侍郎王珪请预陪送。上表曰："臣等昔受命太上，委质东宫，出入龙楼，垂将一纪。前宫结衅宗社，得罪人神，臣等不能死亡，甘从夷戮[1]，负其罪戾，置录周行[2]，徒竭生涯，将何上报？陛下德光四海，道冠前王，陟冈[3]有感，追怀棠棣[4]，明社稷之大义，申骨肉之深恩，卜葬二王，远期有日。臣等永惟畴昔，忝曰旧臣，丧君有君，虽展事君之礼，宿草将列，未申送往之哀。瞻望九原，义深凡

译文

贞观二年，唐太宗将要安葬息隐王建成、海陵王元吉，尚书右丞魏徵与黄门侍郎王珪请求陪灵送葬，他向太宗上书说："我等受命于太上皇，在东宫做事，出入东宫将近十二年。前太子结党叛乱，有悖于宗庙社稷，得罪了百姓和神灵，我们不能殉死，甘心接受刑戮，承担他的罪过，使自己录名于仕宦之列，庸碌一生，这样又如何报答太上皇的重用？陛下德义广播，道义超过历代国君，缅怀死者，不忘兄弟之情，能够明晓国家大义，展示骨肉间的深情，卜定日期安葬二王，长远的期望必定指日可待。臣等常想念过去，忝列二王的旧臣，旧君死后又侍奉新君，虽然已行了侍奉新君的礼节，而旧君的坟上长满了野草，我们还没表达送葬的哀思。瞻望墓地，情义深于常人，希望在

百，望于葬日，送至墓所。”太宗义而许之，于是宫府旧僚吏，尽令送葬。

安葬的当天，我们能送二王的灵柩到墓地。’太宗认为他们很重情义，允许了他们，于是二王宫中的官吏都可以去送葬。

注释

1 **夷戮**：杀戮，刑戮。

2 **周行**：原指周朝官员的列位，后用以指代仕宦或朝官。

3 **陟冈**：《诗经·魏风·陟岵》：“陟彼冈兮，瞻望兄兮。”后以“陟冈”为怀念兄弟的典故。

4 **棠棣**：《诗经·小雅·常棣》，是一首申述兄弟应该互相友爱的诗。“常棣”也作“棠棣”，后常指兄弟之情。

原文

贞观五年，太宗谓侍臣曰：“忠臣烈士，何代无之？公等知隋朝谁为忠贞？”王珪曰：“臣闻太常丞元善达在京留守，见群贼纵横，遂转骑远诣江都，谏炀帝，令还京师。既不受其言，后更涕泣极谏，炀帝怒，乃远使追兵，身死瘴疠[1]之地。有虎贲郎中[2]独孤盛在江都宿卫，宇文化及起逆，盛惟一身，抗拒而死。”太宗曰：“屈突通[3]为隋将，共国家战于潼关，闻京城陷，乃引兵东走。义兵追及于桃林，朕遣其家人往招慰，遽杀其奴。

译文

贞观五年，太宗对侍臣说：“忠臣烈士，哪一个朝代没有？你们知道隋朝谁是忠孝贞良的人？”王珪说：“我听说太常丞元善达留守京城，见群贼乘机叛乱，于是到江都，向隋炀帝进谏，让他还师京城。隋炀帝不听劝告，元善痛哭极力劝谏，炀帝大怒，于是派遣他到边远之地从军，最后死在瘴疠横行的地方。还有虎贲郎中独孤盛在江都做卫士，当宇文化及起兵反叛时，只有独孤盛一人拼力反抗，直到战死。”太宗说：“屈突通为隋将，在潼关作战，听说京城陷落，便领兵向东逃窜。当我们的军队追到桃林的时候，我派遣他的家仆前去招安，他就杀掉了家仆。后来我们又派遣他儿子去，他却说：‘我蒙受隋朝任用，已

又遣其子往，乃云：'我蒙隋家驱使，已事两帝，今者吾死节之秋，汝旧于我家为父子，今则于我家为仇雠。'因射之，其子避走。所领士卒多溃散，通惟一身，向东南恸哭尽哀，曰：'臣荷国恩，任当将帅，智力俱尽，致此败亡，非臣不竭诚于国。'言尽，追兵擒之。太上皇授其官，每托疾固辞。此之忠节，足可嘉尚。"因敕所司，采访大业中直谏被诛者子孙闻奏。

经侍奉两代帝王，现在是我以死全节的时候，你我过去是父子关系，现在却是仇敌。'于是拿箭射他儿子，他的儿子只好避害逃走。他所带领的士兵大都逃走了，屈突通只剩自己一人，向东南方向大声痛哭着说：'我承受国恩，担当统帅，智谋与力量都用完了，导致今天的失败，不是我对国家不忠诚。'话刚说完，追兵就擒住了他。太上皇授给他官职，每次他都托病拒绝。这种忠义操守，实在值得嘉奖。"于是下令有关部门，查访在隋炀帝大业年间因敢于直谏而被杀的大臣们的子孙，上奏朝廷。

注释

1 **瘴疠**（zhàng lì）：即瘴气，指山林间湿热蒸发能致病之气。

2 **虎贲郎中**：在皇帝身边担任卫戍的官员。

3 **屈突通**：隋唐时期名将，凌烟阁二十四功臣之一。隋炀帝南巡江都，委其镇守长安。唐高祖起兵入关，屈突通坚守潼关，兵败被俘，后降唐，任兵部尚书，封蒋国公。

原文

贞观六年，授左光禄大夫陈叔达礼部尚书，因谓曰："武德中，公曾进直言于太上皇，明朕有克定大功，不可黜退云。朕本性刚烈，若有抑挫，恐不胜

译文

贞观六年，唐太宗加封左光禄大夫陈叔达为礼部尚书，对他说："武德年间，你曾向太上皇直言进谏，申明我有打败敌人、平定疆土的功劳，不能罢免我，等等。我本性刚烈，如碰到挫折，恐怕承受不起忧愤之情，从而导致疾病终至死亡。今天

忧愤，以致疾毙之危。今赏公忠謇，有此迁授。”叔达对曰：“臣以隋氏父子自相诛戮，以致灭亡，岂容目睹覆车，不改前辙？臣所以竭诚进谏。”太宗曰：“朕知公非独为朕一人，实为社稷之计。”

贞观八年，先是桂州都督李弘节以清慎闻，及身殁后，其家卖珠。太宗闻之，乃宣于朝曰：“此人生平，宰相皆言其清，今日既然，所举者岂得无罪？必当深理之，不可舍也。”侍中魏徵承间[1]言曰：“陛下生平言此人浊，未见受财之所。今闻其卖珠，将罪举者，臣不知所谓。自圣朝以来，为国尽忠，清贞慎守，终始不渝，屈突通、张道源[2]而已。通子三人来选，有一匹羸马[3]；道源儿子不能存立，未见一言及之。今弘节为国立功，前后大蒙赏赉，居官殁后，不言贪残，

为了表彰你的忠正，所以升迁你。”陈叔达回答说：“我认为隋朝是父子自相残害，才导致灭亡的，我怎能容许眼看后车将要倾覆，而不改前辙呢？这正是我极力进谏的原因。”太宗说：“我知道你并不是为我一个人，而是为了整个国家大计。”

贞观八年，桂州都督李弘节以清廉谨慎闻名，李弘节死后，他的家属却出卖珠宝。太宗听了这件事，在朝廷上说：“此人在世的时候，宰相都说他清廉，今天既然这样，那么推举他的人怎能没有罪过呢？必须好好地查证追究，不可放过。”侍中魏徵趁机会对太宗说道：“陛下一直说这人为官不清，但也没有看到他接受财物。现在听说他的家属卖珠宝，又要治推举他的人的罪，我不知道这是什么原因。自圣朝以来，为国尽忠，清廉谨慎，始终不渝的，只有屈突通、张道源两人而已。屈突通三个儿子来京城应考，只有一匹病弱的马；张道源的儿子穷得无法维持生计，没有见陛下有一句话谈到他们。现在弘节为国家立下汗马功劳，前后受过许多奖赏，弘节死后，并没有什么关于他贪污受贿、残害百姓的言论，家属卖掉珠宝首饰，并没有什么罪过。明知清廉的，从来没有关心慰问过；怀疑有贪污行为的，就连举荐的人都要受到责备。

妻子卖珠，未为有罪。审其清者，无所存问；疑其浊者，旁责举人。虽云疾恶不疑，是亦好善不笃[4]。臣窃思度，未见其可，恐有识闻之，必生横议。”太宗抚掌曰：“造次不思，遂有此语，方知谈不容易。并勿问之。其屈突通、张道源儿子，宜各与一官。”

虽然说痛恨邪恶没有什么过错，但这也说明喜好善行不够笃诚。我暗暗思量这种做法，没有见到其中有值得称道的地方，我担心有见识的人听到这些事，必然产生许多不好的议论。”太宗听了拍手称赞道：“是我轻率没有认真思考，才说出这样的话，现在才知道一个人要不说错话非常不容易呀。不要追究李弘节的事了。屈突通、张道源的儿子，都应该各授予一个官职。”

注释

1 **承间**：趁机会。

2 **张道源**：官至大理卿，以清廉、谨慎闻名，死时家中只有余粟二斛。

3 **羸马**：病弱的马。

4 **不笃**：不够笃诚。

原文

贞观八年，太宗将发诸道[1]黜陟使[2]，畿内道[3]未有其人，太宗亲定，问于房玄龄等曰：“此道事最重，谁可充使？”右仆射李靖曰：“畿内事大，非魏徵莫可。”太宗作色曰：“朕今欲向九成宫，亦非小，宁可遣魏徵出使？朕每行不欲与其相

译文

贞观八年，太宗准备派遣各道黜陟使，唯独关内道这个地方没有找到合适的人选，太宗决定亲自确定，就问房玄龄：“这个地方的事务最为重要，谁可以担当这一重任。”右仆射李靖说：“关内道的事务重大，只有魏徵才行。”太宗严肃地说：“我当下要去九成宫，这也不是小事，怎么可以派遣魏徵出使？我每次出行都不想与魏徵分开，实在

离者，适为其见朕是非得失。公等能正朕不？何因辄有所言，大非道理。”乃即令李靖充使。

是因为他看到我的是非得失。你们能够王正我的错误吗？说出这样的话来，太没有道理了。”于是命令李靖担任关内道黜陟使。

注释

1 **诸道**：贞观元年，唐太宗分天下为十道：一曰关内，二曰河南，三曰河东，四曰河北，五曰山南，六曰陇右，七曰淮南，八曰江南，九曰剑南，十曰岭南。

2 **黜陟（chù zhì）使**：皇帝特派到各道巡察的官员，主要负责考查百官，严明奖惩，并询访民间疾苦，赈济穷乏。

3 **畿（jī）内道**：指京城管辖的地方，即关内道。

原文

贞观九年，萧瑀为尚书左仆射。尝因宴集，太宗谓房玄龄曰：“武德六年已后，太上皇有废立之心，我当此日，不为兄弟所容，实有功高不赏之惧[1]。萧瑀不可以厚利诱之，不可以刑戮惧之，真社稷臣也。”乃赐诗曰：“疾风知劲草，板荡[2]识诚臣。”瑀拜谢曰：“臣特蒙诫训，许臣以忠谅，虽死之日，犹生之年。”

译文

贞观九年，萧瑀担任尚书左仆射。一次，与大臣宴饮时，太宗对房玄龄说：“武德六年以后，太上皇有废黜太子李建成而立我为太子的打算，我当时不被兄弟们容纳，的确有功劳巨大已无法赏赐的恐惧。萧瑀这个人不能用厚利诱惑他，不能用刑罚威胁他，真是国家的人才啊。”于是赐诗写道：“大风能够知晓劲草的品格，患难能够考验大臣的忠心。”萧瑀拜谢说：“承蒙陛下的训诫，给予臣忠贞诚信的评价，臣虽死去，也犹如活着。”

注释

1 **功高不赏之惧**：指惧怕功劳巨大已无法赏赐，反被加害。

2 **板荡**：《诗经·大雅》中有《板》《荡》两篇，写当时政治黑暗，人民生活贫苦，后来"板荡"便被用来形容天下大乱，局势动荡不安。

原文

贞观十一年，太宗行至汉太尉杨震[1]墓，伤其以忠非命，亲为文以祭之。房玄龄进曰："杨震虽当年夭枉[2]，数百年后方遇圣明，停舆驻跸[3]，亲降神作，可谓虽死犹生，没而不朽。不觉助伯起幸赖欣跃于九泉之下矣。伏读天文，且感且慰。凡百君子，焉敢不勖励名节，知为善之有效！"

译文

贞观十一年，太宗行至汉太尉杨震墓，哀伤他为国尽忠却死于非命，亲自撰文祭奠他。房玄龄进言说："杨震当年短命早死，数百年后才遇到英明的圣主，为他停车驻足，亲赐御文，可以说是虽死犹生，永垂不朽了。臣不禁为杨震能在九泉之下幸遇天恩而欢欣雀跃。拜读陛下的祭文，既感动，又欣慰。凡是有德行节操的君子，怎敢不勉励名节，认识到做善事终有好报！"

注释

1 **杨震**：东汉弘农华阴人，字伯起。少好学，博览群书，时称"关西孔子杨伯起"。历任荆州刺史、涿郡太守、司徒、太尉等职。他曾多次上疏切谏，后被诬自杀。

2 **夭枉**：短命早死。

3 **停舆驻跸**（bì）：帝王出行途中停留或暂住。舆、跸，指帝王出行的车驾。

原文

贞观十一年，太宗谓侍臣曰："狄[1]人杀卫

译文

贞观十一年，太宗对侍臣说："狄人杀掉卫懿公，吃掉他身上所有的肉，只留

懿公[2]，尽食其肉，独留其肝。懿公之臣弘演[3]呼天大哭，自出其肝，而内懿公之肝于其腹中。今觅此人，恐不可得。”特进魏徵对曰：“昔豫让为智伯[4]报仇，欲刺赵襄子[5]，襄子执而获之，谓之曰：‘子昔事范、中行氏[6]乎？智伯尽灭之，子乃委质智伯，不为报仇，今即为智伯报仇，何也？’让答曰：‘臣昔事范、中行，范、中行以众人遇我，我以众人报之。智伯以国士遇我，我以国士报之。’在君礼之而已，亦何谓无人焉？”

下他的心肝。懿公的臣子弘演呼天抢地地大哭，用刀取出自己的心肝，而把懿公的心肝藏在自己的腹中。今天要找到这样的人，恐怕不容易了。”特进魏徵回答说：“古代豫让为智伯报仇，想刺杀赵襄子，襄子抓获了他，对他说：‘你曾经在范氏、中行氏的名下做臣子，可是智伯把他们全杀光了，你于是投身智伯，你不为你的三人报仇，现在却要为智伯报仇，这是为什么呢？’豫让回答说：‘我辅佐范氏和中行氏时，他们像对待普通人那样对待我，所以我用普通人报答人的方法报答他们。智伯用对待贤士的礼节对待我，当然我也要以贤士的方式报答他。’这关键是看国君对臣子的态度，怎么能说这样的忠臣现在就没有了呢？”

注释

1 **狄**：我国古代民族名，分为赤狄、白狄、长狄三部。杀死卫懿公的，即为赤狄。

2 **卫懿公**：名赤，卫惠公之子，卫国第十八任国君，淫乐无度，嗜好养鹤。公元前660年赤狄攻打卫国，卫懿公兵败被杀。

3 **弘演**：春秋时期卫国大夫，很被国君器重。

4 **智伯**：智氏，名瑶，谥曰襄，史称智襄子，时人尊称其为智伯。后韩、魏、赵三家瓜分智氏封邑，智伯被杀，其臣豫让为其复仇，留下了“士为知己者死”的历史典故。

5 **赵襄子**：赵氏，名无恤，谥曰襄，史称赵襄子。

6 **范、中行氏**：春秋时，晋有范氏、中行氏、智氏、韩氏、魏氏、赵氏，称为六卿。春秋末年，六卿日强，各据采地，互相攻伐。

原文

贞观十二年，太宗幸蒲州，因诏曰："隋故鹰击郎将尧君素[1]，往在大业，受任河东，固守忠义，克终臣节。虽桀犬吠尧[2]，有乖倒戈之志，疾风劲草，实表岁寒之心。爰践兹境，追怀往事，宜锡宠命，以申劝奖。可追赠蒲州刺史，仍访其子孙以闻。"

译文

贞观十二年，太宗游幸蒲州，下诏说："隋朝已故鹰击郎将尧君素，大业年间受命守护黄河以东的地区，他恪守忠义，尽忠臣节。虽然各为其主，违背了弃暗投明的做法，但他像疾风之中的劲草，表现出了在困境之中坚韧不拔的精神。如今我来到此地，追忆往事，应该特赐恩宠，以表示对忠臣的勉励。可追封他为蒲州刺史，并寻访他子孙的下落，呈报上来。"

注释

1 **尧君素**：隋炀帝即位后，任鹰击郎将。隋末天下大乱时，唯独尧君素所率部队军容严整，斗志不衰。时屈突通与尧君素共守河东，屈突通败后诱尧君素投降，君素指斥屈突通不义；其妻来劝，他又引弓将她射死。后为左右所害。

2 **桀犬吠尧**：桀为夏代暴君，他养的狗也会向尧这样的圣明之君狂吠，因为它只听命于自己的主人，不问谁善谁恶。

原文

贞观十二年，太宗谓中书侍郎岑文本曰："梁、陈名臣，有谁可称？复有子弟堪招引否？"文本奏言：'隋师入陈[1]，百司奔散，莫有留者，惟尚书仆射袁宪独在其主之傍。王世

译文

贞观十二年，唐太宗对中书侍郎岑文本说："梁、陈两朝有名望的大臣，有谁值得称道？他们还有子弟可以推荐任用吗？"岑文本启奏道："隋军攻入陈朝时，陈朝百官逃奔散离，没有留下来的，只有尚书仆射袁宪独自留在他的主公身边。王世充将要接受隋越王杨侗的禅让，百

充[2]将受隋禅，群僚表请劝进，宪子国子司业[3]承家，托疾独不署名。此之父子，足称忠烈。承家弟承序，今为建昌令，清贞雅操，实继先风。”由是召拜晋王[4]友，兼令侍读，寻授弘文馆学士。

官纷纷上表劝他当皇帝，只有袁宪的儿子国子司业袁承家，借口有病未在劝进表上签名。这样的父子，足可称为忠烈。袁承家的弟弟袁承序，现在做建昌县令，为官清廉，情操雅正，真能继承父兄的风骨。”于是见袁承序，任命他为晋王友，并叫他陪侍晋王读书，不久又升他为弘文馆学士。

注释

1 **隋师入陈**：指公元589年隋文帝攻灭南朝陈。

2 **王世充**：隋末地方割据者。隋炀帝被杀后，他拥越王杨侗为帝，得以专权。之后废杨侗，自立称帝，国号郑。后降唐，为仇家所杀。

3 **国子司业**：学官名。隋以后国子监置司业，为监内副长官，掌儒学训导之政。

4 **晋王**：即唐高宗李治。贞观五年被封为晋王，贞观十七年被册立为太子，贞观二十三年即皇帝位。

原文

贞观十五年，诏曰：“朕听朝之暇，观前史，每览前贤佐时，忠臣徇国，何尝不想见其人，废书钦叹！至于近代以来，年岁非远，然其胤绪[1]，或当见存，纵未能显加旌表[2]，无容弃之遐裔[3]。其周、隋二代名臣及忠节子孙，有

译文

贞观十五年，唐太宗下诏说：“我处理朝政之闲，阅读前朝史书，每看到古代的贤臣辅弼国家，忠义的臣子以死为国效忠，我何尝不想与他们相见，然而只能掩卷叹息！近代以来，时间距离现在还不算久远，其后代有的可能还在世，即使不能对他们隆重地加以表彰，也不应该把他们遗弃在边远的地方。周、隋两代名臣和以忠尽节的臣子的后代，在贞观以后犯了罪

贞观已来犯罪配流者，宜令所司具录奏闻。”于是多从矜宥[4]。

被流放发配的，命令负责管辖他们的人把情况整理呈报上来。”于是对这些人采取了宽大的处理。

注释

1 **胤（yìn）绪**：后代，后嗣。

2 **旌表**：旧时对所谓忠孝节义之人，用立牌坊、赐匾额等方式加以表彰，叫作“旌表”。

3 **遐裔**：边远之地。

4 **矜宥（yòu）**：怜悯宽宥。

原文

贞观十九年，太宗攻辽东[1]安市城，高丽人众皆死战，诏令耨萨延寿[2]、惠真等降，众止其城下以招之，城中坚守不动。每见帝幡旗，必乘城鼓噪。帝怒甚，诏江夏王道宗筑土山，以攻其城，竟不能克。太宗将旋师，嘉安市城主坚守臣节，赐绢三百匹，以劝励事君者。

译文

贞观十九年，唐太宗进攻辽东安市城，据守此城的高丽军民拼死战斗，太宗诏令先已投降的高丽酋长高延寿、高惠真等人到城下去招降他们，城中的高丽军民却坚守不动。每次看见太宗的旗帜，就登城鼓噪呐喊。太宗非常恼怒，命令江夏王李道宗在城边筑造土山来攻城，却仍不能攻克。太宗快要退兵时，赞赏安市城的守将坚守臣子的气节，赏赐给他们绢三百匹，用来勉励竭忠侍奉君主的人。

注释

1 **辽东**：指辽河以东的地区，今辽宁省的东部和南部。

2 **耨（nòu）萨延寿**：耨萨是高丽部落酋长名。延寿，即高延寿。

孝友

导读

孝友，即孝顺父母、友爱兄弟的意思。《孝友》篇记述了房玄龄、虞世南、韩王元嘉、霍王元轨等人的孝友事迹以及唐太宗嘉奖他们的言行，集中体现了古代帝王"以孝治天下"的治国理念。其实，无论君子涵养德行，或是官员施政临民，都应重视孝友之德。孟子说："人人亲其亲，长其长，而天下平。"又说："尧舜之道，孝弟而已矣。"显然，孟子把"孝友之德"看作是实施他"仁政"学说的必要条件，认为实现"孝友之德"则人心存仁，甚至可以实现无为而治。因为实践孝悌之德，人的心性必然纯和温厚。日常生活中，能孝顺父母，或与兄长友好相处的人，他的言行举止自然也循规蹈矩，合情合理，不致有冒犯的举动和暴力的倾向。推而广之，当然更不会违犯国法，从事欺下犯上的活动。就当下来看，"孝友之德"已成为中国传统文化的重要组成部分，它是维系家庭稳定和社会安定的重要纽带，也是践行"修身、齐家"的重要内容。

原文

司空房玄龄事继母，能以色养[1]，恭谨过人。其母病，请医人至门，必迎拜垂泣。及居丧，尤甚柴毁[2]。太宗命散骑常侍刘洎就加宽譬[3]，遗寝床、粥食、盐菜。

译文

司空房玄龄侍奉继母，能顺承继母的脸色，恭敬谦谨的态度超过一般人。继母生病时，他每次请大夫上门，一定会流泪迎拜。在居丧期间，房玄龄更是悲伤过度，骨瘦如柴。太宗叫散骑常侍刘洎前往安慰劝解，并送去寝床、粥食和盐菜。

注释

1 **色养**：顺承脸色，态度亲切。。

2 **柴毁**：居丧悲伤过度，面容憔悴、骨瘦如柴的样子。

3 **宽譬**：宽慰，劝解。

原文

虞世南，初仕隋，历起居舍人[1]。宇文化及杀逆之际，其兄世基时为内史侍郎，将被诛，世南抱持号泣，请以身代死，化及竟不纳。世南自此哀毁骨立者数载，时人称重焉。

译文

虞世南，起初在隋朝做官，担任起居舍人。当宇文化及杀死隋炀帝的时候，他的哥哥虞世基任内史侍郎，也要被一同诛杀。见到这种情况，虞世南抱着哥哥号啕痛哭，一再请求让自己代替哥哥去死，宇文化及却不同意。从此以后的好几年，虞世南都因悲伤过度而骨瘦如柴，当时的人都很尊重和推崇他。

注释

1 **起居舍人**：隋制，负责记录帝王言行的官职。

原文

韩王元嘉[1]，贞观初，为潞州刺史。时年十五，在州闻太妃[2]有疾，便涕泣不食，及至京师发丧，哀毁过礼。太宗嘉其至性，屡慰勉之。元嘉闺门修整，有类寒素士大夫，与其弟鲁哀王灵夔[3]甚相友爱，兄弟集见，如布衣之礼。其修身洁己，内外如一，当代诸王莫能及者。

译文

韩王李元嘉，在贞观初年，任潞州刺史。当时他十五岁，在潞州听说他的母亲生病，于是痛哭流涕，不能饮食，后来到京城为母发丧，悲伤超过了丧礼的限度。唐太宗称赞他至情至性，屡次安慰劝勉他。李元嘉治家严谨朴素，像寒门士大夫的家一样，他和弟弟鲁哀王李灵夔手足情深，每次兄弟相见，都行普通百姓一样的礼节。他这样洁身自好，内外如一，当时诸王没有人能比得上。

注释

1 **韩王元嘉**：唐高祖第十一子。少年好学，藏书万卷。

2 **太妃**：韩王李元嘉之母。

3 **鲁哀王灵夔**（kuí）：唐高祖第十九子。韩王李元嘉的同母弟弟。

原文

霍王元轨[1]，武德中，初封为吴王。贞观七年，为寿州刺史。属高祖崩，去职，毁瘠过礼。自后常衣布服，示有终身之戚。太宗尝问侍臣曰："朕子弟孰贤？"侍中魏徵对曰："臣愚暗，不尽知其能，惟吴王数与臣言，臣未尝不自失。"太宗曰："卿以为前代谁比？"徵曰："经学文雅，亦汉之间、平，至如孝行，乃古之曾、闵也。"由是宠遇弥厚，因令妻徵女焉。

译文

霍王李元轨，在武德年间，被封为吴王。贞观七年，任寿州刺史。唐高祖死后，他放弃了官职，居丧时因哀伤过度而身体消瘦，超过了礼法的规定。此后他常常穿粗布衣服，以此表示对高祖的终身悲戚。唐太宗曾经问侍臣："我的子弟之中，谁最贤德？"魏徵回答说："臣愚钝，不能完全了解他们。只有吴王和臣谈的几次话，每次都让我自愧不如。"唐太宗说："你认为可以把他和前代的哪位贤人相比呢？"魏徵说："论学问风度，他相当于汉代河间献王刘德和东平宪王刘苍。若论孝道，他可与古代的曾参、闵子骞相媲美。"从此，唐太宗对霍王更加宠爱信任，并把魏徵的女儿嫁给了他。

注释

1 **霍王元轨**：唐高祖第十四子。好读书，多才艺。

原文

贞观中，有突厥史行昌直玄武门，食而舍肉，人

译文

贞观年间，突厥人史行昌在玄武门做看守，吃饭时留下肉不吃，别人问他什

问其故，曰："归以奉母。"太宗闻而叹曰："仁孝之性，岂隔华夷？"赐尚乘[1]马一匹，诏令给其母肉料。

么原因，他说："带回家去侍奉母亲。"唐太宗听到这事后感叹地说："仁孝之本性，哪里分华夏和四夷？"于是赐他一匹尚乘局的御马，还下令为他母亲送去肉食。

注释

1 **尚乘**：即尚乘局，官署名。唐代专门管理皇家马匹的部门。

公平

导读

所谓公平，是指处理事情合情合理，不偏袒任何一方。这是一种待人原则和处世态度。古人崇尚公平，尤其表现在为政之中。《尚书·洪范》中就写道："无偏无党，王道荡荡；无党无偏，王道平平。"意谓做到公平无私，就能使王道广远、平坦，顺利推行。《公平》篇意在论述国君处理政务，必须公平公正。君王处事不公正，奸邪之人就会有机可乘，正直之人难免蒙受冤屈；君王处事公正，则人心归顺统一，久而久之，社会风气就会焕然一新。那么君王如何做到公平公正呢？首先，就是要以道德教化来治理天下。道德教化施行得好，人就心地纯正，无奸邪之念；以道德仁义为根本，则刑罚可免，实现无为而治。其次，君王要严于律己，从自身做起，不能以一己之私和个人好恶对待人和事，乃至践踏公平和法律。正如唐太宗所言："故知君人者，以天下为公，无私于物。"作为君王，不能"爱之者，罪虽重而强为之辞；恶之者，过虽小而深探其意"。再次，君王要实现至公之道，很重要的一方面就是要做到用人公平。在推举人才方面要敢于"内举不避亲，外举不避仇"；在任用人才上，君王不仅要表扬善行，厌恶恶行，近君子而远小人，还要善于任用贤人，斥退小人，否则国家不会昌盛。最后，在实现君王和臣下的公正和公平关系上，主张臣下要能直言进谏，竭诚尽忠，但君王也要能“乐闻逆耳之言，犯颜之诤，亲忠臣，厚谏士”。只有君臣上下无私，君臣同心同德，才能保全其身，远避灭亡，才能功成事立，国运恒昌。

原文

太宗初即位，中书令房玄龄奏言：“秦府旧左右未得官者，并怨前宫及齐府[1]左右处分之先己。”太宗曰：“古称至公者，盖谓平恕[2]无私。丹朱、商均，子也，而尧、舜废之。管叔、蔡叔，兄弟也，而周公诛之。故知君人者，以天下为公，无私于物。昔诸葛孔明，小国之相，犹曰‘吾心如称，不能为人作轻重’，况我今理大国乎？朕与公等衣食出于百姓，此则人力已奉于上，而上恩未被于下，今所以择贤才者，盖为求安百姓也。用人但问堪否，岂以新故异情？凡一面尚且相亲，况旧人而顿忘也！才若不堪，亦

译文

唐太宗刚即位时，中书令房玄龄上奏说：“原在秦王府中供职且没有封官的人，都埋怨陛下，说前太子东宫和齐王府的部下都比自己早获得官职。”太宗说：“古代所谓的大公无私，是指宽容公正而无私心。丹朱、商均是尧、舜的儿子，而尧、舜却因为他们没有才德而废黜了他们；管叔、蔡叔是周公的兄弟，而周公却因他们参与叛乱而把他们杀掉。由此可知，作为治理百姓的君主，要以天下为公，不存偏私之心。从前诸葛孔明，只是蜀国的丞相，还说‘我的心就像秤一样公平，不能因人而轻重有别’。何况我如今治理一个泱泱大国呢？我们的衣食都出自百姓，这就是说，百姓的人力已奉献给了朝廷，而我们的恩泽却没有施与民间，如今朝廷之所以要选择贤才，就是要使百姓安居乐业。用人只看是否有能力胜任，怎能因亲疏、新旧关系而区别对待呢？凡是见过一面的人尚且感到亲近，何况是旧的下属，怎会一下子就忘掉呢？如果才能不堪胜任，怎能因为是旧的下属就优先

岂以旧人而先用？今不论其能不能，而直言其嗟怨，岂是至公之道耶？”

任用呢？如今你们不谈论他们能不能胜任，而只说他们有怨言，这难道是最公平的原则吗？”

注释

1 **前宫及齐府**：指前太子李建成的东宫和齐王李元吉的齐王府。

2 **平恕**：公平正义，宽厚仁慈。

原文

贞观元年，有上封事者，请秦府旧兵并授以武职，追入宿卫。太宗谓曰：“朕以天下为家，不能私于一物，惟有才行是任，岂以新旧为差？况古人云：‘兵犹火也，弗戢[1]将自焚。’汝之此意，非益政理。”

译文

贞观元年，有人上书请求把秦府旧兵都授予武职，补充进宫中做侍卫。太宗说：“我以天下为家，不能偏私于一人。只要是有才能德行的人就会任用，怎能因为新旧关系而有所分别呢？况且古人说：‘士兵就像火一样，不控制就会把自己烧死。’你的提议，对治理国家没有益处。”

注释

1 **戢**（jí）：收敛，引申为停止战争。

原文

贞观元年，吏部尚书长孙无忌尝被召，不解佩刀入东上阁门，出阁门后，监门校尉始觉。尚书右仆射封德彝议，以监门校尉不觉，罪当死，无忌误带刀

译文

贞观元年，吏部尚书长孙无忌曾经被皇帝召见，不解下腰间的佩刀，向东走上阁门，走出阁门之后，监门校尉才发现。尚书右仆射封德彝认为，由于监门校尉没有觉察，按罪应处死；无忌失误，带刀进殿，应判刑两年，罚铜二十斤。太

入，徒二年，罚铜二十斤。太宗从之。大理少卿戴胄驳曰：“校尉不觉，无忌带刀入内，同为误耳。夫臣子之于尊极，不得称误，准律云：‘供御汤药、饮食、舟船，误不如法者，皆死。’陛下若录其功，非宪司所决；若当据法，罚铜未为得理。”太宗曰：“法者非朕一人之法，乃天下之法，何得以无忌国之亲戚，便欲挠法耶？”更令定议。德彝执议如初，太宗将从其议，胄又驳奏曰：“校尉缘无忌以致罪，于法当轻，若论其过误，则为情一也，而生死顿殊，敢以固请。”太宗乃免校尉之死。

是时，朝廷大开选举，或有诈伪阶资者，太宗令其自首，不首，罪至于死。俄有诈伪者事泄，胄据法断流以奏之。太宗曰：“朕初下敕，不首者死，今断从法，是示天下以不信矣。”胄曰：“陛下当即杀

宗听从了他的建议。大理少卿戴胄反驳道：“校尉没有察觉，无忌带刀进入，同样是失误。但臣子对于皇上，不能用疏忽来开脱罪责。按照律法上讲：‘供给皇上汤药、饮食、舟船，因失误而触犯法律的，都应当死。’皇上如果要看重他原来的功劳、从轻处理，这就不是司法部门所能够决定的；如果按照律法来办，罚铜不符合法理。”太宗说：“法律不是我一人的法律，是天下的法律，怎么能够因为无忌是皇亲国戚，就要破坏法律呢？”于是下令重新定罪。封德彝仍坚持他原来的想法，太宗又打算听从他的建议，戴胄又驳议说：“校尉因为无忌的缘故以招致罪责，按照法律当从轻处理，如果论他们的过失，情节是相同的，然而判刑却有生与死这么大的差别，所以我才敢坚持请求改判。”太宗于是免除了校尉的死罪。

当时，朝廷大力开展选拔推荐人才的活动，有伪造级别和资历的人，太宗命令他们自首，不自首的人，一旦查出就判死罪。不久有个伪造的人事情败露，戴胄根据法律判他流放，并上奏太宗。太宗说：“我当初下命令说，不自首的判死罪，如今你根据法律来判作流放，这是向天下人展示我不守信用。”戴胄说：“如果陛下当时就把他杀了，那臣就干预不了

之，非臣所及，既付所司，臣不敢亏法。”太宗曰：“卿自守法，而令朕失信耶？”胄曰：“法者国家所以布大信于天下，言者当时喜怒之所发耳。陛下发一朝之忿，而许杀之，既知不可，而置之以法，此乃忍小忿而存大信，臣窃为陛下惜之。”太宗曰：“朕法有所失，卿能正之，朕复何忧也？”

贞观二年，太宗谓房玄龄等曰：“朕比见隋代遗老，咸称高颎[1]善为相者，遂观其本传，可谓公平正直，尤识治体，隋室安危，系其存没。炀帝无道，枉见诛夷，何尝不想见此人，废书钦叹！又汉、魏已来，诸葛亮为丞相，亦甚平直，尝表废廖立、李严于南中，立闻亮卒，泣曰：‘吾其左衽[2]矣！’严闻亮卒，发病而死。故陈寿[3]称：‘亮之为政，开诚心，布公道，尽忠益时者，虽仇必赏；犯

了，既然已经交付司法部门处理，我不敢不按照法来执行。”太宗说：“你自己守法，却让我失信于天下吗？”戴胄说：“法律是国家用来向天下人传播大信用的，言语命令，只是说话时的喜怒表现而已。皇上为发泄一时的愤恨，而许诺要杀掉伪造的人。既然知道不能那么做，才又将他放到司法部门来解决，这是陛下忍耐小的愤恨而存留大的信用的体现，臣私下替皇上珍惜这种精神。”太宗说：“我执法有失误的地方，你能够纠正它，我还有什么可以担忧呢？”

贞观二年，唐太宗对房玄龄等人说：“我近来见到隋代的旧臣遗老，都称赞高颎善于做宰相，于是我就去翻阅他的传记。此人真可说是公平正直，尤其懂得治国之道。隋室的安危，跟他的生死关系密切。可惜遇到隋炀帝这样的无道昏君，被冤枉诛杀了。我何尝不想见到这样的人，不由得放下书来对他钦仰、叹息。再者，汉、魏以来，诸葛亮做丞相，也非常公平正直，他曾经上表把廖立、李严罢官放逐到南中，后来廖立听说诸葛亮逝世，哭着说：‘我们恐怕要亡国了！’李严听说诸葛亮逝世，发病而死。所以陈寿说：‘诸葛亮执政，推诚布公，只要是尽忠为国的，即使是仇人，也一定会给予奖

法怠慢者，虽亲必罚。’卿等岂可不企慕及之？朕今每慕前代帝王之善者，卿等亦可慕宰相之贤者，若如是，则荣名高位，可以长守。”玄龄对曰：“臣闻理国要道，在于公平正直，故《尚书》云：‘无偏无党，王道荡荡。无党无偏，王道平平。’又孔子称‘举直错诸枉，则民服’。今圣虑所尚，诚足以极政教之源，尽至公之要，囊括区宇，化成天下。”太宗曰：“此直朕之所怀，岂有与卿等言之而不行也？”

赏；凡是违犯法纪玩忽职守的人，即使是最亲近的人，也必须进行惩罚。’你们难道不仰慕学习他们吗？我如今常仰慕前代那些贤德的帝王，你们也应该仰慕那些贤德的宰相，如果能这样做，那么荣耀的名声和高贵的地位，就可以长久保持了。”房玄龄对答说：“臣听说治理国家的关键，在于公平正直，所以《尚书》说：‘不结党营私，王道就浩浩荡荡。不结党营私，王道就顺顺当当。’此外，孔子还说：‘举用正直的人而废弃邪恶的人，百姓就心服归顺。’如今圣上推崇的治国原则，确实体现了政治教化的根本，详尽地体现了至公无私的要义，可以用来囊括宇内，教化天下。”太宗说：“这正是我所想的，但我怎能只对你们说说而不去实行呢？”

注释

1 **高颎**（jiǒng）：隋朝蓨县人，一名敏，字昭玄。炀帝即位后，任太常卿。后因议论朝政，为人告发，被炀帝诛杀。

2 **左衽**：衣襟向左掩。少数民族服装的前襟向左，不同于中原一带人民的右衽。后引申为国家灭亡，外族入主。

3 **陈寿**：西晋史学家，字承祚，安汉人。晋朝时，历任著作郎、治书侍御史。晋灭吴后，集合三国时官私著作，著成《三国志》，还编有《蜀相诸葛亮集》等书。

原文

长乐公主[1],文德皇后[2]所生也。贞观六年将出降[3],敕所司资送,倍于长公主[4]。魏徵奏言:"昔汉明帝欲封其子,帝曰:'朕子岂得同于先帝子乎?可半楚、淮阳王[5]。'前史以为美谈。天子姊妹为长公主,天子之女为公主,既加长字,良以尊于公主也,情虽有殊,义无等别。若令公主之礼有过长公主,理恐不可,实愿陛下思之。"太宗称善。乃以其言告后,后叹曰:"尝闻陛下敬重魏徵,殊未知其故,而今闻其谏,乃能以义制人主之情,真社稷臣矣!妾与陛下结发为夫妻,曲蒙礼敬,情义深重,每将有言,必俟颜色,尚不敢轻犯威严,况在臣下,情疏礼隔?故韩非谓之说难,东方朔[6]称其不易,良有以也。忠言逆

译文

长乐公主是太宗文德皇后所生。贞观六年将要出嫁,太宗敕令有关部门备办妆奁陪嫁,比长公主出嫁时高出一倍。魏徵上奏说:"以前东汉明帝准备封赏他的儿子,说:'我的儿子怎么能跟先帝的儿子享受同等的待遇呢?可以参照先帝之子楚王、淮阳王的一半去封赏他。'以前的史学典籍以此作为美谈。现在皇帝的姊妹称为长公主,女儿称为公主,既然在前面多了一个"长"字,那么就说明要比公主的身份尊贵,虽然在感情上不尽相同,可是道理却是一样的,没有什么差别。如果公主的出嫁礼节逾越了长公主,道理上恐怕是不妥的,希望陛下能再仔细考虑。"太宗十分赞同。于是将这些话告诉了皇后,皇后听完赞叹道:"曾经听说您对魏徵十分敬重,只是不知道是什么原因。现在听到他进谏的这番话,可见他能够用义理来抑制帝王的私欲,真是国家的忠臣啊!我和陛下结发做了夫妻,承蒙陛下的敬重礼待,情深意重,每当有话要说的时候,也要察言观色,尚且不敢轻易触犯您的威严,何况作为臣下,和陛下情谊疏远、礼仪相隔呢?因此韩非子称游说是难事,东方朔说它不容易,真的是非常有道理的。忠言逆耳利于行,对于拥有家国的人来说是最重要的事。如果采纳

耳而利于行，有国有家者深所要急，纳之则世治，杜之则政乱，诚愿陛下详之，则天下幸甚！”因请遣中使赍帛五百匹，诣徵宅以赐之。

这些忠言，国家就能长治久安；如果杜绝这些忠言，政局就会混乱不堪，真希望陛下能够仔细体会其中的含义，那就是天下的大幸了。”于是，文德皇后请求太宗派遣宫中使者带五百匹锦帛到魏徵家中赏赐他。

注释

1 **长乐公主**：唐太宗第五女，封长乐郡。

2 **文德皇后**：唐太宗文德顺圣皇后长孙氏。

3 **出降**：公主出嫁。

4 **长公主**：皇帝的妹妹或皇女尊崇者的封号。这里指唐高祖之女永嘉长公主。

5 **楚**、**淮阳王**：汉光武帝刘秀的儿子。

6 **东方朔**：本姓张，字曼倩，西汉著名政治家、辞赋家。汉武帝时，为太中大夫，精通文史，足智多谋。

原文

刑部尚书[1]张亮坐谋反下狱，诏令百官议之，多言亮当诛，惟殿中少监李道裕奏亮反形未具，明其无罪。太宗既盛怒，竟杀之。俄而刑部侍郎[2]有阙，令宰相妙择其人，累奏不可。太宗曰："吾已得其人矣。往者李道裕议张亮云'反形未具'，可谓公

译文

刑部尚书张亮因谋反罪被关进监狱，唐太宗诏令百官商议惩处他的办法，许多人都说张亮该杀，只有殿中少监李道裕上奏说张亮谋反的证据不足，认为其无罪。但唐太宗当时已处在盛怒之下，竟把张亮给杀掉了。不久，刑部侍郎空缺，唐太宗让宰相精心选择称职的人，可宰相多次上奏推荐人才，唐太宗都没有同意。太宗说："我已找到合适的人了，先前李道裕在拟议处置张亮的办法时，说'他谋反证据不

平矣。当时虽不用其言，至今追悔。”遂授道裕刑部侍郎。

足’，可以说是公正合理的。我当时没有采用他的意见，至今仍后悔不已。”于是就任命李道裕为刑部侍郎。

注释

1 **刑部尚书**：尚书省刑部的长官。

2 **刑部侍郎**：尚书省刑部副长官。

原文

贞观初，太宗谓侍臣曰：“朕今孜孜求士，欲专心政道，闻有好人，则抽擢驱使。而议者多称‘彼者皆宰臣亲故’，但公等至公，行事勿避此言，便为形迹。古人‘内举不避亲，外举不避仇’，而为举得其真贤故也。但能举用得才，虽是子弟及有仇嫌，不得不举。”

贞观十一年，时屡有阉宦充外使，妄有奏，事发，太宗怒。魏徵进曰：“阉竖虽微，狎近[1]左右，时有言语，轻而易信，浸润之谮，为患特深。今日之明，必无此虑，为子孙教，不可不杜绝其源。”

译文

贞观初年，唐太宗对侍臣说：“我现在孜孜不倦地寻找贤才，想要把心思都用在治理国家上，一听说有贤能的人才，就提拔任用。但人们还是议论纷纷，说‘那些官员都是朝廷重臣的亲戚故旧’，但是你们秉公无私，做事不需要避讳这些话，可以不受拘束地行动。古人说，‘推举人才对内不避亲，对外不避仇’，就是为了推举真正贤才的缘故。只要是能举荐真正的贤才，即使是自己的子弟或仇人，也不能不推举。”

贞观十一年，当时常有宦官外出担任使者，他们欺瞒朝廷，胡乱上报情况，事情败露后，唐太宗非常生气。魏徵说：“宦官虽然卑微，但他们侍奉在天子左右，有时说的话，很容易使天子相信，那些日积月累的坏话，会造成很大的危害。现在陛下圣明，可以无此顾虑，可是为了子孙后代，不可不断绝这种祸患。”唐太宗说：“不是

太宗曰："非卿，朕安得闻此语？自今已后，充使宜停。"魏徵因上疏曰："臣闻为人君者，在乎善善而恶恶，近君子而远小人。善善明，则君子进矣；恶恶著，则小人退矣。近君子，则朝无粃政；远小人，则听不私邪。小人非无小善，君子非无小过。君子小过，盖白玉之微瑕；小人小善，乃铅刀之一割。铅刀一割，良工之所不重，小善不足以掩众恶也；白玉微瑕，善贾之所不弃，小疵不足以妨大美也。善小人之小善，谓之善善，恶君子之小过，谓之恶恶，此则蒿兰同嗅[2]，玉石不分，屈原所以沉江，卞和所以泣血者也。既识玉石之分，又辨蒿兰之臭，善善而不能进，恶恶而不能去，此郭氏所以为墟、史鱼所以遗恨[3]也。

你，我怎么会听到如此中肯的意见呢？从今以后，宦官不可再担任使者。"魏徵因而上书说："臣听说做国君的人贵在能表扬善事，贬斥劣迹，亲近君子，远离小人。如果明显地喜爱好人好事，那么君子就会为国效劳；公开地厌恶坏人坏事，小人就会自行隐退。亲近君子，那么朝廷不会有劣政；远离小人，则不会偏听奸恶之言。小人并非没有小的优点，君子并非没有小的过失。君子小的过失，大概是白玉上的瑕疵；小人小的优点，则如铅刀割一下的效果。铅刀割一下，是不会被能工巧匠看重的，因为这小小的优点不足以掩盖大的缺点；白玉微瑕，精明的商人不会嫌弃，小小的斑点不会妨碍白玉整体的美丽。赞扬小人的优点，就认为这是喜欢好人好事；贬斥君子的过失，就认为这是厌恶坏人坏事，这如同认为蒿草和兰花的香味一致，白玉和顽石没有分别一样，这也是屈原投江自尽，卞和哭得眼里流血的原因。如果能认识美玉和石头的差别，区分蒿草和兰花的气味，但是喜欢好人而不能任用，讨厌恶人又不能驱逐，这正是历史上郭国之所以为齐国所灭、史鱼之所以抱憾而尸谏的原因。

注释

1 **狎近**：亲近。

2 **蒿兰同嗅**：比喻香臭不分，好坏不辨。

3 **史鱼所以遗恨**：春秋时卫国大夫史鱼多次向卫灵公进荐贤才蘧伯玉而劝退佞臣弥子瑕，卫灵公始终未采纳。史鱼死后陈尸窗下尸谏卫灵公。

原文

"陛下聪明神武，天姿英睿，志存泛爱，引纳多途，好善而不甚择人，疾恶而未能远佞。又出言无隐，疾恶太深，闻人之善或未全信，闻人之恶以为必然。虽有独见之明，犹恐理或未尽。何则？君子扬人之善，小人讦[1]人之恶，闻恶必信，则小人之道长矣，闻善或疑，则君子之道消矣。为国家者，急于进君子而退小人，乃使君子道消，小人道长，则君臣失序，上下否隔，乱亡不恤，将何以治乎？且世俗常人，心无远虑，情在告讦，好言朋党。夫以善相成谓之同德，以恶相济谓之朋

译文

"陛下聪明神武，天姿英睿，心存博爱，能从各种途径选拔人才，但陛下喜好贤才却不善于选择贤才，痛恨邪恶，但还没能远离小人。并且，陛下言语毫不隐讳，疾恶如仇，听说别人的优点，有时未必全信；听到别人的缺点，就认为一定是如此。虽有独到的见解，但臣恐怕陛下有些地方还有不妥之处。为什么呢？君子愿意表扬别人的善行，小人专门攻击别人的缺点，如果一听到劣迹就确信无疑，那么就会助长小人的气焰。听到善行有所怀疑，那君子扬善的途径就会减少。治理国家的人，急于进用君子而斥退小人，结果反使君子扬善的途径减少，小人诋毁别人的手段增多，那么君臣之间就会失去正常的秩序，上下隔阂，国家混乱灭亡都来不及考虑，还用什么去治理国家？况且世俗之人，缺乏深思熟虑，喜欢攻击别人的短处，好说别人结党营私。一般而言，用善相互

党，今则清浊共流，善恶无别，以告讦为诚直，以同德为朋党。以之为朋党，则谓事无可信；以之为诚直，则谓言皆可取。此君恩所以不结于下，臣忠所以不达于上。大臣不能辩正，小臣莫之敢论，远近承风，混然成俗，非国家之福，非为治之道。适足以长奸邪，乱视听，使人君不知所信，臣下不得相安。若不远虑，深绝其源，则后患未之息也。今之幸而未败者，由乎君有远虑，虽失之于始，必得之于终故也。若时逢少隳[2]，往而不返，虽欲悔之，必无所及。既不可以传诸后嗣，复何以垂法将来？且夫进善黜恶，施于人者也；以古作鉴，施于己者也。鉴貌在乎止水，鉴己在乎哲人。能以古之哲王鉴于己之行事，则貌之妍丑宛然在目，事之善恶自得于心，无劳司过[3]之史，不假刍荛之议，巍巍之功

成全称之为同德，用恶相互帮助称之为朋党，可现在清浊同流，善恶无别，把奸邪的人视为诚实正直，把同心同德的人称作朋党。被称作朋党的人，他们的言行就不被信任；被称作诚实正直的人，那么他们的一切都是可取的。这就会使陛下的恩德不能施于臣下，臣下的忠心不能传达到国君。大臣不敢矫正朝廷的偏差，小臣又不敢随便议论，于是到处承袭了这种不良风气，浑然成为习惯，这不是国家的福祉，也不是治国的方法。只会助长奸邪，扰乱视听，使国君不知道什么可信，臣下不能相安无事。如果不深谋远虑，断绝这种风气的根源，将贻害无穷。幸运的是，如今国家还没有出现大的祸害，这完全归功于陛下的深谋远虑，国政现在虽然有所偏差，可是必然能够改正。如果现在遇到混乱的世道，不加以制止、改正，即使后悔，将来一定也来不及了。这样既不能将社稷传给后代，又拿什么作为后世的楷模呢？扬善除恶，是针对别人的；以古为鉴，是针对自己的。照容貌，要用平静的水面做镜子；省察自己的德行，要以前代的圣哲作为借鉴。如果能以古代圣明的帝王来对照自己的所作所为，那么自己容貌的美丑就宛如在眼前，自己行为的善恶也就心中有数，无须劳烦史官的评判和记载，也无

日著，赫赫之名弥远。为人君者不可务乎？

须百姓们的议论，帝王自然会功勋卓著，声名远扬。做君王的能不致力于此吗？

注释

1 **讦**（jié）：攻击别人的短处。

2 **隳**（huī）：毁坏。

3 **司过**：掌纠察群臣过失的官吏。

原文

“臣闻道德之厚，莫尚于轩、唐，仁义之隆，莫彰于舜、禹。欲继轩、唐之风，将追舜、禹之迹，必镇之以道德，弘之以仁义，举善而任之，择善而从之。不择善任能，而委之俗吏，既无远度，必失大体。惟奉三尺之律，以绳四海之人，欲求垂拱无为，不可得也。故圣哲君临，移风易俗，不资严刑峻法，在仁义而已。故非仁无以广施，非义无以正身。惠下以仁，正身以义，则其政不严而理，其教不肃而成矣。然则仁义，理之本也；刑罚，理之末也。为理之有刑罚，犹执御之有

译文

“臣听说，若论道德的崇高，没人可以超过黄帝、尧帝；若论仁义的深厚，没人可比得上舜帝、大禹。如果要继承黄帝、唐尧的风范，追上虞舜、夏禹的功绩，只有用道德来安定人民，广弘仁义，举用贤才，听从善言。如果不能选拔有才能的臣子，而把政务委托给凡庸的官吏，他们没有远见卓识，必然会使国家的大体丧失殆尽。只会用法律条文去控制天下的百姓，要想达到无为而治的境界是不可能的。所以圣贤的国君治理天下，是靠移风易俗，不用严刑峻法，只是推行仁义。没有仁就无法广泛地施行恩德，离开了义就无法端正自身。用仁来向天下人施行恩惠，用义来端正自身，这样国家政务不用严酷的刑罚就可以达到太平，教化不必严格就会有所成就。仁义是治国的根本，而刑罚是治国的辅助手段。为治国而用刑罚，就像赶马车用鞭子，百姓们

鞭策也，人皆从化，而刑罚无所施；马尽其力，则有鞭策无所用。由此言之，刑罚不可致理，亦已明矣。故《潜夫论》[1]曰：人君之理莫大于道德教化也。民有性、有情、有化、有俗。情性者，心也，本也；化俗者，行也，末也。是以上君抚世，先其本而后其末，顺其心而履其行。心情苟正，则奸慝[2]无所生，邪意无所载矣。是故上圣无不务理民心，故曰：听讼，吾犹人也，必也使无讼乎？道之以礼，务厚其性而明其情。民相爱，则无相伤害之意；动思义，则无畜奸邪之心。若此，非律令之所理也，此乃教化之所致也。圣人甚尊德礼而卑刑罚，故舜先敕契以敬敷五教[3]，而后任咎繇以五刑[4]也。凡立法者，非以司民短而诛过误也，乃以防奸恶而救祸患，检淫邪而内正道。民蒙善化，则人有士君子

都已服从教化，那么刑罚就没有地方可施行了；马能自觉地尽力奔跑，那么鞭子也就没有什么用处了。由此可见，刑罚不能使国家太平，这个道理是很明显的。所以王符在《潜夫论》中写道：帝王的治国之道不会比道德教化更重要。百姓有自己的本性、情感，行为、风俗。本性、情感是内心，是根本；行为、风俗是枝节。因此圣明的君主治国，先巩固根本，后做细枝末节的事，就是顺应民心，从而矫正他们的行为。百姓本性纯正，那么奸邪之念就不会产生。所以贤明的圣人，无不关注和教化民心，所以说：审理诉讼案件，我也和别人一样，一定要使诉讼不再发生。君王用礼去教化百姓，是要使他们本性淳厚，情感纯正。百姓相互爱护，就不会彼此伤害怀疑；行动的时候想到义，就不会存有奸邪的心思 。这些都不是通过律令能够办得到的，只有依赖道德教化才能做到。圣人崇尚道德礼仪，轻视刑罚，所以舜命令契推行五教，然后才让咎繇设置了五种酷刑。立法的目的，不是为了纠察百姓的短处和错误的，而是用来防范邪恶、补救祸患，约束邪恶从而使其纳入正道的。人们受到好的教化，就会怀有君子之心；受到恶政的统治，就会产生邪乱的念头。所以用好的道德来教化百姓，就像酿酒工匠

之心;被恶政,则人有怀奸乱之虑。故善化之养民,犹工之为曲豉也。六合之民,犹一荫也,黔首[5]之属,犹豆麦也,变化云为,在将者耳!遭良吏,则怀忠信而履仁厚;遇恶吏,则怀奸邪而行浅薄。忠厚积,则致太平;浅薄积,则致危亡。是以圣帝明王,皆敦德化而薄威刑也。德者,所以循己也,威者,所以理人也。民之生也,犹铄金在炉,方圆薄厚,随镕制耳!是故世之善恶,俗之薄厚,皆在于君。世之主诚能使六合之内、举世之人,感忠厚之情而无浅薄之恶,各奉公正之心,而无奸险之虑,则醇釅[6]之俗,复见于兹矣。后王虽未能遵,专尚仁义,当慎刑恤典,哀敬无私,故《管子》曰:圣君任法不任智,任公不任私。故王天下,理国家。

手中的酒曲一样。天下的臣民,都在国君的庇荫之下,全国的百姓,就像温室里有待发酵的豆麦,他们的发展变化,全在于统治者的作为了!遇到好的官吏就心怀忠信而言行仁厚;遇到坏的官吏就心怀奸邪而言行浅薄。仁义忠信积累得厚了,就可以使国家太平;奸邪浅薄积累得过了,就会导致国家危亡。因此,圣明的君主都致力于德化而鄙视严刑峻法。道德,是用来约束自己的;权威,是用来管束别人的。人生在世就像金属在熔炉中冶炼一样,铸出来的方圆厚薄全在于所使用的模具的形状。因此,世事的善恶,风俗的厚薄都取决于一国之君。治世的君主如果真能使普天下的人民都怀有忠厚的情感而无浅薄的恶习,有奉公守善的心态而无奸邪的念头,那么淳朴的风俗就又可以出现了。后来的帝王虽然不能遵循这种古法,只崇尚仁义,但也应当慎重地运用刑罚,实行抚恤百姓的制度,力求公正无私,所以《管子》说:圣君用法度礼仪而不用自己主观意志来治理国家,依靠公正而不是利用私意来处理事情。所以称王于天下,治理好国家。

注释

1 **《潜夫论》**：为东汉政论散文，作者王符。是一部愤世嫉俗之作，对当时社会上各种丑恶现象及不合理的制度多有指斥，切中时弊。

2 **奸慝**（tè）：奸诈邪恶。

3 **五教**：五常之教，即父义、母慈、兄友、弟恭、子孝。

4 **五刑**：古代指墨、劓、刵、宫、大辟五刑。

5 **黔首**：平民百姓。

6 **醇醲**（chún yàn）：酒味浓厚，这里比喻风俗淳厚。

原文

“贞观之初，志存公道，人有所犯，一一于法。纵临时处断或有轻重，但见臣下执论，无不忻然受纳。民知罪之无私，故甘心而不怨；臣下见言无忤，故尽力以效忠。顷年以来，意渐深刻，虽开三面之网，而察见川中之鱼，取舍在于爱憎，轻重由乎喜怒。爱之者，罪虽重而强为之辞；恶之者，过虽小而深探其意。法无定科，任情以轻重；人有执论，疑之以阿伪。故受罚者无所控告，当官者

译文

“贞观初年，陛下心存公道，如果有违法乱纪的人，都依法严办。即使有时断案有过轻或过重的情形，只要有臣下劝谏反对，陛下也无不欣然接受意见。百姓知道陛下判罪并非出于私心，所以都甘心受罚而没有怨言；臣下看到自己直言进谏并没有触犯龙颜，于是也更加尽职尽忠。可是近年来，您处理政事慢慢变得严苛，即使仍有网开三面之心，但是仍然过分苛刻，审察如同看河水中的游鱼一样，取舍决定于自己的喜爱或憎恨，赏罚的轻重决定于自己一时的高兴或愤怒。对于自己喜爱的人，即使罪再重，也要执意为他辩护；对于厌恶的人，即使过失很小，也会深加追究。执法失去了准确的定罪法则，凭着自己的心情和好恶来减轻或者加重罪名；臣下如果直言进谏，就会被怀疑作假营私。因此受冤枉的人无处申诉控告，

莫敢正言。不服其心，但穷其口，欲加之罪，其无辞乎！又五品已上有犯，悉令曹司闻奏。本欲察其情状，有所哀矜；今乃曲求小节，或重其罪，使人攻击惟恨不深。事无重条，求之法外所加，十有六七，故顷年犯者惧上闻，得付法司，以为多幸。告讦无已，穷理不息，君私于上，吏奸于下，求细过而忘大体，行一罚而起众奸，此乃背公平之道，乖泣辜之意，欲其人和讼息，不可得也。故《体论》[1]云：夫淫泆[2]盗窃，百姓之所恶也，我从而刑罚之，虽过乎当，百姓不以我为暴者，公也。怨旷饥寒，亦百姓之所恶也，遁而陷之法，我从而宽宥之，百姓不以我为偏者，公也。我之所重，百姓之所憎也；我之所轻，百姓之所怜也。

当官的人不敢直言。不去想如何使他们心悦诚服，反而只想让他们闭口不言，欲加之罪，又何患无辞呢？而且五品以上的官员犯罪，曹司必须上奏圣上。这样的本意是想明察真实的情况，从而酌情减刑；可是现在却是一味苛求小节，甚至有些反而加重罪行，让人攻击揭发，唯恐判罪不重。如果法律上没有重罚的规定，就在法律之外寻找理由，十有六七都是这样做的，所以近年来犯法的官员都害怕被皇帝知道，要是得知自己被交付司法刑狱的部门，都觉得很幸运。告发攻击的人不断，加强治理力度也不能停息，君主在上徇私，官吏则在下枉法，过于苛责细节而不顾大体，对一个人处罚，却引起了更多人作奸犯科，这是因为违背了公平的原则，背离了国君怜悯罪人的初衷，要想使百姓和睦、狱讼平息，是不可能实现的。所以《体论》上说：奸淫盗窃，是百姓所痛恨的。我顺从百姓的心意处罚他们，虽然有时处罚过重，但百姓也不会认为是残暴，这是因为我是出于公心。男女怨旷饥寒，也是百姓所痛恨的，为了逃脱这种境遇而触犯法律，我顺从民意而宽大处理，百姓也不会认为是偏私，这也是因为我是出于公心。法律重处的是百姓憎恶的事物，从轻处罚的是百姓所怜惜的。所以奖赏微薄却能鼓励善行，减轻刑罚却能禁止奸邪。这样说来，只要秉

是故赏轻而劝善，刑省而禁奸。由此言之，公之于法，无不可也，过轻亦可。私之于法，无可也，过轻则纵奸，过重则伤善。圣人之于法也公矣，然犹惧其未也，而救之以化，此上古所务也。后之理狱者则不然：未讯罪人，则先为之意，及其讯之，则驱而致之意，谓之能；不探狱之所由，生为之分，而上求人主之微旨以为制，谓之忠。其当官也能，其事上也忠，则名利随而与之，驱而陷之，欲望道化之隆，亦难矣。

公执法，那么就没有什么是不可以的，量刑过轻也是可以的。如果执法出于私心，是不可以的。量刑过轻就会助长奸恶，量刑过重就会伤害到善良的人。圣人实施刑法都是出于公心，然而仍然担心有不完善的地方，于是就用教化来加以补救，这是古代圣人所做的。后世治理刑狱的人却并不这样做：还没有审讯有罪的人，就已经先主观臆断，拟定了罪行，到了审讯的时候，就想尽办法让犯人承认预先拟定的罪名，并且将这种行为称为有才能；不探究犯人犯罪的原因，却生硬地将他们分类，顺从皇帝的旨意作为处罚标准，却将这种行为称为忠心。当官就依靠这样的才能，侍奉君主就凭借这样的忠诚，结果却名利双收，这些人再驱逐百姓陷入法网，有这样的风气存在却想要使国家的道德教化隆盛，恐怕是很难的。

注释

1《**体论**》：三国时魏杜恕所撰，共四卷八篇。

2 **淫泆**：淫乱。

原文

“凡听讼理狱，必原父子之亲，立君臣之义，权轻重之序，测浅深之量。悉其聪明，致其忠爱，疑则与众共之。疑则从

译文

“凡是审理诉讼案件，都要按照父子的亲情，依照君臣的情分，来权衡罪行的大小，决定刑罚的轻重。要充分展现自己的聪明才智，充分发扬忠君爱民之心，如遇到疑惑就要与大家一起商讨。存在疑

轻者，所以重之也，故舜命咎繇曰：汝作士，惟刑之恤。又复加之以三讯，众所善，然后断之。是以为法，参之人情。故《传》曰：小大之狱，虽不能察，必以情。而世俗拘愚苛刻之吏，以为情也者取货者也，立爱憎者也，右亲戚者也，陷怨仇者也。何世俗小吏之情，与夫古人之悬远乎？有司以此情疑之群吏，人主以此情疑之有司，是君臣上下通相疑也，欲其尽忠立节，难矣。凡理狱之情，必本所犯之事以为主，不严讯，不旁求，不贵多端，以见聪明，故律正其举劾之法，参伍[1]其辞，所以求实也，非所以饰实也，但当参伍明听之耳，不使狱吏锻炼[2]饰理成辞于手。孔子曰：古之听狱，求所以生之也；今之听狱，求所以杀之也。故析言以破律，任案以成法，执左道以必加也。又

问的就从轻量刑，这就是对刑法的慎重。所以舜告诫咎繇说：你作为一名官吏，在量刑的时候要心存怜悯。又规定一个案子要经过群臣、群吏、万民三次审讯，大家都认可了，才能定罪。可见，律令必然也掺杂人情。所以《左传》说：大小案子，虽然不能一一明察，但肯定要有体恤人情的因素在里面。但是，那些拘泥于世俗、苛刻的官吏，用人情来获取财物，根据个人爱憎去断案，袒护亲戚，陷害仇人。为什么世俗小人的人情和古人宽大为怀的情感有着如此巨大的差别呢？主管部门因为这样的人情而怀疑官吏，天子又因为这样的人情而怀疑主管部门。这样，君臣之间、上下之间就互相怀疑，想要群臣树立节操，尽忠为国，那就太难了。凡是审理案件，必须以犯罪的事实为主，不严刑逼供，不节外生枝，不以牵连的头绪多来显示审判者的聪明。所以法律规定了举证和检举弹劾的制度，反复比对供词，是为了求得事实的真相，而不是要掩饰事实的真相。多方调查，听取意见，是为了不使狱吏通过伪造判案文书而徇私枉法、掩盖事实。孔子说：古代圣贤审理案件，是为被告的人寻找存活的理由；现在判案，是千方百计地要将人置于死地。所以，利用分析语言来破坏法律，用案件的判例来代替

《淮南子》[3]曰：沣水之深十仞，金铁在焉，则形见于外。非不深且清，而鱼鳖莫之归也。故为上者以苛为察，以功为明，以刻下为忠，以讦多为功，譬犹广革，大则大矣，裂之道也。夫赏宜从重，罚宜从轻，君居其厚，百王通制。刑之轻重，恩之厚薄，见思与见疾，其可同日言哉！且法，国之权衡也，时之准绳也。权衡所以定轻重，准绳所以正曲直，今作法贵其宽平，罪人欲其严酷，喜怒肆志，高下在心，是则舍准绳以正曲直，弃权衡而定轻重者也，不亦惑哉？诸葛孔明，小国之相，犹曰：吾心如秤，不能为人作轻重。况万乘[4]之主，当可封之日，而任心弃法，取怨于人乎？

法律，施展邪门歪道来加罪于人的情形就出现了。《淮南子》上写道：沣水有十仞深，可是把金铁放在里面，在外面也看得清。如果不是因为水既深邃又清澈，鱼鳖也不会在里面生存。所以，执政的人，把苛刻当作明察，把求功当作明智，把刻薄百姓当作忠心，把诽谤他人当作功劳，这就像用力延展一张皮革，虽然可以把皮革变得很大，但是容易破裂。赏赐应该从重，处罚应该从轻，君王应宽厚为怀，这是历代帝王通行的治国之道。刑罚的轻重，恩遇的厚薄，被人称颂还是嫉恨，这两种做法的效果，怎可同日而语呢？况且法律，是国家的天平，时事的准绳。天平是用来确定轻重的，准绳是用来测定曲直的。现在制定法律贵在宽大公平，而判人之罪却极为严酷，甚至法律的轻重全由个人的喜怒而定，法律的高下全依赖于个人的内心。这就等于舍掉准绳来校正曲直，抛开权衡来确定轻重，怎能不令人迷惑呢？诸葛亮只是小国的丞相，尚且说：我的心就像是一杆秤，不能因个人的爱憎而使标准有别。更何况大国的君主呢？在太平盛世，怎能随意放弃法律的公平，而让老百姓心生怨恨呢？

注释

1 **参伍**：交互错杂。

2 **锻炼**：原指锻造冶炼。这里比喻枉法陷害别人。

3《**淮南子**》：又名《淮南鸿烈》，是我国西汉时期创作的一部论文集，由西汉皇族淮南王刘安主持撰写，故而得名。该书在继承先秦道家思想的基础上，综合了诸子百家学说中的精华部分。

4 **万乘**：兵车万乘，这里指大国的天子。

原文

"又时有小事，不欲人闻，则暴作威怒，以弭谤议。若所为是也，闻于外其何伤？若所为非也，虽掩之何益？故谚曰：欲人不知，莫若不为；欲人不闻，莫若勿言。为之而欲人不知，言之而欲人不闻，此犹捕雀而掩目，盗钟而掩耳者，只以取诮，将何益乎？臣又闻之，无常乱之国，无不可理之民者。夫君之善恶由乎化之薄厚，故禹、汤以之理，桀、纣以之乱；文、武以之安，幽、厉以之危。是以古之哲王，尽己而不以尤人，求身而不以责下。故曰：禹、汤罪己，其兴也勃

译文

"陛下有时做的一些小事，不想让别人知道，就突然发威作怒，以此来阻止别人议论。如果事情做得对，就是传到外面，让老百姓知道又何妨呢？如果做得不对，就是极力掩盖，又有什么用？所以谚语说：若要人不知，除非己莫为；若要人不闻，除非己莫言。自己做了却不想被人知道，自己说了却不想让人听见，这就像遮住眼睛捕捉麻雀，掩住耳朵去偷铃，只会被别人讥笑讽刺，又有什么好处呢？臣又听说，没有长时间混乱的国家，没有不能治理的百姓，国民的善恶取决于国家教化的厚薄，所以夏朝和商朝在大禹、汤时就天下太平，在桀、纣时就天下大乱；周代在文王、武王时国泰民安，在幽王、厉王时处于危亡。所以古代圣明的帝王，尽力苛责自己却不埋怨别人，严于律己却不责备臣下。所以说：大禹、汤责备自己，国家就会兴旺发达；桀、纣怪罪别人，国家就会迅速灭亡。苛责过多，与

焉；桀、纣罪人，其亡也忽焉。为之无已，深乖恻隐之情，实启奸邪之路。温舒恨于曩日[1]，臣亦欲惜不用，非所不闻也。臣闻尧有敢谏之鼓，舜有诽谤之木，汤有司过之史，武有戒慎之铭。此则听之于无形，求之于未有，虚心以待下，庶下情之达上，上下无私，君臣合德者也。魏武帝云：有德之君乐闻逆耳之言，犯颜之诤，亲忠臣，厚谏士，斥谗慝，远佞人者，诚欲全身保国，远避灭亡者也。凡百君子，膺期统运，纵未能上下无私，君臣合德，可不全身保国，远避灭亡乎？然自古圣哲之君，功成事立，未有不资同心，予违汝弼[2]者也。

恻隐之心相违背，其实是为奸邪开辟了方便之路。汉代酷吏王温舒之前被人痛恨，臣也对此人深感惋惜，国君的恩泽不能收纳人心，单凭使用刑罚，我从来没听到过这样的事。我听说过尧专门设置了进谏用的锣鼓，舜树立了提意见用的木头，商汤有专门处罚官吏过错的史官，周武王有告诫自己要谨慎的铭文，这些都是在事情没有发生的时候倾听意见，在还没有发生过失的时候求取谏言的表现，虚心对待臣下，希望下情能够上达，上下无私，君臣就能同心同德。魏武帝曹操说：有德的君王喜欢听到逆耳的忠言，喜欢听犯颜直谏的话，他们亲近忠臣，厚待进谏的臣子，斥退奸佞小人，是希望保全自身和国家，避免灭亡的灾祸。凡是承受天命君临天下的国君，纵使做不到君臣同德、上下无私，难道不想保全自己和国家，避免亡国和杀身之祸吗？自古以来的明主贤君，能够功成名就、建立伟业的，没有不靠君臣上下同心同德，都是国君有过失，臣下来辅弼和匡正的。

注释

1 **曩（nǎng）日**：以前，过往。

2 **予违汝弼**：我违背了纲纪，你来辅弼匡正。

原文

"昔在贞观之初，侧身励行[1]，谦以受物。盖闻善必改，时有小过，引纳忠规，每听直言，喜形颜色。故凡在忠烈，咸竭其辞。自顷年海内无虞，远夷慑服，志意盈满，事异厥初。高谈疾邪，而喜闻顺旨之说；空论忠谠，而不悦逆耳之言。私嬖[2]之径渐开，至公之道日塞，往来行路，咸知之矣。邦之兴衰，实由斯道。为人上者，可不勉乎？臣数年以来，每奉明旨，深惧群臣莫肯尽言。臣切思之，自比来人或上书，事有得失，惟见述其所短，未有称其所长。又天居自高，龙鳞难犯，在于造次，不敢尽言，时有所陈，不能尽意，更思重竭，其道无因。且所言当理，未必加于宠秩，意或乖忤，将有耻辱随之，

译文

"以前在贞观初年，陛下兢兢业业身体力行，虚心接受意见。听到好的批评意见一定接纳改正，即使偶尔有小过失，都可以接纳忠言规谏，每当听到直言良谏，都会喜形于色。因此只要是忠烈之士，都竭诚进谏。但近年来，四海升平，外族降服，陛下志得意满，处理事务就跟以前不同了。尽管口中高谈阔论自己如何痛恨奸佞的行为，实际上却只喜欢听顺从自己的话；空言倡导直言敢谏的行为，却厌恶逆耳忠言。偏爱和私心渐起，至公之道日渐阻塞，路上来往的普通百姓，都知道了这种变化。自古国家的兴盛与衰亡，无不因此而起。作为至高无上的君主，怎能不深思自勉呢？臣近几年来，每次接到陛下圣明的旨意，都非常担忧群臣不能竭尽忠诚直言进谏。臣认真思考了这个问题，发现近来臣下有时上书，如果说的事情有所出入，就只看到陛下批评他的缺点，而不见表扬他的长处。再加上您的地位至高无上，龙鳞难犯，臣下在仓促之间，也不敢轻率进言，即使有时进谏，也不能全部表达出来，事后反复思考再想进言，却找不到机会了。而且就算臣下所说的都合情合理，也未必能加官晋爵得到荣宠，但是如果有违背陛下旨意的言语，就会有耻辱的事情随之而来，群臣不能尽忠

莫能尽节，实由于此。虽左右近侍，朝夕阶墀[3]，事或犯颜，咸怀顾望，况疏远不接，将何以极其忠款哉？又时或宣言云：臣下见事，只可来道，何因所言，即望我用？此乃拒谏之辞，诚非纳忠之意。何以言之？犯主严颜，献可替否，所以成主之美，匡主之过。若主听则惑，事有不行，使其尽忠谠之言，竭股肱之力，犹恐临时恐惧，莫肯效其诚款。若如明诏所道，便是许其面从，而又责其尽言，进退将何所据？欲必使乎致谏，在乎好之而已。故齐桓好服紫，而合境无异色[4]；楚王好细腰，而后宫多饿死。夫以耳目之玩，人犹死而不违，况圣明之君求忠正之士，千里斯应，信不为难。若徒有其言，而内无其实，欲其必至，不可得也。"

持节，就是因此而起。即使陛下左右的侍从，与您朝夕相处，但遇到触犯龙颜之事，都心怀顾虑，更何况那些关系疏远无从接近陛下的臣民，又怎么能向陛下进献忠诚恳切的意见呢？此外，陛下曾经宣称：臣下有什么意见，只管前来进谏，但为什么任何意见，都希望我采纳呢？这其实是拒绝进谏的言辞，而非诚心接纳忠言的意思。为什么这样说呢？臣下冒犯国君的威严，进献忠言，实际上是成就君王的美名，纠正君王的过失。如果君主听到后心存疑惑，事情不能实行，即使让臣下竭尽忠诚地进谏，竭尽全力地辅佐，臣下仍然会担心恐惧，所以不敢竭诚尽忠。如果像陛下公开所讲的那样，表面上是让臣下进谏，实际上又指责直言忠谏，这岂不是让臣下进退无所适从吗？要想使臣下大胆进谏，关键在于君主是否真正喜欢这样做。因此过去齐桓公喜欢穿紫色的衣服，结果国境之内再没有其他颜色的服饰；楚王喜欢细腰的美女，结果后宫佳丽很多都因节食而饿死了。因为国君悦耳娱目的爱好，人们饿死都不敢违反，何况是明君征召天下忠诚中正之士，那些忠诚中正之士不远千里来应召，相信必定不是难事。如果只是一句空话，而内心没有切实实行的打算，却希望忠诚贤明的人一定前来，是万万办不到的。"

注释

1 **侧身励行**：倾斜身体，忧惧不安，谨慎小心，砥砺德行。

2 **私嬖**（bì）：营私偏爱。

3 **阶墀**（chí）：台阶。这里指宫殿。

4 **齐桓好服紫，而合境无异色**：此句是说上行下效。

原文

太宗手诏曰："省前后讽谕，皆切至之意，固所望于卿也。朕昔在衡门[1]，尚惟童幼，未渐师保之训，罕闻先达之言。值隋主分崩，万邦涂炭，惵惵[2]黔黎，庇身无所。朕自二九之年，有怀拯溺，发愤投袂，便提干戈，蒙犯霜露，东西征伐，日不暇给，居无宁岁。降苍昊之灵，禀庙堂之略，义旗所指，触向平夷。弱水、流沙，并通輶轩之使；被发左衽，皆为衣冠之域。正朔所班，无远不届。及恭承宝历，寅奉帝图，垂拱无为，氛埃靖息[3]，于兹十有余年，斯盖股肱罄帷幄之

译文

唐太宗看了魏徵的奏疏，亲自写诏书答复说："我仔细看了你前后几次讽谕的奏疏，都情真意切，这正是我对你所寄予厚望的地方。我当年住在简陋的屋舍，年幼时，没有得到名师的训诫，很少听到先哲的至理名言。正遇到隋炀帝荒淫无道，隋代分崩离析，生灵涂炭，老百姓惶惶不可终日，流离失所。我十八岁，就怀有拯济天下之心，投身军旅，手持刀枪，不畏寒暑，东征西讨，劳碌终日，没有一天过得安宁。幸而苍天护佑，能秉承祖宗的韬略，使义军所到之处，都能所向披靡。弱水、流沙这些偏远蛮夷之地都派遣使者来进贡；风俗大相径庭的异族，也都身穿华夏的服装。国家颁布的法律，也没有不能到达的地方。我继承帝位，承接先帝留下的基业，崇尚无为而治，四海升平，尘埃不起，已经十几年了，这全都仰仗众位大臣运筹帷幄，善战武将竭尽骁勇，同心同德，才取得了今天辉煌的业绩。可是我寡德少能，却享受着如此洪福，

谋，爪牙竭熊罴之力，协德同心，以致于此。自惟寡薄，厚享斯休，每以抚大神器，忧深责重，常惧万机多旷，四聪不达，战战兢兢，坐以待旦。询于公卿，以至隶皂，推以赤心。庶几明赖，一动以钟石；淳风至德，永传于竹帛。克播鸿名，常为称首。朕以虚薄，多惭往代，若不任舟楫，岂得济彼巨川？不借盐梅，安得调夫五味？"赐绢三百匹。

因此一想到肩负天下重任，就忧虑责任深重，总是担心政务有失，不能兼听四方民众的疾苦。因此常战战兢兢，夜不能睡，直到天亮。我常常询问公卿大臣，甚至是下臣小吏，对人推心置腹。希望自己能够耳聪目明，做出一番能够垂范后世的功业，将其刻于钟鼎或碑石之上；让大唐的德行和风范，能够永垂史册。能传播美名，常被后人称赞。我才德微薄，不敢与前世圣君明主相比，如果不能依靠你们这样的'船'和'桨'的辅佐，我怎么能够渡过'滔滔大河'呢？如果不依赖你们这样的'盐'和'梅'，我怎能调出鲜美的'五味'呢？"因此，赐给他绢三百匹以示嘉奖。

注释

1 **衡门**：横木为门，表示屋舍简陋。

2 **惵惵**（dié dié）：恐惧的样子。

3 **氛埃靖息**：这里指天下太平。氛埃，比喻战乱；靖息，安定，平定。

诚信

导读

《诚信》篇是主要讲"诚信"对于治理国家的重要作用。恪守信用，是一种美德。在我们这个拥有五千年文明的古国，诚信精神更是被一直传诵着。诚信，是我们安身、立业、治国的根本。孔子讲，“民无信不立”，一个民族要振兴，一个国家要富强，就要遵循诚信的准则。商鞅立法欲以诚信富国强兵，“南门立木”的典故由此上演：商鞅在城南门立木，告知众人，谁把此木移到北门，奖赏十金。当时社会信用匮乏，众人以为游戏一场，无人当真。商鞅把赏金提到五十金，有人抱着试试看的心态移木到北门，果得赏金。此后，国家信用深深植根于社会，社会信用由此孕育发展，秦国于是政行令通。而周幽王烽火戏诸侯，因为失了诚信，丢掉了自己的性命，也险些丢掉了国家。正如魏徵所言“不信之言，无诚之令，为上则败德，为下则危身”，就是说，诚信不仅是治理国家的根本大纲，而且是臣下和百姓安身立命的保证。《诚信》篇着重讲述了君臣之间要以诚相待的道理，要想使“君能尽礼，臣得竭忠，必在于内外无私，上下相信”。然而要做到这一点就必须善待君子，远离小人，只有通过赏罚分明的手段来杜绝奸佞小人，任用具有信义的君子，才能使群臣尽忠，万民归心，天下太平，实现无为而治。在具体的施政过程中，作者所强调“令出必信”，实际上推动了贞观年间以信立法的政治文明建设；在君臣关系上，作者强调“君臣互信”，上下互信，和谐共治，促成了贞观之治的形成；“用人以信”的提出，则为贞观年间人才选拔和任用制度的形成提供了重要保证。

原文

贞观初，有上书请去佞臣者，太宗谓曰：“朕之所任，皆以为贤，卿知佞者谁耶？”对曰：“臣居草泽，不的知佞者，请陛下佯怒以试群臣，若能不畏雷霆，直言进谏，则是正人，顺情阿旨，则是佞人。”太宗谓封德彝曰：

译文

贞观初年，有人上书请求斥退皇帝身边那些奸佞小人，唐太宗对上书的人说：“我任用的人，都认为是贤臣，你知道佞臣是谁吗？”那人回答说：“我居住在民间，的确不知道谁是佞臣。请陛下假装发怒，来试一试身边的大臣，如果谁不怕雷霆之怒，仍能直言进谏，那就是正直的人。如果谁一味奉迎陛下，不分对与错地迎合皇上的意见，那就是佞邪的人。”唐太宗对封德彝

"流水清浊，在其源也。君者政源，人庶犹水，君自为诈，欲臣下行直，是犹源浊而望水清，理不可得。朕常以魏武帝多诡诈，深鄙其为人，如此，岂可堪为教令？"谓上书人曰："朕欲使大信行于天下，不欲以诈道训俗，卿言虽善，朕所不取也。"

贞观十年，魏徵上疏曰："臣闻为国之基，必资于德礼，君之所保，惟在于诚信。诚信立则下无二心，德礼形则远人斯格[1]。然则德礼诚信，国之大纲，在于君臣父子，不可斯须而废也。故孔子曰：'君使臣以礼，臣事君以忠。'又曰：'自古皆有死，民无信不立。'文子曰：'同言而信，信在言前；同令而行，诚在令外。'然而言而不信，言无信也；令而不从，令无诚也。不信之言，无诚之令，为上

说："流水是否清浊，关键在于源头。君主是施政的源头，臣民就好比流水，君主自身欺诈妄为，却要臣下行为正直，那就好比是水源浑浊而希望流水清澈一样，没有这样的道理。我常常认为魏武帝曹操言行多诡诈，所以很看不起他的为人，现在如果让我也这么做，那还怎么去实施教化、践行法令呢？"于是，唐太宗对上书的人说："我想让最广泛的信义在天下施行，不想用欺诈的方法教化社会。你的话虽然很好，但我不能采纳。"

贞观十年，魏徵上疏说："臣听说国家的基础，必定依赖于道德和礼教；国君地位的保障，在于诚实信用。诚信树立后，臣子们就不会产生二心；仁德礼义形成后，边远的人民也会来归顺。由此可见，德、礼、诚、信是国家的纲领，贯穿在君臣、父子关系中，片刻不能偏废。所以孔子说：'君王以礼对待臣子，臣子以忠心侍奉君王。'还说：'自古人生终有一死，如果百姓不讲诚信，国家就无法存立。'文子说：'说同样的话却能被别人相信，是因为说话之前已经取信于人；颁布同样的政令却能得到执行，是因为政令之外早已有诚意存在。'然而说话不被信任，是所言不够诚实；接受了政令却不执行，是政令没有诚意。不诚实的话，没诚意的政令，对国君而言，就会败坏

则败德，为下则危身，虽在颠沛之中，君子之所不为也。

名声，对百姓而言，就会危及自身，即使在颠沛流离的困境之中，君子也不会做有失诚信的事情。

注释

1 **格**：来，至。意为信服，归顺。

原文

“自王道休明，十有余载，威加海外，万国来庭，仓廪日积，土地日广。然而道德未益厚，仁义未益博者，何哉？由乎待下之情未尽于诚信，虽有善始之勤，未睹克终之美故也。昔贞观之始，乃闻善惊叹，暨八九年间，犹悦以从谏。自兹厥后，渐恶直言，虽或勉强有所容，非复曩时[1]之豁如。謇谔[2]之辈，稍避龙鳞；便佞之徒，肆其巧辩。谓同心者为擅权，谓忠谠者为诽谤。谓之为朋党，虽忠信而可疑；谓之为至公，虽矫伪而无咎。强直者畏

译文

“自从陛下实行王道，盛世清明，已有十多年了，神威遍及四方，各国使者前来朝拜，国库日益充实，国土日渐宽广。然而，道德却没有更加深厚，仁义也没有更加广博，这是为什么呢？这是因为朝廷对待臣下和百姓的态度还不够诚信，虽然陛下在开始时就勤于政务，有一个良好的开端，却没能看到坚持到底的美德。贞观初年，陛下听到良言善行就惊喜赞叹，随后的八九年间，仍然乐于接受意见。可是从那之后，陛下您渐渐讨厌直言劝谏，有时即使勉强接受，也不像早年那般豁达大度了。因此，忠正的大臣，逐渐避免触犯您；而那些奸邪之人，正好大肆发挥他们巧舌如簧的本领。他们诬陷与朝廷同心同德的人是滥用职权，认为直言进谏的人是在诽谤朝政。说一个人结党营私，即使他忠诚正直也会让人觉得可疑；说一个人大公无私，即使他弄虚作假也不会遭受责备。所以刚强正直的人害怕蒙上独断专权的罪名，忠诚正直的人担心落得

擅权之议，忠谠者虑诽谤之尤。正臣不得尽其言，大臣莫能与之争。荧惑视听，郁于大道，妨政损德，其在此乎？故孔子曰‘恶利口之覆邦家者’，盖为此也。

诽谤朝廷的恶名。于是正直的忠臣不能完全陈述自己的想法，朝中重臣也不能与他们争辩是非。圣上被迷惑视听，治理国家的正道被阻塞，妨碍朝政，损害道德，其原因就在这里吧？因此孔子说‘厌恶那些巧舌如簧毁灭家国的人’，大概说的就是这种情况吧。

注释

1 **曩**（nǎng）**时**：过去，以前。

2 **謇**（jiǎn）**谔**：正直敢言。

原文

“且君子小人，貌同心异。君子掩人之恶，扬人之善，临难无苟免，杀身以成仁。小人不耻不仁，不畏不义，惟利之所在，危人自安。夫苟在危人，则何所不至？今欲将求致理，必委之于君子；事有得失，或访之于小人。其待君子也则敬而疏，遇小人也必轻而狎。狎则言无不尽，疏则情不上通。是则毁誉在于小人，刑罚加于君子，实兴丧之所在，可不慎哉！此乃孙卿所谓‘使

译文

“况且君子和小人，外表一致但内心不一样。君子宽容别人的缺点，赞扬别人的优点，危难之时绝不苟且偷生，即使牺牲生命也要成就仁义的美德。小人不知羞耻，不讲仁德，不知敬畏，不守信义，只知唯利是图，危害别人来保全自己。如果是心存危害别人的念头，那么他还有什么事情做不出来？现在，朝廷要想治理好国家，就必须把重任委托给君子；可是如果政务有所得失，有时也要向小人咨询情况。对待君子的态度是尊敬却疏远，对待小人，必然会因轻浮而显亲昵。亲近小人就会有说不完的话，疏远君子就会使下情不能上达。这样，对人诋毁赞誉的权利实际掌握在小人手中，而受到

智者谋之,与愚者论之,使修洁之士行之,与污鄙之人疑之,欲其成功,可得乎哉?'夫中智之人,岂无小惠?然才非经国,虑不及远,虽竭力尽诚,犹未免于倾败;况内怀奸利,承颜顺旨,其为祸患,不亦深乎?夫立直木而疑影之不直,虽竭精神,劳思虑,其不得亦已明矣。

"夫君能尽礼,臣得竭忠,必在于内外无私,上下相信。上不信,则无以使下,下不信,则无以事上,信之为道大矣。昔齐桓公问于管仲曰:'吾欲使酒腐于爵,肉腐于俎,得无害霸乎?'管仲曰:'此极非其善者,然亦无害于霸也。'桓公曰:'如何而害霸乎?'管仲曰:'不能知人,害霸也;知而不能任,害霸也;任而不能信,害霸也;既信而又使小人参之,害霸也。'晋中行穆伯[1]攻鼓,经年而弗能下,馈间伦

刑罚处置的总是君子,这关系到国家的安危,陛下能不慎重对待!诚如荀子所说的'让聪明的人去谋划,却和愚蠢的人来讨论决定;让品行高洁的人去执行,却和卑鄙的人去怀疑他,想要事情成功,怎么可能呢?'具有中等智力的人,怎能没有一点小的能力?可是他们非治国之才,缺乏深谋远虑,即使竭尽全力,国家仍然难以避免倾覆败亡;更何况心怀奸邪私利,处处阿谀逢迎的小人,这种人造成的祸患,难道不更严重吗?竖立直木,却怀疑它的影子不直,即使耗尽精神,劳尽心思,还是得不到想要的结果,是很明白的事。

"君王能对臣子尽到礼义,臣下能为国君竭诚尽忠,关键在于内外无私,君臣之间相互信任。国君不信任臣下就不能任用臣下,臣下不信任国君就不能侍奉国君,信任对于治理国家至关重要。过去,齐桓公对管仲说:'我想使酒在酒器中变坏,肉在砧板上腐烂,这样做会不会有害于我的霸业?'管仲说:'这当然不是极好的事情,但对霸业也没有什么危害。'齐桓公问:'那么什么会危害霸业呢?'管仲说:'不能识别人才,有损于霸业;知道是人才而不能恰当地任用,有损于霸业;任用了又不肯信任,有损于霸业;信任而

曰：'鼓之啬夫[2]，间伦知之。请无疲士大夫，而鼓可得。'穆伯不应，左右曰：'不折一戟，不伤一卒，而鼓可得，君奚为不取？'穆伯曰：'间伦之为人也，佞而不仁，若使间伦下之，吾可以不赏之乎？若赏之，是赏佞人也。佞人得志，是使晋国之士舍仁而为佞。虽得鼓，将何用之？'夫穆伯，列国之大夫，管仲，霸者之良佐，犹能慎于信任，远避佞人也如此，况乎为四海之大君，应千龄之上圣，而可使巍巍至德之盛，将有所间乎？

又让小人从中干涉，有损于霸业。'晋国的中行穆伯攻打鼓这个地方，一年都攻克不下，馈间伦说：'鼓这个地方的官员，我是了解的。请不必劳烦士大夫，鼓自然唾手可得。'穆伯没理他，左右的官员说：'不折一戈，不伤一兵，而鼓就可以得到，为什么不听取馈间伦的意见呢？'穆伯说：'馈间伦的为人，奸诈不仁义，如果用他的计策夺取了鼓地，我可以不赏赐他吗？如果赏赐了他，便是在赏赐奸邪小人。如果让小人得志，那就是让晋国的人放弃仁义而宣扬奸邪。即使得到了鼓地，又有什么用呢？'穆伯是诸侯国的大夫，管仲是霸主的得力助手，他们都能如此谨慎地坚守信用，疏远小人，更何况陛下是统领天下的圣君，千古唯有的明主，怎能使巍巍盛德的传承有所间断呢？

注释

1 **中行穆伯**：春秋时晋国六卿之一。

2 **啬（sè）夫**：古代官吏名。

原文

"若欲令君子小人是非不杂，必怀之以德，待之以信，厉之以义，节之以礼，然后善善而恶恶，审罚而明赏。则小人绝

译文

"要使君子小人是非分明，君王必须用仁德来安抚他们，用诚信来对待他们，用道义来勉励他们，用礼仪来节制他们，然后才能表扬善行，摒除恶行，严明赏罚。如果这样做，小人就无法施展他们的奸

其私佞，君子自强不息，无为之治，何远之有？善善而不能进，恶恶而不能去，罚不及于有罪，赏不加于有功，则危亡之期，或未可保，永锡祚胤[1]，将何望哉！”

太宗览疏叹曰：“若不遇公，何由得闻此语？”

佞，君子就会自强不息，实现无为而治，哪里还会遥远？如果表扬善行却不能任用善人，摒弃劣迹却不能杜绝恶人，有罪的人得不到惩罚，有功劳的人得不到奖赏，那么国家危亡的日子，也许不久就要到来，想使子孙后代永远享受福运，还有什么指望！”

唐太宗看了奏疏，感叹道：“如果没有遇到魏徵，我怎么能听到这样的话呢？”

注释

1 **祚胤**：福运延续到子孙后代。

原文

太宗尝谓长孙无忌等曰：“朕即位之初，有上书者非一，或言人主必须威权独任，不得委任群下；或欲耀兵振武，慑服四夷。惟有魏徵劝朕‘偃革兴文，布德施惠，中国既安，远人自服’。朕从此语，天下大宁，绝域君长，皆来朝贡，九夷重译，相望于道。凡此等事，皆魏徵之力也。朕任用岂不得人？”徵拜谢曰：“陛下圣德自天，留

译文

唐太宗对长孙无忌等大臣说：“我刚即位的时候，有许多人上书建议，他们有的要我独揽大权，不要重用臣下；有的要我炫耀武力，以使四方因害怕而臣服。只有魏徵劝我‘减少武功，提倡文治，广施恩惠，中国安定了，四方自然会臣服’。我听从了他的建议，终于使天下太平，边远地区的君主和首领都前来朝贡，其他民族克服辗转翻译的困难派人前来，络绎不绝。这一切都是魏徵的功劳。我任用他，难道是用人不当吗？”魏徵拜谢说：“这是因为陛下天生圣德，留心治国的方法。臣平庸浅陋，秉承圣意尚且力不从

心政术。实以庸短，承受不暇，岂有益于圣明？”

贞观十七年，太宗谓侍臣曰：“《传》称‘去食存信’，孔子曰‘民无信不立’。昔项羽既入咸阳，已制天下，向能力行仁信，谁夺耶？”房玄龄对曰：“仁、义、礼、智、信，谓之五常，废一不可。能勤行之，甚有裨益。殷纣狎侮五常，武王夺之；项氏以无信为汉高祖所夺。诚如圣旨。”

心，怎么能谈得上对陛下有所益处呢？”

贞观十七年，唐太宗对侍臣说：“《左传》上说‘宁可舍弃粮食也要保持诚信’，孔子说‘人没有诚信就不能安身立命’。从前，楚霸王项羽攻入咸阳，已经控制了天下，如果他能够努力推行仁信的政策，那么谁能和他争夺天下呢？”房玄龄回答说：“仁、义、礼、智、信，称为五常，废弃任何一项都不行。能够认真推行这五常，对国家是大有益处的。殷纣王轻视并违背五常，被周武王灭掉；项羽因为没有仁信，被汉高祖夺了天下。陛下所言极是。”

卷六

俭约

导读

成由俭，败由奢，一个人对待物质生活的态度，直接关系到他事业的成功与失败。在古代，历朝明君更是把奢侈纵欲看作是王朝败亡的重要原因。《俭约》篇则记录了唐太宗以古为鉴、厉行节俭的言行。古代君王，凡是欲壑难填、骄奢淫逸之辈大都很快丧身亡国，不能统治长久。其中一个重要因素就是君王为了一己之私而奢侈浪费，把太多的赋税和劳役强加于百姓身上，致使天怨民愤，最终造成天下大乱，王朝衰败。唐太宗以古代奢靡亡国帝王的惨痛经历为教训，时常警醒自己，要克欲节俭，顺应民心，在宫殿营造的问题上，更是以身作则，果断停工，为臣下和天下百姓树立良好的榜样；在丧葬礼仪的问题上，唐太宗认为奢侈的丧葬风俗不仅对死者毫无益处，也不利于国家的礼义教化，应当严厉革除。正是唐太宗这种“以欲从人”、俭约自持和摈除旧习的做法，才使贞观年间的社会形成了简朴节约的风尚，使国家物资富饶，百姓无饥寒之苦。这种俭约的精神，我们应当学习，它不仅是关乎我们自身品德修养的小节，更是关乎整个社会风气的大事。

原文

贞观元年，太宗谓侍臣曰：“自古帝王凡有兴造，必须贵顺物情。昔大禹凿九山，通九江，用人力极广，而无怨讟者，物情所欲，而众所共有故也。秦始皇营建宫室，而人多谤议者，为徇其私欲，不与众共故也。朕今欲造一殿，材木已具，远想秦皇之事，遂不复作也。古人云：‘不作无益害有益。’‘不见可欲，使民心不乱。’固知见可欲，其心必乱矣。至如雕镂器物，珠玉服玩，若恣其骄奢，则危亡之期可立待也。自王公以下，第宅、车服、婚嫁、丧葬，准品秩不合服用者，宜一切禁断。”由是二十年间，风俗简朴，衣无锦绣，财帛富饶，无饥寒之弊。

贞观二年，公卿奏曰：“依《礼》，季夏之月，可以居台榭。今夏暑未退，秋霖[1]方始，宫中卑湿[2]，请

译文

贞观元年，太宗对侍臣说：“自古帝王凡是有营建宫室的事情，必须重视顺应民心。从前大禹凿九山，通九江，耗用人力极多，却没有抱怨的人，那是顺应了民心，众人的想法与他一致的缘故。秦始皇营建宫室，但很多人指责批评，那是他为了满足个人的私欲，不能和民心相一致的缘故。朕现在想造一座宫殿，材木已经准备就绪，但想起过去秦始皇的事情，便不再兴建了。古人曾说：‘不做没有益处的事去损害有益的事。’‘不谋求私欲，就可使民心不乱。’所以可知要谋求私欲，民心必乱。就像精雕细刻的器物，珠宝美玉奇服珍玩，如果放纵奢侈地享用，那么灭亡的日子马上就要到来了。自王公以下，住宅、车服、婚嫁、丧葬等各种事情，凡是和他的官职品级不相对应的，都应一律禁止。”由是二十年来，社会风俗简朴，人们衣着不求华丽，财货富饶，没有饥寒的情况。

贞观二年，公卿上奏说：“依《礼》中所讲，夏季的最后一个月，可以居住在高台楼阁上。但是现在夏天暑气没有退却，秋天凉气刚刚开始，皇宫中非常潮湿，所以请求修建一座暖阁让陛下居住。”太宗说：“朕有呼吸系统的疾病，怎适宜居住

营一阁以居之。”太宗曰：“朕有气疾，岂宜下湿？若遂来请，糜费良多。昔汉文将起露台，而惜十家之产，朕德不逮于汉帝，而所费过之，岂为人父母之道也？”固请至于再三，竟不许。

在潮湿的地方？但如果同意了你们的请求，会浪费许多人力财力。以前汉文帝想修建露台，因为怜惜相当于十户百姓家产的费用而放弃，朕功德不及汉文帝，而耗费的财物却要超过他，这哪里是为民父母的道理吗？”公卿们再三上书请求，太宗始终没有答应。

注释

1 **秋霖**：即秋雨。

2 **卑湿**：地势低下潮湿。

原文

贞观四年，太宗谓侍臣曰：“崇饰宫宇，游赏池台，帝王之所欲，百姓之所不欲。帝王所欲者放逸，百姓所不欲者劳弊。孔子云：‘有一言可以终身行之者，其恕乎！己所不欲，勿施于人。’劳弊之事，诚不可施于百姓。朕尊为帝王，富有四海，每事由己，诚能自节，若百姓不欲，必能顺其情也。”魏徵曰：“陛下本怜百姓，每节己以顺人。臣闻‘以欲从人者昌，以人

译文

贞观四年，唐太宗对侍臣说：“扩建和装饰宫殿，游览观赏池台，是帝王希望做的事情，却是百姓不希望做的。帝王想要的骄奢淫逸，百姓不希望的是劳累疲惫。孔子说：‘有一句话，可以终身奉行，那就是仁恕！自己不想做的，就不要强加给别人。’劳累疲惫的事情，实在不可以强加在百姓身上。我身为帝王，富有四海，每件事都可以自己决定，也必定能自我节制，如果百姓不希望那样做，我定能够顺应民心。”魏徵说：“陛下本来就怜爱百姓，常常约束自己来顺应百姓。臣听说‘能使自己的欲望顺应民心，国家就会昌盛，用众人来满足自己的享乐，国家就

乐已者亡’。隋炀帝志在无厌，惟好奢侈，所司每有供奉营造，小不称意，则有峻罚严刑。上之所好，下必有甚，竞为无限，遂至灭亡。此非书籍所传，亦陛下目所亲见。为其无道，故天命陛下代之。陛下若以为足，今日不啻足矣；若以为不足，更万倍过此亦不足。”太宗曰：“公所奏对甚善！非公，朕安得闻此言？”

会灭亡’。隋炀帝贪得无厌，只喜欢奢侈，有关部门每次供奉物品和营造宫殿，他稍不如意，就用严刑对待。上面所爱好喜欢的，下面更是有过之而无不及，上下攀比，没有节制，最终就会导致灭亡。这不仅在史书中有记载，陛下也目睹过。因为隋炀帝的荒淫无道，所以上天降命让陛下取而代之。陛下如果认为欲望满足了，那么现在的享受不止是满足了；如果陛下认为当下还没有满足，那么再超过今天的一万倍也不会满足。”太宗说：“爱卿回答得很好！不是你，朕怎么能听到这番忠言？”

贞观十六年，太宗谓侍臣曰：“朕近读《刘聪[1]传》，聪将为刘后起鷃仪殿，廷尉陈元达切谏，聪大怒，命斩之。刘后手疏启请，辞情甚切，聪怒乃解，而甚愧之。人之读书，欲广闻见以自益耳，朕见此事，可以为深诫。比者欲造一殿，仍构重阁，今于蓝田采木，并已备具，远想聪事，斯作遂止。”

贞观十六年，唐太宗对侍臣说：“我近来读《刘聪传》，书中说刘聪准备给他的刘皇后建造鷃仪殿，廷尉陈元达竭力劝谏刘聪不要这样做，刘聪听后大怒，命令把陈元达斩首。后来，刘皇后亲手写了奏疏替陈元达求情，在文辞和道理上都很恳切，刘聪的怒气这才平息下来，而且内心感到很惭愧。人们读书，都是想要增长见识，对自己有所益处，我看这件事，可以深刻地作为借鉴。近来我想营建一座宫殿，并加造层楼，现在从蓝田采办的木料，都已齐备，但遥想起刘聪这件事，我就把这项营建工程停止了。”

注释

1 **刘聪**：十六国时期汉国国君，一名载，字玄明。在位时穷兵黩武，广建宫殿，耗费民力，激起百姓的反抗。

原文

贞观十一年，诏曰："朕闻死者终也，欲物之反真也；葬者藏也，欲令人之不得见也。上古垂风，未闻于封树[1]；后世贻则，乃备于棺椁。讥僭侈者，非爱其厚费；美俭薄者，实贵其无危。是以唐尧，圣帝也，谷林有通树之说；秦穆，明君也，橐泉[2]无丘陇之处。仲尼，孝子也，防[3]墓不坟；延陵[4]，慈父也，嬴、博可隐。斯皆怀无穷之虑，成独决之明，乃便体于九泉，非徇名于百代也。洎乎阖闾违礼，珠玉为凫雁；始皇无度，水银为江海；季孙擅鲁，敛以玙璠[5]；桓魋专宋，葬以石椁，莫不因多藏以速祸，由有利而招

译文

贞观十一年，唐太宗下诏说："我听说死是人生的终结，它让人回归到自然；葬就是埋藏，要让别人不能再看到自己。古代的风俗，并没有堆坟植树；后世开始立下规矩，才为死者准备棺椁。谴责和讥刺葬礼奢侈，这并非是吝惜花费太多；赞成节俭薄葬，实在是看重这么做没有什么危害。所以，唐尧很圣明，死后葬在谷林，仅在坟边栽上树木作为标记；秦穆公是明君，去世后葬在橐泉，并未修筑高大的陵墓。孔子是孝子，他把双亲合葬在防这个地方，只有墓穴而不堆坟；延陵是慈父，在远离家乡的嬴、博一带埋葬他的儿子。这些人都心怀长远的考虑，有着独自决断的明智，是便于死者能安卧在九泉之下，而不是为了获得百年后的美名。待及吴王阖闾违背礼制，用珠玉做成野鸭大雁作为陪葬；秦始皇奢侈无度，坟墓里用水银做江河大海；季孙在鲁国擅政，他用美玉装殓尸体；桓魋在宋国专权，建造石椁来下葬，这些人没有一个不是因为在墓里埋藏了大量的财物而

辱。玄庐[6]既发，致焚如于夜台；黄肠[7]再开，同暴骸于中野。详思曩事，岂不悲哉？由此观之，奢侈者可以为戒，节俭者可以为师矣。朕居四海之尊，承百王之弊，未明思化，中宵战惕。虽送往之典详诸仪制，失礼之禁著在刑书，而勋戚之家多流遁于习俗，闾阎之内或侈靡而伤风。以厚葬为奉终，以高坟为行孝，遂使衣衾棺椁极雕刻之华，灵辅[8]冥器穷金玉之饰。富者越法度以相尚，贫者破资产而不逮，徒伤教义，无益泉壤，为害既深，宜为惩革。其王公以下，爰及黎庶，自今以后，送葬之具有不依令式者，仰州府县官明加检察，随状科罪。在京五品以上及勋戚家，仍录奏闻。"

招辱。有的坟墓被挖掘之后，尸体都被焚烧在墓穴中；有的棺椁被打开，等于尸骸暴露在旷野。仔细思量这些事，岂不让人悲哀？由此看来，奢侈的做法可以作为我们的鉴戒，节俭的做法可以成为我们的榜样。我位居四海之尊，但也承接隋末群雄大乱的弊病，还不知如何去教化百姓，所以睡到半夜都会恐惧忧虑。虽然现在丧葬的制度，在仪制中已经有详细的记载，对违背礼制的处罚，也在刑书中写明，但是许多皇亲贵戚依然还在沿袭着陈旧的习俗，民间葬礼也有很多奢侈浪费、伤风败俗的现象。他们把厚葬当作奉老送终，把修建高大的坟墓当作孝道，于是衣衾棺椁，力求雕刻华丽，灵车冥器，也尽用金玉装饰。富贵人家超越法度，相互炫耀，贫穷之辈倾家荡产，也无法企及，这样做有伤教化礼义，更对地下的死者没有好处，厚葬的危害已经很深了，现在应予惩治革除。凡王公以下，直至百姓，从今以后，葬礼如有不遵照律令的，希望各州、府、县的官员严格检查，根据情节定罪。京城里五品以上官员和功臣贵戚如有违反，要写下罪状上奏朝廷。"

注释

1 **封树**：堆土为坟，植树为饰。古代士以上的葬礼。

2 **橐（tuó）泉**：橐泉宫，秦国宫殿名。

3 **防**：古地名。山名。在今山东省曲阜市东。

4 **延陵**：即季札，春秋时吴王寿梦第四子，称公子札，是一位古代贤人，因封于延陵，故称延陵季子。

5 **玙璠（yú fán）**：美玉。

6 **玄庐**：墓的别称。

7 **黄肠**：柏木心黄，故称黄肠。汉时帝王陵寝椁室四周用柏木枋堆垒成框形结构。这里借指棺椁。

8 **灵輀（ér）**：丧车。

原文

岑文本为中书令，宅卑湿，无帷帐之饰。有劝其营产业者，文本叹曰："吾本汉南一布衣耳，竟无汗马之劳，徒以文墨致位中书令，斯亦极矣。荷俸禄之重，为惧已多，更得言产业乎？"言者叹息而退。

户部尚书戴胄卒，太宗以其居宅弊陋，祭享无所，令有司特为之造庙。

温彦博为尚书右仆射，家贫无正寝，及薨，殡于旁室。太宗闻而嗟叹，遽命所司为造，当厚加赙[1]赠。

译文

岑文本担任中书令，但他的房宅却低矮潮湿，没有帷帐之类的装饰。有人劝他买房置地，岑文本叹息说："我本来只是汉水南边的一个平民百姓，并没有什么汗马功劳，只是凭借一点文墨就当上了中书令，这已经达到了顶点。现在我享受着这么高的俸禄，已经感到很惭愧了，还能再谈什么添置产业的事吗？"劝他的人也叹息着离开了。

户部尚书戴胄去世后，唐太宗见他的居所破败简陋，没有地方祭拜吊唁，于是下令有关部门专门为他营造祭拜之庙。

温彦博官居尚书右仆射，但是家中贫困甚至没有一间正室，他去世后，只有在旁屋祭奠。唐太宗知道后叹息不已，马上下令为他营造祭庙，又馈赠他家人许多钱财帮助办理丧事。

注释

1 **赙**（fù）：赠送财物帮助别人办理丧事。

原文

魏徵宅内，先无正堂。及遇疾，太宗时欲造小殿，而辍其材为徵营构，五日而就。遣中使赍素褥布被而赐之，以遂其所尚。

译文

魏徵的住宅里，开始时没有正堂。一次他生病，唐太宗当时正要营造一个小型的宫殿，于是停工用这些材料为魏徵营造正堂，五天就完工了。唐太宗还派使者持素布被褥赐给魏徵，以成全他节俭的志向。

谦让

导读

“谦让”是指人的谦虚礼让。《尚书》中讲“满招损，谦受益”，就是说骄傲自满会招致损害，谦逊虚心则会得到益处。《谦让》篇主要是告诫君主，虽然自己身处四海之尊，至高之位，但不能自高自大，要谨守谦恭礼让的品德。否则，即使自己再尊贵，再聪明，也都会使臣下不敢犯颜直谏，导致上下信息阻隔，君臣之间背情离德，最终落得国破家亡的下场。对于君王，行谦让之道，就是要让自己虚怀若谷，明知自己有德有才有能，但是仍然要表现出自己是无德无才无能的人。当然，这绝对不是要让自己变得奸诈虚伪，而是要时刻提醒自己：只有这样，才能够寻访到有德有才有能的贤明之士为国家所用；只有这样，才能够随时听到臣下竭诚尽忠、为国为民的真知灼见；也只有这样，才能时刻洞察自己的缺点和不足，取他人之长，补自己之短，不断提升自己。正如《易》中所言“以蒙养正，以明夷莅众”，就是说要以蒙昧的童真之心来培养自己的浩然正气，用隐藏自己聪明才智的方式去与人接触和交往。如果真能始终如一地做到这一点，常葆谦恭和戒惧之心，则自己的才能，天下无人能比；自己的功勋，天下无人能争。

原文

贞观二年，太宗谓侍臣曰：“人言作天子则得自尊崇，无所畏惧，朕则以为正合自守谦恭，常怀畏惧。昔舜诫禹曰：‘汝惟不矜，天下莫与汝争能；汝惟不伐[1]，天下莫与汝争功。’又《易》曰：‘人道恶盈而好谦。’凡为天子，若惟自尊崇，不守谦恭者，在身倘有不是之事，谁肯犯颜谏奏？朕每思出一言，行一事，必上畏皇天，下惧群臣。天高听卑，何得不畏？群公卿士，皆见瞻仰，何得不惧？以此思之，但知常谦常惧，犹恐不称天心及百姓意也。”魏徵曰：“古人云：‘靡不有初，鲜克有终。’愿陛下守此常谦常惧之道，日慎一日，则宗社

译文

贞观二年，唐太宗对侍臣说：“人们说做了天子就可以自认为尊贵崇高，无所畏惧，我却认为恰恰相反，天子更应该谦逊恭谨，经常心怀畏惧。从前舜告诫禹说：‘你只要能做到不自大，天下就没有人和你争贤能；你只要不自夸，天下就没有人和你争功劳。’另外，《易经》上说：‘君子的准则是厌恶自满而以谦逊为贵。’作为天子，如果只认为自己尊贵崇高，不保持谦逊恭谨的态度，倘若自己有过失，谁还会冒犯尊颜向他提意见呢？我常想，帝王每讲一句话，每做一件事，必定要上畏皇天，下惧群臣。苍天虽高，却能听到人世间的善恶，怎能不畏惧天呢？公卿百官，都在向上瞻仰着我，这怎能不让人畏惧呢？如此考虑，帝王即使常怀谦逊畏惧之心，恐怕还是不能称上天之心和百姓之意啊。”魏徵说：“古人讲：‘做事情无不有个开始，但很少有人能够坚持到结束。’希望陛下保持常谦常惧的态度，一天比一天更谨慎，那么国家就会永远巩固，不会倾

永固，无倾覆矣。唐、虞所以太平，实用此法。”

覆。唐尧、虞舜之世之所以太平，实际上就是用的这个方法。”

注释

1 **伐**：自我夸耀。

原文

贞观三年，太宗问给事中孔颖达曰：“《论语》云：‘以能问于不能，以多问于寡，有若无，实若虚。’何谓也？”颖达对曰：“圣人设教，欲人谦光。己虽有能，不自矜大，仍就不能之人，求访能事。己之才艺虽多，犹病以为少，仍就寡少之人，更求所益。己之虽有，其状若无，己之虽实，其容若虚。非惟匹庶，帝王之德，亦当如此。夫帝王内蕴神明，外须玄默，使深不可知。故《易》称‘以蒙养正，以明夷莅众[1]’。若其位居尊极，炫耀聪明，以才陵人，饰非拒谏，则

译文

贞观三年，唐太宗问给事中孔颖达：“《论语》里讲：‘有才能的人向没才能的人请教，知识多的人向知识少的人请教，有才能的人好像显得没有才能，有知识的人好像显得没有知识。’这句话是什么意思呢？”孔颖达回答说：“圣人实行教化，是想要每个人都能因谦逊而愈发光辉。自己虽然有才能，但不骄傲自大，仍旧向不如自己的人请教，向他学习自己不知道的事情。自己虽然多才多艺，可还是害怕懂得太少，仍旧向才艺不如自己的人讨教，来求得更多的知识。自己虽然有知识，但表面上却表现得像没有知识一样，自己内心虽然已经很充实，但表面上却表现得好像很空虚。这不仅是对庶民百姓的要求，帝王的德行，也应当如此。帝王内心蕴藏神明般的智慧，外表必须沉默，使人感到高深莫测。所以《周易》上讲‘要表现得蒙昧无知来自养正道，用晦藏明智的方式来治理百姓’。如果帝王身居至尊之位，就炫耀自己的聪明，凭借才能欺凌别人，掩饰过错，拒绝纳谏，那么上下的信息就会被隔断，君臣之间就会背情离

上下情隔，君臣道乖。自古灭亡，莫不由此也。”太宗曰：“《易》云：‘劳谦，君子有终，吉。’诚如卿言。”诏赐物二百段。

德。自古以来国家灭亡，没有不是由此而造成的。”唐太宗说：“《周易》讲：‘勤劳谦逊的品质，君子如果能够保持到底，就会有好事降临。’这句话的意思和你说的是一样的啊。”于是，下诏赏赐给孔颖达绢帛二百段。

注释

1 **明夷莅众**：用隐藏聪明智慧的方式来治理百姓，方能更加彰显自己的聪明智慧。

原文

河间王孝恭[1]，武德初封为赵郡王，累授东南道行台尚书左仆射。孝恭既讨平萧铣、辅公祏，遂领江、淮及岭南、北，皆统摄之。专制一方，威名甚著，累迁礼部尚书。孝恭性惟退让，无骄矜自伐之色。时有特进江夏王道宗[2]，尤以将略驰名，兼好学，敬慕贤士，动修礼让，太宗并加亲待。诸宗室中，惟孝恭、道宗莫与为比，一代宗英云。

译文

河间王李孝恭，在武德初年被封为赵郡王，后被加封为东南道行台尚书左仆射。在他平定了萧铣、辅公祏的势力后，长江、淮河以及岭南、岭北地区便都在他的管辖之内。他控制一方，威名远扬，不久迁任礼部尚书。李孝恭性格谦逊忍让，没有居功自傲的样子。当时，特进江夏王李道宗，以统兵打仗闻名，又很虚心好学，尊敬并仰慕贤士，一举一动都显礼让的品格，唐太宗很器重他们二人。在大唐宗室中，只有李孝恭、李道宗二人德才无人可比，可谓是皇族中一代杰出人物。

注释

1 **孝恭**：唐高祖李渊的堂侄，凌烟阁二十四功臣之一。

2 **道宗**：唐高祖李渊的堂侄，唐初名将。

仁恻

导读

"仁恻"就是仁爱怜悯的意思。《孟子·公孙丑上》说"恻隐之心，仁之端也"，就是说怜悯是仁爱的发端，人有了怜悯、悲悯之心，就已经具备了"仁"的基本品质。在君王治理国家的过程中，君王的"仁恻"之心更为具体地表现为"爱民"的思想。君王欲施"仁政"，以德治国，首先自己要具备"仁德"和"仁爱"的思想品德，也只有君王自身践行了仁爱之心，恻隐之念，才能达到以身为范，教化世人的效果。在《仁恻》篇中，唐太宗不以自己九五之尊的崇高地位自居，却以宽厚仁爱之心、悲天悯人之情，去关心、爱护臣下和百姓，充分展现了他亲民、思民、怜民、爱民的形象。封建社会君君、臣臣、父父、子子的伦理纲常固然不可僭越，但是借助仁爱与恻隐之心，君臣之间、君民之间又形成了上下一体、勠力同心的不可分割的关系。这是古代伦理智慧的闪光所在，也是我们今天处理人际关系，乃至为人处世可借鉴的地方。

原文

贞观初，太宗谓侍臣曰："妇人幽闭深宫，情实可愍。隋氏末年，求采无已，至于离宫别馆，非幸御之所，多聚宫人。此皆竭人财力，朕所不取。

译文

贞观初年，唐太宗对侍臣说："妇女幽居在深宫里，实在很可怜。隋代末年，隋炀帝不停地去挑选宫女，以至于离宫别馆这些不是君主经常住宿的地方，也聚集了许多宫女。这都是耗竭百姓财力的行为，我不这样做。况且，这些宫女除了打扫宫室

且洒扫之余，更何所用？今将出之，任求伉俪，非独以省费，兼以息人，亦各得遂其情性。”于是后宫及掖庭前后所出三千余人。

贞观二年，关中旱，大饥。太宗谓侍臣曰：“水旱不调，皆为人君失德。朕德之不修，天当责朕，百姓何罪，而多遭困穷！闻有鬻男女者，朕甚愍焉。”乃遣御史大夫杜淹巡检，出御府金宝赎之，还其父母。

贞观七年，襄州都督张公谨卒。太宗闻而嗟悼，出次发哀。有司奏言：“准阴阳书云：‘日在辰，不可哭泣。’此亦流俗所忌。”太宗曰：“君臣之义，同于父子，情发于中，安避辰日？”遂哭之。

贞观十九年，太宗征高丽，次定州，有兵士到者，帝御州城北门楼抚慰之。有从卒一人病，不

之外，还有什么用处呢？现在我准备放她们出去，让她们自由地选择配偶，并不是单纯地为了节省费用，还可以平息她们的怨恨，让宫女自己遂其心愿。”于是，唐太宗从后宫和旁舍中先后放出宫女三千多人。

贞观二年，关中大旱，发生了饥荒。唐太宗对侍臣说：“水旱不调，都是因为君王失德造成的。我未修养德行，苍天应当惩罚我，可是老百姓有什么罪过，却遭此厄境！听说现在百姓中有很多卖儿卖女的人，我非常怜悯他们。”于是，派御史大夫杜淹出京巡视，用皇帝府库中的资财赎回了那些被卖的孩子，并将其送还给他们父母。

贞观七年，襄州都督张公谨去世。唐太宗知道后哀悼悲叹，并出城为他发丧。有关部门上书说：“按照阴阳书上说：‘丧日在辰日，不可以哭泣。’这也是民间丧俗要避讳的。”唐太宗说：“君臣之间的情义，像父子一样，悲伤之情发自内心，怎么能够避讳辰日呢？”于是痛哭不已。

贞观十九年，唐太宗征伐高丽，驻扎在定州，只要有行军士兵到来，唐太宗都要亲临州城的北门去抚慰他们。当时有一个士兵生病不能进见，唐太宗下诏令人到他的病床前，询问他的病情，还命令州

能进，诏至床前，问其所苦，仍敕州县医疗之。是以将士莫不欣然愿从。及大军回次柳城，诏集前后战亡人骸骨，设太牢[1]致祭，亲临，哭之尽哀，军人无不洒泣。兵士观祭者，归家以言，其父母曰："吾儿之丧，天子哭之，死无所恨！"太宗征辽东，攻白岩城，右卫大将军李思摩[2]为流矢所中，帝亲为吮血，将士莫不感励。

县的官员为他治疗。所以将士们没有不心甘情愿随驾出征的。后来，大军回师驻扎在柳城，唐太宗下诏收集阵亡将士的遗骨，用太牢为他们进行祭奠，而且太宗还亲自前去祭拜，痛哭失声，极尽哀恸之情，在场将士无不落泪哭泣。观看祭祀的士兵回到家乡，把这些情形告诉给死难者的父母，这些老人们说："我们的儿子战死，天子还为他们哭丧致哀，真是死而无憾啊！"唐太宗征战辽东，攻打白岩城的时候，右卫大将军李思摩被乱箭射中，唐太宗亲自为他吸血止伤，将士们无不受到感动和激励。

注释

1 **太牢**：古代祭祀时牛、羊、猪三牲具备称为"太牢"。太牢之祭是古代国家规格最高的祭祀大典，一般用来祭祀社稷。

2 **李思摩**：颉利族人。高祖时封和顺郡王，与秦王李世民结为兄弟，赐姓李，任化州都督。

慎所好

导读

《慎所好》篇的主旨就是告诫君王和臣下，要谨慎选择自己的爱好。应当说，目好五色，耳好五声，口好五味，天性使然。但是对于一个国家的统治者来说，他的爱好就应当谨慎了。因为国君爱好不当，轻则玩物丧志，荒废朝政；重则劳民伤财，国将不国。更应注意的是，上有所好，下必甚焉。意思是说，处于上层和高位的人喜欢或爱好什么，下面的人就一定会更强烈、更极端地去喜欢和爱好什么，正所谓“上之所为，民之归也”。老百姓的眼睛盯着上面，上位者所好所为就是下面的行动指南。君不闻，“楚王好细腰，宫中多饿死”，“齐桓公好服紫，一国尽服紫”。所以，国君的爱好，不仅关乎自身的安危，还关系到整个社会的风气和道德。因此，唐太宗说，国君所爱好的，“惟在尧舜之道，周孔之教”，“惟须正身修德而已”。《慎所好》篇对我们今天的启示就是，人要择其所好，就应选择正当的、健康的、积极向上的个人爱好。对于身处高位之人，还需要正其所好，就是有了个人爱好后，要正确去处理和对待它，堵住漏洞，防止别有用心之人有可乘之机。身处高位的人必须摆正个人爱好与工作的关系，分清时间、地点和场合，不要因个人爱好而耽误工作；更要学会拒绝投己所好的人，做到拒之有理、拒之有力。

原文

贞观二年，太宗谓侍臣曰：“古人云‘君犹器也，人犹水也，方圆在于器，不在于水’。故尧舜率天下以仁，

译文

贞观二年，太宗对侍臣说：“古人说‘国君就像容器，百姓就像水，水的形状是方或是圆在于容器，而不在于水自身’。所以尧舜以仁义治天下，人

而人从之；桀纣率天下以暴，而人从之。下之所行，皆从上之所好。至如梁武帝父子志尚浮华，惟好释氏、老氏之教。武帝末年，频幸同泰寺，亲讲佛经，百僚皆大冠高履，乘车扈从，终日谈论苦空，未尝以军国典章为意。及侯景率兵向阙，尚书郎以下，多不解乘马，狼狈步走，死者相继于道路。武帝及简文卒被侯景幽逼而死。孝元帝[1]在于江陵，为万纽于谨所围，帝犹讲《老子》不辍，百僚皆戎服以听。俄而城陷，君臣俱被囚絷。庾信[2]亦叹其如此，及作《哀江南赋》，乃云：'宰衡[3]以干戈为儿戏，缙绅[4]以清谈为庙略。'此事亦足为鉴戒。朕今所好者，惟在尧舜之道，周孔之教，以为如鸟有翼，如鱼依水，失之必死，不可暂无耳。"

们都跟随他行仁义；桀纣以残暴治天下，人们都跟随他作恶。在下的人所做的，都是跟随上面的人所喜欢的。就像梁武帝父子崇尚浮华，只爱好佛教和道教。梁武帝晚年，经常驾临同泰寺，亲自讲解佛经，百官也都戴高冠，穿高齿屐，乘车跟随皇上，整天谈论苦和空等佛家教义，从不把军机国务和典章制度放在心里。等到侯景率兵攻向京城，尚书郎以下的官员，大多不会骑马，狼狈不堪地徒步逃跑，被杀死在路上的人比比皆是。梁武帝和他儿子简文帝都被侯景囚禁迫害而死。梁元帝在江陵被万纽于谨领兵包围，还在不停地讲《老子》，百官都穿着军服听讲。不久城被攻陷，君臣都被囚禁。庾信也叹息他们这种做法，后来作《哀江南赋》，说道：'宰相把战争当作儿戏，官吏把清谈当作国家的谋略。'这事也足可作为鉴戒。我现在所喜欢的，只在唐尧、虞舜的治世之道，周公、孔子的礼教，觉得就像鸟有了翅膀，鱼儿依靠水一样，失去它就得死，不能片刻没有。"

注释

1 **孝元帝**：即梁元帝萧绎，梁武帝第七子，起兵讨侯景，即帝位。

2 **庾信**：字子山，南北朝时期文学家，祖籍南阳新野。在北周时官至骠骑大将军、开府仪同三司，故人称“庾开府”。

3 **宰衡**：本是汉平帝时加于王莽的称号，后泛指宰相。

4 **缙绅**：插笏于绅带间，旧时官宦的装束。亦借指士大夫。

原文

贞观二年，太宗谓侍臣曰：“神仙事本是虚妄，空有其名。秦始皇非分爱好，为方士[1]所诈，乃遣童男童女数千人，随其入海求神仙。方士避秦苛虐，因留不归，始皇犹海侧踟蹰[2]以待之，还至沙丘而死。汉武帝为求神仙，乃将女嫁道术之人，事既无验，便行诛戮。据此二事，神仙不烦妄求也。”

译文

贞观二年，唐太宗对侍臣说：“神仙本来是荒诞虚妄的，空有其名。秦始皇为了追求自己的非分爱好，结果他被方士欺骗，竟派童男童女几千人，跟随方士入海去求神仙。方士逃避秦朝的苛政暴虐，因此留居海上不再回来，始皇却还在海边徘徊等待他们，结果在返回的路上走到沙丘这个地方就死了。汉武帝为了求得神仙，竟将女儿嫁给卖弄道术的人，后来求仙的事情没有灵验，就把方士杀掉。从这两件事情来看，神仙是用不着费力求取的。”

注释

1 **方士**：方术之士。古代自称能访仙炼丹以求长生不老的人。

2 **踟蹰**（chí chú）：徘徊。

原文

贞观四年，太宗曰：“隋炀帝性好猜防，专信邪道，大忌胡人[1]，乃至谓胡床为交床，胡瓜为黄瓜，筑

译文

贞观四年，唐太宗说：“隋炀帝生性喜好猜疑防范，一味迷信邪门歪道，最忌讳胡人，乃至于把胡床称作交床，把胡瓜称作黄瓜，还修筑长城抵御胡人，最终还

长城以避胡，终被宇文化及使令狐行达[2]杀之。又诛戮李金才[3]，及诸李殆尽，卒何所益？且君天下者，惟须正身修德而已，此外虚事，不足在怀。”

是被大臣宇文化及派遣的令狐行达杀死。另外炀帝又杀死了将军李金才，李氏家族也几乎被杀尽，但最终有什么益处呢？统治天下的国君，只需端正自身、修养品德就好了，其他都是虚妄浮夸的事情，不值得放在心上。”

注释

1 **胡人**：古人对北方边地及西域各民族人民的称呼。

2 **令狐行达**：隋末将领，官拜校尉，其奉宇文化及之命杀死了隋炀帝。

3 **李金才**：隋朝右骁卫大将军，因家族强盛而被隋炀帝嫉妒，后被诛族。

原文

贞观七年，工部尚书[1]段纶奏进巧人杨思齐至。太宗令试，纶遣造傀儡戏具。太宗谓纶曰：“所进巧匠，将供国事，卿令先造此物，是岂百工相戒无作奇巧之意耶？”乃诏削纶阶级，并禁断此戏。

译文

贞观七年，工部尚书段纶上奏说要引荐能工巧匠杨思齐入朝。唐太宗下令试试他的本领，段纶就让杨思齐做木偶戏的戏具。唐太宗对段纶说：“你所推荐的能工巧匠，必须要能服务国家，你让他做这些东西，这哪里是让各行各业的工匠相互规诫不作奇技淫巧的意思？”于是下诏将段纶降职，并且禁止了这种把戏。

注释

1 **工部尚书**：工部长官。工部是尚书省六部之一，掌管全国水土工程。

慎言语

导读

一言以兴邦，一言以丧邦。这句话非常形象地表述了古代君王谨言慎行在治理天下中的重要作用。《慎言语》篇正是以古代君王言语上的得失为经验教训，劝诫君王平时说话要谨慎，时刻意识到自己的言语将会对臣下和百姓乃至于国家兴亡产生极大的影响。不过，"慎言语"绝对不是不言语或者少言语的意思，言语的说与不说，说多与说少，取决于它们是否真正有益于国计民生。正如唐太宗说的，"欲出一言，即思此一言于百姓有利益否，所以不敢多言"。的确，如果国君说出来的话是正确的，有益于国计民生，而且上令下行，这难道不是兴国安邦的好事吗？如果说出来的话是错误的，有害于国计民生，还要求臣下照着去做，没有人敢于违抗，不就接近于丧邦的大灾祸了吗？其实，从表面上看，"慎言语"是要求君王治国要谨慎说话，三思而后行，实质上是要求和提倡君臣上下都能兢兢业业，奋发图强，时刻保持如履薄冰、如临深渊的警醒状态，不要有一念之放肆，不要有一言之疏忽，不要有一事之过失。如果要有言语，则须言之有物，利国利民，还要身体力行，有效推行。

原文

贞观二年，太宗谓侍臣曰："朕每日坐朝，欲出一言，即思此一言于百姓有利益否，所以不敢多言。"给事中兼知起居事杜正伦进曰："君举必书，言存左史[1]。臣职当兼修

译文

贞观二年，唐太宗对侍臣说："我每天坐朝理政，每讲一句话，都要想想这句话是否对百姓有好处，所以我不敢多说。"给事中兼起居注史官杜正伦进言说："君主的一言一行一定要被书写下来，所说的话会被记录在左史那里。我的职务是兼修起居注，所以不敢不尽忠职守。陛下如

起居注[2]，不敢不尽愚直。陛下若一言乖于道理，则千载累于圣德，非止当今损于百姓，愿陛下慎之。”太宗大悦，赐彩百段。

果有一句话违背了道理，那么，即使在千年之后都会损害陛下圣德，所以这不止会对当今的百姓造成损害，希望陛下慎重。”唐太宗听后非常高兴，赏赐他彩色绢帛百段。

注释

1 **左史**：周朝的史官有左史和右史之分，左史记行，右史记言。这里泛指记录君王言行的史官。

2 **起居注**：我国古代记录帝王的言行录。

原文

贞观八年，太宗谓侍臣曰：“言语者，君子之枢机，谈何容易？凡在众庶，一言不善，则人记之，成其耻累，况是万乘之主？不可出言有所乖失。其所亏损至大，岂同匹夫？我常以此为戒。隋炀帝初幸甘泉宫，泉石称意，而怪无萤火，敕云：‘捉取多少于宫中照夜。’所司遽遣数千人采拾，送五百舆于宫侧。小事尚尔，况其大乎？”魏徵对曰：“人君居四海之尊，若有亏失，古人以为如日月

译文

贞观八年，唐太宗对侍臣说：“言语是表现君子德行的关键，谈何容易？庶民百姓，一句话讲得不好，就会被别人记住，成为一种耻辱和负累，更何况是一位大国的君主呢？君主说话绝不能有所闪失。因为那造成的损害是极大的，岂能和普通人相比？我常以此为戒。隋炀帝刚到甘泉宫的时候，那里秀丽的山水泉石让他称心如意，但他却责怪没有萤火虫，便下令说：‘捕捉一些萤火虫到宫里来以供晚上照明用。’于是，有关部门马上派几千人去捕捉，后来从各地送来的五百车萤火虫被放到宫殿两侧。小事尚且如此，更何况大事呢？”魏徵回答说：“人君位居天下最尊贵的地位，言语行为如果有所闪失，古人认为那就如同日食和月食中的亏损一样，人人都能看见，确实要像陛

之蚀，人皆见之，实如陛下所戒慎。”

贞观十六年，太宗每与公卿言及古道，必诘难往复。散骑常侍刘洎上书谏曰：“帝王之与凡庶，圣哲之与庸愚，上下相悬，拟伦斯绝[1]。是知以至愚而对至圣，以极卑而对极尊，徒思自强，不可得也。陛下降恩旨，假慈颜，凝旒[2]以听其言，虚襟以纳其说，犹恐群下未敢对扬，况动神机，纵天辩，饰辞以折其理，援古以排其议，欲令凡庶何阶应答？臣闻皇天以无言为贵，圣人以不言为德，老子称‘大辩若讷’，庄生称‘至道无文’，此皆不欲烦也。是以齐侯读书，轮扁窃议；汉皇慕古，长孺陈讥，此亦不欲劳也。且多记则损心，多语则损气，心气内损，形神外劳，初虽不觉，后必为累。须为社稷自爱，岂

下这样谨慎和警惕啊。”

贞观十六年，唐太宗每次和各位公卿大臣谈到古代的治国之道，一定要反复提出难题诘问他们。散骑常侍刘洎上书劝说：“帝王和平民，圣哲和愚夫，上下之间有天壤之别，不可相提并论。因此，我们可以知道，拿极愚昧的人与极圣明的人相比，拿极卑贱的人与极尊贵的人相比，纵然前者想要努力自强来超过后者，那都是不可能的。陛下降下圣旨，以慈悲的面容、肃穆专注的神情来倾听臣下的言论，虚心接受臣下的意见，但还是担心臣下不敢当面直言，更何况陛下动用自己神奇的思维，雄才般的口辩，精妙的文辞来反驳臣下所说的道理，引经据典地来否定臣下的议论，这还让臣下如何应对呢？臣听说苍天把不说话看作尊贵，圣人把不说话看作美德，老子认为‘真正善辩的人如同言语迟钝一样’，庄子认为‘大道无须用文采修饰’，这都是不希望多说话的意思。所以齐桓公读书，轮扁私下议论；汉武帝仰慕古风，汲黯予以讥讽，这都是不希望他们过分劳神。而且多记事就会损伤心神，多说话就会损伤元气，在内损伤心神元气，在外损伤形体精神，即使起初察觉不到，将来一定会留下祸患。应该为国家爱惜自己，岂能为兴趣损伤自己呢？我认为如今天下升平，都是陛

为性好自伤乎？窃以今日升平，皆陛下力行所至。欲其长久，匪由辩博，但当忘彼爱憎，慎兹取舍，每事敦朴，无非至公，若贞观之初则可矣。至如秦政强辩，失人心于自矜；魏文宏材，亏众望于虚说。此才辩之累，皎然可知。伏愿略兹雄辩，浩然养气，简彼缃图[3]，淡焉怡悦，固万寿于南岳，齐百姓于东户[4]，则天下幸甚，皇恩斯毕。”太宗手诏答曰：“非虑无以临下，非言无以述虑。比有谈论，遂至烦多，轻物骄人，恐由兹道。形神心气，非此为劳。今闻谠言，虚怀以改。”

下努力治理国家才实现的。想要它长久保持下去，不是靠雄辩博论能办到的，只不过要忘掉那些爱憎之情，谨慎进行这方面的取舍，做每件事都朴实无华，无不遵奉一心为公的大道，像贞观初年一样就行了。至如秦始皇嬴政强言善辩，由于自傲而失去人心；魏文帝曹丕富有辩才，由于说空话而失去声望。这是口才和雄辩带来的损害，这是非常清楚而明白的。臣竭诚希望陛下减少这种雄辩，而要修养浩然正气，少看些古代书籍，而要恬淡愉悦，自己就能像南岳一样长寿，把国家治理得像东户时代一样太平，那么天下就特别幸运了，皇恩也就能遍及天下了。”太宗亲笔写诏书批复说：“不思考就不能治理天下，不说话就不能阐述自己的想法。近来和臣下谈论过于频繁，轻视别人的傲慢态度，恐怕由此产生。身心元气，确实不应该为此劳损。如今听到你忠直的言论，我一定虚心改正。”

注释

1 **拟伦斯绝**：无法比拟。拟伦，比拟。

2 **凝旒**（liú）：指皇帝头上戴的冕旒静止不动。这里形容帝王态度肃穆专注。旒，古代帝王冕冠前后下垂的玉串。

3 **缃图**：指书卷图籍。

4 **东户**：即东户季子，传说中的上古君主。

杜谗邪

导读

“杜谗邪”，指杜绝谗言和奸邪小人。谗言和小人相伴而生，他们是蒙蔽君王耳目、扰乱君王决策的重要因素。所以，历代王朝的贤明君主都把纳忠谏、杜谗言，亲贤臣、远小人作为自己修身治国的不二法则。《杜谗邪》篇以前朝君王听信谗言、任用奸邪的反面事例说明谗言是国家祸乱的根源。如果谗言得进，就会使忠良蒙冤，国政败坏，百姓遭殃。因此，君王应该以此为教训，增强杜绝谗言和小人的意识。文章主要阐述了作为君王应当如何杜绝谗言和奸邪小人。首先，君王要善于任用忠心耿直的贤臣。不仅要勇于接受他们的直言劝谏，还要信任他们，不要因为琐碎小事而对他们妄加猜忌。朝廷中有了这样忠正贤良的人，那些本来打算罗织谗言的小人，也会望而却步。其次，对于宠臣和身边的亲近之人，君王要特别谨慎地辨别他们所说的话。正是由于他们和君王之间关系密切，所以他们的话也最能影响君王，良言固然益处良多，但谗言危害更大。因此，君王要坚持兼听则明，偏信则暗的信息处理原则，增强辨别忠谏和谗言的能力。再次，君王要谨记只有君臣同心同德，方能成就大业的道理。进贤良，斥小人是君臣共治的前提。牢记这一点，君王就不容易被谗言迷惑，就会对忠正贤良的臣子信任有加，不会被奸邪的小人离间。有了君王的信任，臣下才会尽忠竭诚，有效地辅佐君王，成就太平盛世。

原文

贞观初，太宗谓侍臣曰：“朕观前代谗佞之徒，皆国之蟊贼也。或巧言令色，朋党比周。若暗主庸君，莫不以之迷惑，忠臣孝

译文

贞观初年，唐太宗对侍臣说：“我看前代那些进谗言的邪佞小人，都是危害国家的败类。他们巧言令色，结党营私。如果君主昏庸无能，没有不被他们迷惑的，忠臣孝子就会蒙受不白之冤。所以兰花想

子所以泣血衔冤。故丛兰欲茂,秋风败之;王者欲明,谗人蔽之。此事著于史籍,不能具道。至如齐、隋间谗谮事,耳目所接者,略与公等言之。斛律明月[1],齐朝良将,威震敌国。周家每岁斫汾河冰,虑齐兵之西渡。及明月被祖孝徵[2]谗构伏诛,周人始有吞齐之意。高颎有经国大才,为隋文帝赞成霸业,知国政者二十余载,天下赖以安宁。文帝惟妇言是听,特令摈斥。及为炀帝所杀,刑政由是衰坏。又隋太子勇[3]抚军监国,凡二十年间,固亦早有定分。杨素欺主罔上,贼害良善,使父子之道一朝灭于天性,逆乱之源,自此开矣。隋文既混淆嫡庶,竟祸及其身,社稷寻亦覆败。古人云'世乱则谗胜',诚非妄言。朕每防微杜渐,用绝谗构之端,犹恐心力所不至,或不能觉悟。前史云:'猛兽

要长得繁茂,却被秋风摧折;国君希望自己英明,却被献媚的小人迷惑。这样的事情记载在史书中,不胜枚举。至如齐代、隋代年间诽谤、诬陷忠良的事例,我曾耳闻目睹,简略地说给你们听听。斛律明月,是齐朝的良将,他的声威震动敌国。北周的人每年都要砸碎汾河上的冰,就是因为害怕北齐的兵马西渡过来进攻。等到斛律明月因祖孝徵的谗言被加害致死后,北周才开始产生吞并北齐的想法。隋代的高颎有治国的雄才大略,辅佐隋文帝杨坚成就了帝业,执掌国家政务二十多年,天下靠他得以安宁。后来隋文帝听信妇人的谗言,特意摒弃冷落他。等到他被隋炀帝杀害后,隋代的国政和法制也就开始衰败了。另外,隋太子杨勇领军监国,长达二十年之久,本来早已确定了储君的名分。杨素欺瞒君主,残害忠良,到处散布谣言,使他们父子之间的亲情泯灭于瞬间,叛逆祸乱的根源也就由此产生了。隋文帝混淆了嫡子与庶子的名分,结果招来了杀身之祸,国家不久就灭亡了。古人说'世道混乱,那么谗言就会大行其道',这话的确不是妄言。我常防微杜渐,用来杜绝谗言的根源,但仍担心心有余而力不足,或者自己不能察觉出问题。前代史书说:'猛兽盘踞山林之中,藜藿之类的野

处山林，藜藿[4]为之不采；直臣立朝廷，奸邪为之寝谋。’此实朕所望于群公也。”魏徵曰：“《礼》云：‘戒慎乎其所不睹，恐惧乎其所不闻。’《诗》云：‘恺悌君子，无信谗言。谗言罔极，交乱四国。’又孔子曰：‘恶利口之覆邦家。’盖为此也。臣尝观自古有国有家者，若曲受谗谮，妄害忠良，必宗庙丘墟，市朝霜露矣。愿陛下深慎之！”

菜就不会被人采摘；忠正的臣子处于朝廷之上，奸邪小人就会因此停止他们的阴谋诡计。’这句话其实就是我对你们的期望啊。”魏徵说：“《礼记》上写道：‘对自己不能亲见的事情要谨慎，对自己不能耳闻的事情要警觉。’《诗经》说：‘平易近人的君子，不听信谗言。谗言极不公正，只会搅乱天下四方。’另外孔子说：‘厌恶那些用谗言利嘴使国家覆灭的人。’大概说的就是这个道理。臣曾观察自古以来统治国家的人，如果被谗言蒙蔽，妄杀忠良，就必定使宗庙变为废墟，朝野零落。希望陛下对此要特别谨慎！”

注释

1 **斛律明月**：姓斛律，名光，字明月。北齐名将，善骑射，长期从事对北周的战争，为邻敌所惧。

2 **祖孝徵**：北齐大臣，曾散布谣言，谗杀斛律明月等贤臣。

3 **隋太子勇**：杨勇，隋文帝长子。

4 **藜藿**（lí huò）：藜和藿都是可食用的野菜。

原文

贞观七年，太宗幸蒲州[1]。刺史赵元楷课父老服黄纱单衣，迎谒路左，盛饰廨宇，修营楼雉[2]以求媚。又潜饲羊百余口、鱼数千头，将馈贵戚。太

译文

贞观七年，唐太宗巡幸蒲州。蒲州刺史赵元楷为此规定当地百姓一律穿上黄纱单衣，在路边迎接拜谒，并大肆装饰官署，修建城墙用来献媚皇帝。他还暗中饲养了几百头羊、几千条鱼，准备馈送皇亲国戚。唐太宗知道这事后，把他召

宗知，召而数之曰：“朕巡省河、洛，经历数州，凡有所须，皆资官物。卿为饲羊养鱼，雕饰院宇，此乃亡隋弊俗，今不可复行。当识朕心，改旧态也。”以元楷在隋邪佞，故太宗发此言以戒之。元楷惭惧，数日不食而卒。

来训斥道：“我巡察黄河、洛水一带，历经许多州县，大凡有什么需要，都由国库供给。你却为此养羊养鱼，雕饰庭院楼宇，这是已灭亡的隋朝所留下的坏习气，如今不能再这么做了。你应该体会我的用心，改掉这套旧的陋习。”因为赵元楷在隋朝时就有奸邪谄佞的恶名，所以唐太宗讲这番话来警诫他。赵元楷听后既羞愧又害怕，几天吃不下东西，很快就死了。

注释

1 **蒲州**：今山西永济一带。

2 **楼雉**：城楼和城堞。亦泛指城墙。

原文

贞观十年，太宗谓侍臣曰：“太子保傅，古难其选。成王幼小，以周、召为保傅，左右皆贤，足以长仁，致理太平，称为圣主。及秦之胡亥，始皇所爱，赵高作傅，教以刑法。及其篡也，诛功臣，杀亲戚，酷烈不已，旋踵亦亡。以此而言，人之善恶，诚由近习。朕弱冠[1]交游，惟柴绍、窦诞等，为人既非三益[2]。及朕居兹宝位，

译文

贞观十年，唐太宗对侍臣说：“太子的老师，自古以来就很难选择。周成王年幼时，以周公、召公为老师，他们都很贤明，足以增长国君的仁德，使天下获得太平，使国君配得上圣主的名声。到了秦朝的胡亥，秦始皇很宠爱他，让赵高做他的师傅，教授他刑法制度。等到胡亥篡位后，他就诛杀功臣，杀害亲戚，极其残暴，不久就败亡了。由此看来，一个人是善是恶，的确受他所亲近的人的影响。我弱冠就开始结交名士，只有柴绍、窦诞等人，他们算不上良友。我即位以来，治理国家虽然赶不上尧舜的圣明，但也不像三国吴主孙

经理天下，虽不及尧舜之明，庶免乎孙皓、高纬之暴。以此而言，复不由染，何也？”魏徵曰：“中人可与为善，可与为恶，然上智之人自无所染。陛下受命自天，平定寇乱，救万民之命，理致升平，岂绍、诞之徒能累圣德？但经云：‘放郑声，远佞人。’近习之间，尤宜深慎。”太宗曰：“善。”

皓、北齐后主高纬那样的暴虐。由此看来，我没有受到亲近的人的影响，这是为什么呢？”魏徵说：“中等智慧的人可以做善事，也可以做恶事，然而拥有上等智慧的人是不会受到外人熏染的。陛下顺应天意，平定贼乱，拯救万民，使天下太平，柴绍、窦诞这些人怎么能影响陛下的圣德呢？但是经书上说：‘拒绝郑国的靡靡之音，远离奸佞的小人。’对这些身边的人和事，尤其应该十分谨慎。”唐太宗说：“你说得对啊。”

注释

1 **弱冠**：古代称男子二十岁或二十几岁的年龄为弱冠。

2 **三益**：孔子认为有益的朋友有三种，友直，友谅，友多闻。这里借指良友。

原文

尚书左仆射杜如晦奏言：“监察御史陈师合上《拔士论》，谓人之思虑有限，一人不可总知数职，以论臣等。”太宗谓戴胄曰：“朕以至公治天下，今任玄龄、如晦，非为勋旧，以其有才行也。此人妄事毁谤，止欲离间我君臣。昔蜀后主昏弱，齐文宣狂悖，然国称治者，以任诸葛亮、杨遵

译文

尚书左仆射杜如晦上奏说：“监察御史陈师合上奏《拔士论》，说一个人的思考能力有限，不可以身兼数职，这是在议论我们这些大臣。”太宗对戴胄说：“我用极为公正的原则来治理天下，现在重用房玄龄、杜如晦，并非因为他们是旧时的功臣，而是因为他们德才兼备。陈师合这个人妄加毁谤，只是想离间我们君臣之间的关系。过去，蜀国后主刘禅昏庸懦弱，齐文宣王狂妄无理，然而国家却治理得井然有序，就是他们任用了诸葛亮、杨遵彦这些良才而不加猜

彦不猜之故也。朕今任如晦等，亦复如法。”于是，流陈师合于岭外。

贞观中，太宗谓房玄龄、杜如晦曰：“朕闻自古帝王上合天心，以致太平者，皆股肱之力。朕比开直言之路者，庶知冤屈，欲闻谏诤。所有上封事人，多告讦[1]百官，细无可采。朕历选前王，但有君疑于臣，则下不能上达，欲求尽忠极虑，何可得哉？而无识之人，务行谗毁，交乱君臣，殊非益国。自今以后，有上书讦人小恶者，当以谗人之罪罪之。”

忌的缘故。我现在任用杜如晦等大臣，也是按照这种做法。”于是，把陈师合流放到了岭南地区。

贞观年间，唐太宗对房玄龄、杜如晦说：“我听说，自古以来的帝王，能够顺从天意，使天下获得太平，都是依赖于大臣的辅佐。我广开言路，就是要了解百姓的冤屈，听到臣下的规谏。但是现在所有上书奏事的人，大都是告发或攻击官员的，意见琐碎繁多，无可采纳。我遍数前朝历代国君，只要君王怀疑臣下，那么下面的意见就不会传达到朝廷上面，想要臣下尽忠竭虑，怎么可能呢？而没有见识的小人，专事诽谤和诋毁，破坏君臣之间的关系，对国家特别没有益处。从今以后，凡有人上书揭发别人细小过失的，应当以诽谤之罪来处罚他。”

注释

1 **讦**（jié）：揭发别人的隐私或攻击别人的短处。

原文

魏徵为秘书监，有告徵谋反者。太宗曰：“魏徵，昔吾之仇，只以忠于所事，吾遂拔而用之，何乃妄生谗构？”竟不问徵，遽斩所告者。

译文

魏徵做秘书监的时候，有人告发他谋反。唐太宗说：“魏徵过去是我的敌人，但因为他尽忠职守，于是我就提拔任用他，怎么能妄加谗害构陷？”结果唐太宗没责问魏徵，遂斩杀了诬告的人。

贞观十六年，唐太宗对谏议大夫褚

贞观十六年，太宗谓谏议大夫褚遂良曰："卿知起居，比来记我行事善恶？"遂良曰："史官之设，君举必书。善既必书，过亦无隐。"太宗曰："朕今勤行三事，亦望史官不书吾恶。一则鉴前代成败事，以为元龟[1]；二则进用善人，共成政道；三则斥弃群小，不听谗言。吾能守之，终不转也。"

遂良说："你负责撰写起居注的工作，近来记录我所做的事情是善还是恶呢？"褚遂良说："史官的设置，就是把君主的一举一动都记录下来。善事当然必须记，过失也一定不加隐瞒。"唐太宗说："我现在正在努力做三件事，也是希望史官能不再记录我的过失。一是明察前朝治国的成败得失，作为借鉴；二是任用贤人，共同完成治理国家的大业；三是斥退小人，不听信谗言。这三点我会坚持下去，始终不会改变。"

注释

1 **元龟**：比喻可资借鉴的往事。

悔过

导读

《悔过》篇主要记录了唐太宗悔改过错的言行，体现了君王应当善于知错、敢于认错、勇于改错的修身和治国原则。古人讲，每日三省吾身，君王日理万机，难免出现疏漏和错误，除了依靠臣下的直言进谏来纠正自己的过失之外，最重要就是自我的反省，而"悔过"首先体现的就是这种省察自身的知错意识。其次，敢于认错体现了君王对所知错误坦然面对、决心悔改的心态。古人曾说，人非圣贤，孰能无过！知错能改，善莫大焉。敢于认错正体现了这种知错愿改的坚定决心。有了敢于认错的环节，改错则成为水到渠成的事情。唐太宗身为一国之君，知错即改，反映了他勇于否定自我、追求自我完善的品格。

原文

贞观二年，太宗谓房玄龄曰："为人大须学问。朕往为群凶未定[1]，东西征讨，躬亲戎事，不暇读书。比来四海安静，身处殿堂，不能自执书卷，使人读而听之。君臣父子，政教之道，共在书内。古人云：'不学，墙面[2]，莅事惟烦。'不徒言也。却思少小时行事，大觉非也。"

译文

贞观二年，唐太宗对房玄龄说："做人非常需要学问。我当年因为各路顽敌没有平定，东征西讨，亲自带兵打仗，没有时间读书。近来四海安宁，身为国君，即使自己不能手拿书卷阅览，也要叫人读给我听。君臣父子的伦常，政治教化的种种道理，都在书里。古人说：'不学习，就像面对着墙壁，一无所知，遇到事情就会困扰。'这确实不是句空话。我现在想起年轻时所做的事情，觉得很不对。"

注释

1 **群凶未定**：指与李氏争夺天下的各路势力尚未平定。

2 **墙面**：面对墙壁，目无所见。比喻不学无术或一无所知。

原文

贞观中，太子承乾多不修法度，魏王泰尤以才能为太宗所重，特诏泰移居武德殿。魏徵上疏谏曰："魏王既是陛下爱子，须使知定分，常保安全，每事抑

译文

贞观年间，太子李承乾常常不遵守法令制度，而魏王李泰因为出众的才华深得唐太宗器重，并特意下诏让李泰搬到武德殿居住。魏徵上疏劝谏说："魏王既然是陛下的爱子，陛下应当让他知道自己的名分和地位，以便能长久地保全自己，遇事应该控制骄奢之气，不要处在嫌疑

其骄奢，不处嫌疑之地也。今移居此殿，使在东宫之西，海陵昔居，时人以为不可。虽时移事异，犹恐人之多言。又王之本心，亦不宁息。既能以宠为惧，伏愿成人之美。”太宗曰：“我几不思量，甚大错误。”遂遣泰归于本第。

的位置。现在他搬到武德殿来居住，就在太子东宫的西边，过去海陵王李元吉住在那里，当时的人都认为不合适。现在形势虽然变了，情况不同，恐怕还是会引来很多的议论。何况魏王的内心，也不会平静。既然魏王能明白受到父王的宠爱而应该经常保持畏惧之心，那就希望陛下能成全他的美德。”唐太宗说：“我没仔细考虑就这么做了，差点酿成大错。”于是就让李泰回到原来的府第居住。

贞观十七年，太宗谓侍臣曰：“人情之至痛者，莫过乎丧亲也。故孔子云：‘三年之丧，天下之通丧，自天子达于庶人也。’又曰：‘何必高宗？古之人皆然。’近代帝王遂行不逮，汉文以日易月[1]之制，甚乖于礼典。朕昨见徐幹[2]《中论·复三年丧》篇，义理甚深，恨不早见此书。所行大疏略，但知自咎自责，追悔何及！”因悲泣久之。

贞观十七年，唐太宗对侍臣说：“人情之中最让人哀痛的，莫过于失去亲人。所以孔子说：‘父母死后，服丧三年，是天下通行的丧期，从天子到平民莫不如此。’他又说：‘岂止是殷高宗武丁这么做？古代的人都是这样做的。’近代的帝王实行的丧期不及前人，汉文帝以日代月的短期服丧礼仪，大大违背了古代的礼制规范。我昨天看到徐幹写的《中论·复三年丧》，觉得他论述的道理非常深刻，只可惜没早点看到这部书。我当年给父母所行的丧礼太简单了，现在只能检讨和责备自己，后悔已经来不及了！”因为这件事，太宗悲泣了很久。

注释

1 **以日易月**：古人服丧三年，即三十六个月，汉文帝改为三十六天。

2 **徐幹**：字伟长，北海郡人。东汉末文学家，“建安七子”之一。代表作有《中论》《答刘桢》《玄猿赋》。

原文

贞观十八年，太宗谓侍臣曰：“夫人臣之对帝王，多承意顺旨，甘言取容。朕今欲闻己过，卿等皆可直言。”散骑常侍刘洎对曰：“陛下每与公卿论事，及有上书者，以其不称旨，或面加诘难，无不惭退，恐非诱进直言之道。”太宗曰：“朕亦悔有此问难，当即改之。”

译文

贞观十八年，唐太宗对侍臣说：“臣下对于帝王，常常只顺从他的旨意，用好听的话来博得他的欢心。但现在我要听听自己的过失，你们都可以直接指出。”散骑常侍刘洎说：“陛下每次和大臣们谈论政事，以及有人上书奏事的时候，因为他们的意见不符合您的心意，有时您就当面加以责难，结果他们无不难堪地退下，这样恐怕不是鼓励臣下直言进谏的方法。”唐太宗说：“我也后悔有这样的追问和责难，我会立即改正。”

奢纵

导读

《奢纵》篇主要讲述了君王只有克制奢侈放纵的欲望，才能保证国家长治久安的道理。作为国君，要使基业稳固并相传万世，首先要让自己的恩泽留于后世，其中自己要做的有两件事：一是“节俭于身”；二是“恩加于人”。“节俭于身”就是要求君王克行节俭的作风，不放纵自己的私欲。这样一来，不仅国君可以树立节俭的榜样，有利于国家的道德教化，还可以少征赋税，少兴劳役，让百姓安居乐业。“恩加于人”就是要君王时刻意识到，“自古以来，国之兴亡不由蓄积多少，惟在百姓苦乐”，即民生问题是关系国家存亡的关键所在。所以君王在位之时，要少敛资财，多行节俭，休养生息，只有体恤百姓，方能使人心归附，使恩德泽被后世，国家长治久安。在《奢纵》篇中，侍御史马周还提出了一个相当有见地的主张，即“凡修政教，当修之于可修之时，若事变一起，而后悔之，则无益也”。其意思是说，作为国家的执政者，要在恰当的时期实施政教，不要等到问题出现了才予以应对。国家治理的理想状态不是应对性的或是亡羊补牢式的，而是有预见性的、防患于未然的当下性治理。

原文

贞观十一年，侍御史马周上疏陈时政曰：“臣历睹前代，自夏、殷、周及汉氏之有天下，传祚相继，多者八百余年，少者犹四五百年，皆为积德累业，恩结于人心。岂无僻王[1]？赖前哲以免尔！自魏、晋以还，降及周、隋，多者不过五六十年，少者才二三十年而亡。良由创业之君不务广恩化，当时仅能自守，后无遗德可思。故传嗣之主政教少衰，一夫大呼而天下土崩矣。今陛下虽以大功定天下，而积德日浅，固当崇禹、汤、文、武之道，广施德化，使

译文

贞观十一年，侍御史马周上疏，陈述时政说：“臣历观前代，从夏、商、周到汉代统一天下以来，帝位交迭更替，时间长的朝代可以延续八百多年，短的也有四五百年，都是由于积累德行和功业，恩德深入百姓心中。难道其中没有出现过邪僻不正的国君？只不过依赖前朝国君的恩泽才免于祸患罢了！从魏晋以来，到北周、隋朝，朝代长的不过五六十年，短的只有二三十年就灭亡了。这都是因为创业的君主没有广施恩德教化，当时只能保住自己的帝位，而没有留下可以让后人怀念的恩德。所以继承王位者的政教稍有衰减，只要有一人号召造反，那么国家马上就会土崩瓦解。现在陛下虽然以巨大的功勋平定了天下，但是积累德行的时间还不长，因此应当推行大禹、商汤、文王、武王的治国之道，广布道德教化，使国家恩德有余，为后

恩有余地，为子孙立万代之基。岂欲但令政教无失，以持当年而已！且自古明王圣主虽因人设教，宽猛[2]随时，而大要以节俭于身、恩加于人二者是务。故其下爱之如父母，仰之如日月，敬之如神明，畏之如雷霆。此其所以卜祚[3]遐长而祸乱不作也。

世子孙奠定传承万代的基础。怎么能只想求得政教没有过失，以保住今日的江山就可以了！况且自古以来的圣主明君虽然是以人为本来设定教化，宽厚与严厉随时代而变化，但最关键的是自身节俭、施恩百姓这两方面。因此百姓爱戴君王才会如同爱戴自己的父母一样，仰慕君王如同仰慕日月，尊敬君王如同尊敬神明一样，畏惧君王如同畏惧雷霆一样。这才是帝位传承久远而不发生祸乱的原因。

注释

1 **僻王**：邪僻不正的君王。

2 **宽猛**：宽大与严厉。

3 **卜祚**：这里指帝位。

原文

“今百姓承丧乱之后，比于隋时才十分之一，而供官徭役，道路相继，兄去弟还，首尾不绝。远者往来五六千里，春秋冬夏，略无休时。陛下虽每有恩诏，令其减省，而有司作既不废，自然须人，徒行文书，役之如故。臣每访问，四五年来，百姓颇有怨嗟之言，

译文

“如今百姓经历战乱之后，人口只相当于隋朝的十分之一，然而如今为官府服徭役的人，在路上络绎不绝，兄长去了，弟弟才回来，前后相继不断。路程远的来回有五六千里路，春秋冬夏，几乎没有休息的时间。虽然陛下时常降下仁德的诏书，下令减轻徭役，可是有些部门开工之后不会停止，自然需要不断征派百姓去服徭役，所以减轻徭役的文书白白下达，百姓的徭役却依然如故。臣常去访问民间疾苦，这四五年来，老百姓之中已有很多抱怨之辞

以陛下不存养之。昔唐尧茅茨土阶，夏禹恶衣菲食。如此之事，臣知不复可行于今。汉文帝惜百金之费，辍露台之役，集上书囊以为殿帷，所幸夫人衣不曳地。至景帝以锦绣綦组妨害女工，特诏除之，所以百姓安乐。至孝武帝，虽穷奢极侈，而承文、景遗德，故人心不动。向使高祖之后即有武帝，天下必不能全。此于时代差近，事迹可见。今京师及益州诸处营造供奉器物，并诸王妃主服饰，议者皆不以为俭。臣闻昧旦[1]不显，后世犹怠；作法于理，其弊犹乱。陛下少处民间，知百姓辛苦，前代成败，目所亲见，尚犹如此。而皇太子生长深宫，不更外事，即万岁之后，固圣虑所当忧也。

了，他们认为陛下不体恤爱抚百姓。过去唐尧住在茅草盖的房屋中，用土块砌成台阶，大禹粗衣劣食。像这样的事，臣知道已不可能在当今推行。汉文帝顾惜百两黄金的费用，停止修建露台，还收集大臣们上书用的布囊来做大殿的帷幕，并且不让他爱妃的衣裙拖到地上。到了汉景帝时，他认为织锦刺绣会妨碍女工做其他的工作，于是下令不再使用锦绣制品，因此百姓安居乐业。到孝武帝时，他虽然穷奢极侈，但还是依赖于文帝、景帝所留下的恩德，所以民心没有动摇。如果汉高祖之后就是武帝即位，那么汉代的江山必定不会保全。这些情况离当今较近，事情还看得很清楚。现在京城和益州等地正在制造供奉皇室使用的器物以及各位王爷、妃嫔、公主的服饰，议论的人都认为这不够节俭。臣听说早晚勤奋而功业显赫的君主，后代仍然还会出现懈怠；制定合乎情理的法令，久而久之还会出现弊端和混乱。陛下年少时生长在民间，知道百姓的辛苦，前代的成败，也曾目睹，尚且如此。而太子生长在宫中，没经历过宫墙之外的事情，等到将来陛下万岁之后，的确是让人担忧的事情。

注释

1 **昧旦**：拂晓、黎明。

原文

“臣窃寻往代以来成败之事，但有黎庶怨叛，聚为盗贼，其国无不即灭，人主虽欲改悔，未有重能安全者。凡修政教，当修之于可修之时，若事变一起，而后悔之，则无益也。故人主每见前代之亡，则知其政教之所由丧，而皆不知其身之有失。是以殷纣笑夏桀之亡，而幽、厉亦笑殷纣之灭。隋帝大业之初，又笑周、齐之失国。然今之视炀帝，亦犹炀帝之视周、齐也。故京房[1]谓汉元帝云：‘臣恐后之视今，亦犹今之视古。’此言不可不戒也。

译文

“臣私下考察前朝以来国家成败之事，发现只要有百姓心生怨恨背叛，聚众做盗贼之事，国家没有不迅速灭亡的，君王即使悔改，也没有能重新获得安定的。凡是修整政治教化，应当在能够修整的时候进行修整，如果发生变故后才后悔，就毫无用处了。所以后代君主每当看到前代的灭亡，便知道前朝政治教化失败的原因，却都不知道自己身上所存在的过失。因此商纣王嘲笑夏桀的灭亡，周幽王、周厉王嘲笑商纣王的灭亡。隋炀帝大业初年，又讥笑北周、北齐亡国。然而现在我们看隋炀帝，也犹如隋炀帝看北周、北齐一样。所以京房对汉元帝说：‘臣忧虑后人看待我们，也像我们今天看待前朝一样。’这句话不可不引以为戒。

注释

1 **京房**：西汉学者，本姓李，字君明，东郡顿丘人。他开创了今文易学“京氏学”。

原文

"往者贞观之初，率土霜俭，一匹绢才得粟一斗，而天下帖然。百姓知陛下甚忧怜之，故人人自安，曾无谤怨讟。自五六年来，频岁丰稔，一匹绢得十余石粟，而百姓皆以陛下不忧怜之，咸有怨言。又今所营为者，颇多不急之务故也。自古以来，国之兴亡不由蓄积多少，惟在百姓苦乐。且以近事验之，隋家贮洛口仓[1]，而李密因之；东京[2]积布帛，王世充据之；西京府库亦为国家之用，至今未尽。向使洛口、东都无粟帛，即世充、李密未必能聚大众。但贮积者固是国之常事，要当人有余力而后收之。若人劳而强敛之，竟以资寇，积之无益也。然俭以息人，贞观之初，陛下已躬为之，故今行之不难也。为之一日，则天下知之，式歌且舞矣。若人既劳矣，而用之不息，倘中国被水

译文

"从前贞观初年，全国因为严霜而庄稼歉收，一匹绢只能换得粟一斗，但天下平静安乐。百姓知道陛下非常关心体恤他们，所以人人自安，没有一点怨言。近五六年来，连年丰收，一匹绢可以换十几石粟，然而百姓却认为陛下不关心体恤他们，都有怨言。这是当前营办的许多都是无关紧要的事务的缘故。从古以来，国家兴亡不是由于积蓄的多少，而只在于百姓的苦乐。就用近代的事情来证明这一点，隋朝在洛口储藏的粮食，却为李密所用；在东京堆积的布帛，结果被王世充占有；西京府库的财物也为大唐所用，至今还未用完。如果当时洛口、东京没有粮食布匹，那王世充、李密就不一定能召集起大批的队伍。尽管贮积钱粮财物本是国家的常事，但要等百姓衣食有余之后再去征收。如果百姓劳苦而强行征收，最后还是帮助了贼寇，所积聚的财物也就没有任何好处了。不过行节俭来让百姓休养生息，在贞观初年，陛下已经亲自实行过，所以如今实行它不会困难。只要实行一天，天下就会知道，百姓就会载歌载舞。如果百姓已经劳苦不堪，还要继续役使他们，一旦国内受水旱之灾，

旱之灾，边方有风尘之警，狂狡[3]因之窃发，则有不可测之事，非徒圣躬旰食[4]晏寝而已。若以陛下之圣明，诚欲励精为政，不烦远求上古之术，但及贞观之初，则天下幸甚。”

太宗曰：“近令造小随身器物，不意百姓遂有嗟怨，此则朕之过误。”乃命停之。

边境有战乱的警报，狂妄狡诈的人乘机作乱，就会有不可预测的事情发生，那就不仅仅是陛下晚点进餐或者迟些睡觉的事情了。如果以陛下的圣明，真想励精图治，不用远求上古的治国办法，只要赶得上贞观初年，那么天下就很幸运了。”

唐太宗说：“最近命令制造一些随身的小器物，没想到百姓会有这样的怨言和不满，这是我的过错。”于是命令停止制造。

注释

1 **洛口仓**：古粮仓名，又称兴洛仓。

2 **东京**：隋朝以洛阳为东都，称东京；以长安为首都，称西京。

3 **狂狡**：狂妄狡诈的人。

4 **旰（gàn）食**：指事务繁忙不能按时吃饭。

贪鄙

导读

古人说：“贪如火，不遏则燎原；欲如水，不遏则滔天。”对于一国之君和官员来讲，贪财好利无异于丧身亡国。腐败是每一个朝代、每一个国家必须面临的政治命题，腐败问题解决不好，国家和社会便会逐渐丧失公正和公平，人民将逐渐丧失对国家政权和国家制度的信任和希望。要惩治腐败，首先要抑制人心之中的贪婪欲望，倡导重义轻利的价值观念，树立廉洁清正的政府形象。唐太宗以古往今来君王和臣下贪财好利而丧身亡国的教训来告诫当下的臣子，不要因小失大，不要因贪恋身外之物而丢弃了自己的性命；要时常敬畏天地，推贤进善，遵守法度，效忠君王，体恤百姓。这样，才能长居高位，尽享福禄。

原文

贞观初，太宗谓侍臣曰："人有明珠，莫不贵重。若以弹雀，岂非可惜？况人之性命甚于明珠，见金钱财帛，不惧刑网，径即受纳，乃是不惜性命。明珠是身外之物，尚不可弹雀，何况性命之重，乃以博财物耶？群臣若能备尽忠直，益国利人，则官爵立至。皆不能以此道求荣，遂妄受财物，赃贿既露，其身亦殒，实为可笑。帝王亦然。恣情放逸，劳役无度，信任群小，疏远忠正，有一于此，岂不灭亡？隋炀帝奢侈自贤，身死匹夫之手，亦为可笑。"

贞观二年，太宗谓侍臣曰："朕尝谓贪人不解爱财也。至如内外官五品

译文

贞观初年，太宗皇帝对侍臣说："人们手中有一颗明珠，没有不珍视的，如果拿去弹射鸟雀，岂不可惜？何况人的性命比明珠珍贵，如果见到金银钱帛，不惧怕法律的惩罚，就直接收受，这就是不爱惜性命。明珠是身外之物，尚且不会拿去弹射鸟雀，何况性命比明珠更加珍贵，怎么能用它来换取财物呢？群臣如果能够竭尽忠诚正直，有益于国家，有利于百姓，那么官职爵位立即可以获得。如果不能用这种方法来求取荣华富贵，而随便收受财物，贪赃纳贿一旦暴露，自身也会因此殒命，这确实十分可笑。帝王也是这样。任性放纵，无限度地征用劳役，信任小人，疏远忠诚正直的人，只要犯有其中一项错误，怎能不灭亡？隋炀帝奢侈却自认为贤能，自身死在一介匹夫手里，也是很可笑的。"

贞观二年，唐太宗对侍臣说："我曾经说过，贪婪的人不知道如何爱惜财物。至如当下五品以上的内、外朝官员，他们

以上，禄秩[1]优厚，一年所得，其数自多。若受人财贿，不过数万。一朝彰露，禄秩削夺，此岂是解爱财物？规小得而大失者也。昔公仪休性嗜鱼，而不受人鱼，其鱼长存。且为主贪，必丧其国；为臣贪，必亡其身。《诗》云：'大风有隧，贪人败类。'固非谬言也。昔秦惠王欲伐蜀，不知其径，乃刻五石牛，置金其后，蜀人见之，以为牛能便金。蜀王使五丁力士拖牛入蜀，道成。秦师随而伐之，蜀国遂亡。汉大司农[2]田延年赃贿三千万，事觉自死。如此之流，何可胜记！朕今以蜀王为元龟，卿等亦须以延年为覆辙也。"

的俸禄都很优厚，一年所得的财物，数量自然很多。如果接受别人的贿赂，数目不过几万。一旦丑行暴露，就会被削夺俸禄，这样做哪里是懂得爱惜财物呢？他们是谋划小的所得，失去大的利益。过去鲁国的丞相公仪休很喜欢吃鱼，但从不接受别人赠送的鱼，因此他得以长久地吃到鱼。如果国君贪婪，必定亡国；臣下贪婪，必定丧命。《诗经》上写道：'大风自有它的来路，贪心的人败坏家族。'这的确不是荒谬的话。过去秦惠王想要攻打蜀国，但不熟悉蜀国的道路，于是刻了五头石牛，并把金子放在石牛的屁股后面，蜀国人看见了，以为石牛可以拉出金子来。蜀王便叫五个大力士把石牛拖回蜀国，由此道路也就形成了。秦国大军尾随其后攻打蜀国，蜀国就灭亡了。汉代大司农田延年接受贿赂三千万，事发后他自杀身亡。像这样的例子，不胜枚举！我现在把蜀王作为我的借鉴，你们也要把田延年当作前车之鉴。"

注释

1 **禄秩**：官吏的俸禄。

2 **大司农**：官名。汉武帝时置大司农，掌钱谷之事。

原文

贞观四年，太宗谓公卿曰："朕终日孜孜，非但忧怜百姓，亦欲使卿等长守富贵。天非不高，地非不厚，朕常兢兢业业，以畏天地。卿等若能小心奉法，常如朕畏天地，非但百姓安宁，自身常得欢乐。古人云：'贤者多财损其志，愚者多财生其过。'此言可为深诫。若徇私贪浊，非止坏公法，损百姓，纵事未发闻，中心岂不常惧？恐惧既多，亦有因而致死。大丈夫岂得苟贪财物，以害及身命，使子孙每怀愧耻耶？卿等宜深思此言。"

贞观六年，右卫将军陈万福自九成宫赴京，违法取驿家麸[1]数石。太宗赐其麸，令自负出以耻之。

译文

贞观四年，太宗对公卿说："我整天孜孜不倦，不但忧念爱惜百姓，也想让你们能够长守富贵。天并非不高，地并非不厚，我兢兢业业，以此作为对天地的敬畏。你们若能小心谨慎地遵守法令，总是像我一样地敬畏天地，不但百姓安宁，自己也可常得快乐。古人说：'贤者多财就容易损害他的志向，愚者多财就容易促生他们的过错。'这话可以深以为戒。如果徇私贪污，不但破坏国法，伤害百姓，即使事情没有败露，心中怎能不常怀恐惧？恐惧多了，也会因此而导致死亡。大丈夫岂能为了贪求财物，而害了自己的身家性命，使子孙总是蒙受惭愧和羞耻呢？你们应当认真地思考这些话。"

贞观六年，右卫将军陈万福从九成宫去京城，他在沿途驿站违法取得数石麦麸。唐太宗就把这些麦麸赐给他，让他自己背出宫，以此来羞辱他。

注释

1 麸（fū）：即麦皮。

原文

贞观十年，治书侍御史权万纪上言："宣、饶二州诸山大有银坑，采之极是利益，每岁可得钱数百万贯。"太宗曰："朕贵为天子，是事无所少乏。惟须纳嘉言，进善事，有益于百姓者。且国家剩得数百万贯钱，何如得一有才行人？不见卿推贤进善之事，又不能按举不法，震肃权豪，惟道税鬻[1]银坑以为利益。昔尧舜抵璧于山林，投珠于渊谷，由是崇名美号，见称千载。后汉桓、灵二帝好利贱义，为近代庸暗之主。卿遂欲将我比桓、灵耶？"是日敕放[2]令万纪还第。

译文

贞观十年，治书侍御史权万纪上书说："宣州、饶州的群山里埋藏许多银矿，开采它们可获得极大的好处，每年可得银钱数百万贯。"唐太宗说："我贵为天子，这些东西一点也不缺少。只需要听从好的建议，推行善事，做有益于老百姓的事。况且国家增加数百万的钱财，怎能比得上得到一个有才德的人？看不到你推举贤能，进言善事，又不能检举违法的行为，震慑权贵豪门，只会说出租、出售银矿以收取赋税来获取利益的事。从前尧舜把美玉扔进山林，把宝珠沉没于深渊，由此赢得了高尚的美名，流芳千古。后汉时桓帝、灵帝重利轻义，是近世有名的昏庸之君。你是想要把我与桓帝、灵帝相比吗？"当天，太宗就勒令权万纪停职回家。

注释

1 **税鬻**（yù）：指出租、出售。

2 **敕放**：诏令停职或削职。

原文

贞观十六年，太宗谓侍臣曰："古人云：'鸟栖于林，犹恐其不高，复巢于木末；

译文

贞观十六年，太宗对侍臣说："古人说：'飞鸟栖息于树林，仍担心树木不高，所以筑巢于树木的顶端；鱼藏于水

鱼藏于水，犹恐其不深，复穴于窟下。然而为人所获者，皆由贪饵故也。’今人臣受任，居高位，食厚禄，当须履忠正，蹈公清，则无灾害，长守富贵矣。古人云：‘祸福无门，惟人所召。’然陷其身者，皆为贪冒财利，与夫鱼鸟何以异哉？卿等宜思此语为鉴诫。”

中，仍担心水不深，所以穴居于水底洞穴中。然而能被人们捕获，都是贪食诱饵的缘故。’现在大臣接受任命，居高位，享厚禄，应当履行忠诚正直之职，遵循清廉无私的原则，这样才能没有灾祸，长守富贵。古人说：‘灾祸和福运不是注定的，都是人们自己造成的。’那些以身试法的人，都是因为贪图财利，这与那些鱼鸟有什么不同呢？你们应当好好想想这些话，作为鉴戒。”

卷七

崇儒学

导读

自汉代“罢黜百家，独尊儒术”以来，以孔孟思想为核心的儒家思想就成为封建王朝的统治思想，备受历代帝王的推崇。从外在来看，儒学讲究以“礼”“仁”治国，强调政治教化、道德教化在国家治理中的作用；从内部来看，儒家主张个人要以“仁、义、礼、智、信”为修身原则，强调内在的自律和完善来实现个人的价值。就当时来看，儒学所宣扬的这些礼义规范和道德准则，无论是对个人的品德修养，还是对社会的和谐稳定，都有着积极而重要的作用。贞观时期，唐太宗十分重视儒学的发展，也正是看到了儒学所具有的特殊功能。因此，唐太宗一方面大兴儒学，设置弘文馆，诏定孔子、颜回为先圣先师，恩赐历代大儒，编订《五经正义》，进一步巩固了儒家思想的主流地位；另一方面，唐太宗把人才的选拔与儒学发展联系起来，认为“为政之要，惟在得人。用非其才，必难致治。今所任用，必须以德行、学识为本”。那什么样的人才是具有德行和学识的呢？其实就是能掌握儒学，践行儒学精神的知识分子。所以，在《崇儒学》篇里，前段阐述了太宗如何推崇和重视儒学的发展，后段则阐述了国家发展需要德学双全的人才，强调学习对于人的发展所具有的重要作用。今天来看，传统儒学中固然掺杂有封建思想的糟粕以及不适应时代发展的部分，但其中所蕴含的修德修身、为人处世、治国治家的道理，仍然值得我们研究和学习，继承和发扬。

原文

太宗初践阼，即于正殿之左置弘文馆[1]，精选天下文儒，令以本官兼署学士，给以五品珍膳，更日宿直，以听朝之隙引入内殿，讨论坟典[2]，商略政事，或至夜分乃罢。又诏勋贤三品以上子孙为弘文学生。

译文

唐太宗初登基，就在正殿左侧设置了弘文馆，精心挑选天下通晓儒学的文士，让他们保留现任的官职，并兼任弘文馆学士，供给他们五品官员才能享用的精美的膳食，按日在宫中轮换值班，在皇上上朝听政的间隙把他们引进内殿，讨论古代典籍，商议谋划政事，有时到半夜才停歇。后来他又下诏让三品以上的有功勋且贤能的人的子孙充任弘文馆学生。

注释

1 **弘文馆**：唐武德四年置修文馆于门下省。太宗即位后，改名弘文馆。聚书二十余万卷。置学士，掌校正图籍，教授生徒，并得参议政事。

2 **坟典**：三坟五典，泛指古籍。

原文

贞观二年，诏停周公为先圣，始立孔子庙堂于国学，稽式旧典，以仲尼为先圣，颜子为先师，两边俎豆干戚之容，始备于兹矣。是岁大收天下儒士，赐帛给传，令诣京师，擢以不次，布在廊庙者甚众。学生通一大经以上，咸得署吏。国学增筑学舍四百余间，国子、太学、

译文

贞观二年，唐太宗下令停止尊崇周公为先圣，开始在国子监里建立奉祀孔子的庙堂，查考典籍并依照过去的规定，尊崇孔子为先圣，颜子为先师，庙堂供台两边祭祀用的俎豆、干戚等礼具和乐舞之具也开始齐备。这一年，唐太宗还招纳大批天下儒士，赏赐给他们布帛，供给车马食宿，下令让他们到京师来，破格授予他们官职，分配在朝廷上任官的很多。太学生如果读通某一大类以上的经书，都可以入朝做官。在国子监增筑学舍四百多间，

四门、广文亦增置生员，其书、算各置博士、学生，以备众艺。太宗又数幸国学，令祭酒、司业、博士讲论，毕，各赐以束帛。四方儒生负书而至者，盖以千数。俄而吐蕃及高昌、高丽、新罗等诸夷酋长，亦遣子弟请入于学。于是国学之内，鼓箧升讲筵者，几至万人，儒学之兴，古昔未有也。

贞观十四年诏曰："梁皇侃、褚仲都，周熊安生、沈重，陈沈文阿、周弘正、张讥，隋何妥、刘炫，并前代名儒，经术可纪。加以所在学徒，多行其讲疏，宜加优赏，以劝后生，可访其子孙见在者，录姓名奏闻。"二十一年诏曰："左丘明、卜子夏、公羊高、穀梁赤、伏胜、高堂生、戴圣、毛苌、孔安国、刘向、郑众、杜子春、马融、卢植、郑玄、服虔、何休、王肃、王弼、杜预、范宁等二十有一人，并用其书，垂于国胄[1]。既行

国子学、太学、四门学、广文馆也增加了学生的名额。书学、算学分别配备博士、学生，使国学的各种科目都设置齐备。唐太宗还几次亲临国子监，命祭酒、司业、博士讲说经术，讲完后每人赐给五匹配帛。这就使全国各地的儒生纷纷携经书前往京城，人数达数千之多。不久，吐蕃和高昌、高丽、新罗等族的首领，也派他们的子弟到长安求学。于是在国子监之内，前来讲学和求学的人，几乎有上万人，儒学的兴盛，是自古以来未曾有过的。

贞观十四年，唐太宗下诏说："梁代的皇侃、褚仲都，北周的熊安生、沈重，陈代的沈文阿、周弘正、张讥，隋代的何妥、刘炫，都是前代名儒，他们的经术值得学习。加上现在在学的儒生，多数还奉行他们的经义和学说，所以应该对他们加以优厚的赏赐，来鼓励后学之人，应当寻访他们的后代子孙，请有关部门把他们的姓名记录下来，上奏朝廷。"贞观二十一年，唐太宗下诏说："左丘明、卜子夏、公羊高、穀梁赤、伏胜、高堂生、戴圣、毛苌、孔安国、刘向、郑众、杜子春、马融、卢植、郑玄、服虔、何休、王肃、王弼、杜预、范宁等二十一人，并用他们所注解经书的著作，以传给皇室、贵族的子弟。既然奉行他们的学说，

其道，理合褒崇。自今有事于太学，可并配享尼父[2]庙堂。”其尊儒重道如此。

理应给予他们褒扬和尊崇。从现在起，太学里凡举行祭祀大典的时候，可使他们配享孔子庙堂。”太宗就是这样尊儒重道的。

注释

1 **国胄**：帝王或贵族的子弟。

2 **尼父**：对孔子的尊称。

原文

贞观二年，太宗谓侍臣曰：“为政之要，惟在得人。用非其才，必难致治。今所任用，必须以德行、学识为本。”谏议大夫王珪曰：“人臣若无学业，不能识前言往行，岂堪大任？汉昭帝[1]时，有人诈称卫太子[2]，聚观者数万人，众皆致惑。隽不疑[3]断以蒯聩[4]之事。昭帝曰：‘公卿大臣，当用经术明于古义者，此则固非刀笔俗吏所可比拟。’”上曰：“信如卿言。”

译文

贞观二年，唐太宗对侍臣说：“治国的关键，在于得到人才。用人不当，必然难以治理好国家。如今任用人才，必须以德行、学识作为选拔人才的根本。”谏议大夫王珪说：“臣下如果没有学问，不能了解前人的言行，怎能担当大任呢？汉昭帝时，有人冒充卫太子刘据，聚集围观的人数万，在场的人都被其迷惑。大臣隽不疑用古代蒯聩的案例予以决断。汉昭帝说：‘公卿大臣，应当由通晓经术、懂得古义的人来担任，这本不是平庸官吏所能相比的。’”太宗说：“确实像你所说的那样。”

注释

1 **汉昭帝**：名弗陵，汉武帝的幼子。

2 **卫太子**：名据，汉武帝时被立为太子，卫皇后所生。

3 **隽不疑**：字曼倩，西汉勃海人，昭帝时为京兆尹。

4 **蒯（Kuǎi）聩**：春秋时卫灵公的法定继承人，后逃亡国外。灵公死后，

其孙辄继位，蒯聩要回国争夺帝位，辄拒而不纳。《春秋》载此事，认为卫灵公孙辄做得对。

原文

贞观四年，太宗以经籍去圣久远，文字讹谬，诏前中书侍郎颜师古[1]于秘书省考定五经。及功毕，复诏尚书左仆射房玄龄集诸儒重加详议。时诸儒传习师说，舛谬已久，皆共非之，异端蜂起。而师古辄引晋、宋已来古本，随方晓答，援据详明，皆出其意表，诸儒莫不叹服。太宗称善者久之，赐帛五百匹，加授通直散骑常侍，颁其所定书于天下，令学者习焉。太宗又以文学多门，章句繁杂，诏师古与国子祭酒孔颖达等诸儒，撰定五经疏义，凡一百八十卷，名曰《五经正义》，付国学施行。

译文

贞观四年，唐太宗认为儒学经典书籍距离圣人的时代很远了，出现了很多文字上的讹误，于是下令前中书侍郎颜师古在秘书省考核审定"五经"。审定完毕，又下令尚书左仆射房玄龄召集许多儒生再次详细讨论。当时这些儒生大多承袭自己老师的学说，许多错误已经相传很久，他们都不同意颜师古的审定，各种异说蜂起。但是颜师古引用晋、宋以来的古本，对他们提出的疑义逐一引经解答，详细地加以说明，都出乎他们的意料，这些儒生无不叹服。唐太宗对颜师古的学识也称赞了许久，赏赐给他帛五百匹，加授他为通直散骑常侍，还将他审定的经书颁行天下，让读书人都来学习。唐太宗又认为儒家流派很多，解释经书的著作又很繁杂，下令颜师古和国子祭酒孔颖达等大儒，撰写"五经"注疏，共一百八十卷，名《五经正义》，交付国子监作教材使用。

注释

1 **颜师古**：名籀，字师古，祖籍琅邪临沂，后迁居京兆万年。唐初经学家。

原文

太宗尝谓中书令岑文本曰："夫人虽禀定性，必须博学以成其道。亦犹蜃性含水，待月光而水垂；木性怀火，待燧动而焰发；人性含灵，待学成而为美。是以苏秦刺股[1]，董生[2]垂帷。不勤道艺，则其名不立。"文本对曰："夫人性相近，情则迁移，必须以学饬情，以成其性。《礼》云：'玉不琢不成器，人不学不知道。'所以古人勤于学问，谓之懿德。"

译文

唐太宗曾对中书令岑文本说："人虽然有一定的天性，但必须博学才能有所成就。就好比大蛤本性含水，但要见到月光才能喷出水珠；木的本性含火，但要燧石敲打才能生发出火焰；人的本性含有灵气，可是要通过学习才能成就其美好。所以苏秦刺股读书，董仲舒放下帷帐讲学。不勤奋地学习道德和技艺，就不会树立起他们的名声。"岑文本回答说："人的本性都很相近，情趣却可以随时变化，必须用学习来修养情趣，完善人的本性。《礼记》说：'玉石不经雕琢就不会成为有用之器，人不学习就不会懂得道理。'所以古人以勤于学习为美德。"

注释

1 **苏秦刺股**：相传苏秦读书刻苦，欲睡时就用锥子刺自己的大腿。

2 **董生**：即董仲舒，广川人，西汉哲学家，今文经学大师。

文史

导读

“以史为鉴”历来是中国封建统治者重视的治国方略，卷帙浩繁的二十四史，不仅反映了我国古代重视史学发展的文化传统，还反映了我国历代王朝重视总结历史经验和教训，善于从过去汲取力量和智慧，服务当代发展的治国理念。《文史》篇正是从唐太宗阅读和借鉴前代史书和当朝国史的角度出发，阐述了统治者对史书编写的重视，强调史书的编纂要客观、真实，有利于借鉴和劝诫。太宗认为，无论是前代史书还是当朝国史的编写，都应该秉承有益于后人的原则。因此，在史书的编纂过程中，不管是当朝皇帝还是执笔大臣，都应采取公正严谨的态度，不沉湎于粉饰太平的颂扬之词，而应客观、真实地记录历史事实。这样，后世才能从中汲取到治理国家的宝贵经验和教训，有利于惩恶劝善，有利于反思自省。所以唐太宗要求史官如实地记录自己的言行，做到秉笔直书，开诚布公。尤其是对于玄武门之变，唐太宗亦能坦然面对，要求史官去隐讳之词，直书其事，体现了一代明君应有的气度。

原文

贞观初，太宗谓监修国史房玄龄曰：“比见前、后《汉史》载录扬雄[1]《甘泉》《羽猎》，司马相如[2]《子虚》《上林》，班固[3]《两都》等赋，此既文体浮华，无益劝诫，何假书之史策？其有上书

译文

贞观初年，唐太宗对监修国史的房玄龄说：“近来我看《汉书》《后汉书》上记录有扬雄的《甘泉赋》《羽猎赋》，司马相如的《子虚赋》《上林赋》，班固的《两都赋》，这些文章文辞浮华，无益于劝诫，为什么还要收录在史书上呢？如果有人上书议政，只要言辞直

论事，词理切直，可裨于政理者，朕从与不从，皆须备载。”

率，道理中肯，有利于治国理政，不管我采纳与否，都必须详加记载。”

注释

1 **扬雄**：字子云，蜀郡成都人。西汉文学家、哲学家、语言学家。

2 **司马相如**：字长卿，蜀郡成都人。西汉辞赋家。

3 **班固**：字孟坚，扶风安陵人。东汉史学家、文学家。

原文

贞观十一年，著作佐郎邓隆表请编次太宗文章为集。太宗谓曰：“朕若制事出令，有益于人者，史则书之，足为不朽。若事不师古，乱政害物，虽有词藻，终贻后代笑，非所须也。只如梁武帝父子及陈后主[1]、隋炀帝，亦大有文集，而所为多不法，宗社皆须臾倾覆。凡人主惟在德行，何必要事文章耶？”竟不许。

译文

贞观十一年，著作佐郎邓隆上书请求把唐太宗的文章编成文集。唐太宗对他说：“我颁布的政策和诏书，如果有益于百姓的，史书都已记载，足以流传千古。如果处理的事情不遵循古训，扰乱了政务，对百姓有害，即使辞藻华丽，也终将被后人耻笑，这不是我所需要的。不过像梁武帝父子以及陈后主、隋炀帝，他们也都有文集传世，可是他们的行为大都不合法度，国家很快就灭亡了。凡是国家君主，关键在于他的道德和品行，何必一定要有文章流传后世呢？”太宗最终没有许可编文集的事。

注释

1 **陈后主**：即陈叔宝，字元秀。南朝陈的最后一个皇帝。在位时，生活腐化堕落，后被隋兵俘虏，病死洛阳。

原文

贞观十三年，褚遂良为谏议大夫，兼知起居注。太宗问曰："卿比知起居，书何等事？大抵于人君得观见否？朕欲见此注记者，将却观所为得失以自警戒耳。"遂良曰："今之起居，古之左、右史，以记人君言行，善恶毕书，庶几人主不为非法，不闻帝王躬自观史。"太宗曰："朕有不善，卿必记耶？"遂良曰："臣闻守道不如守官，臣职当载笔，何不书之？"黄门侍郎刘洎进曰："人君有过失，如日月之蚀，人皆见之。设令遂良不记，天下之人皆记之矣。"

贞观十四年，太宗谓房玄龄曰："朕每观前代史书，彰善瘅恶[1]，足为将来规诫。不知自古当代国史，何因不令帝王亲见之？"对曰："国史既善恶必书，庶几人主不为非法。止应畏有忤旨，故不得见也。"

译文

贞观十三年，褚遂良担任谏议大夫，兼任起居注之职。唐太宗问他："你近来编纂起居注，都写些什么呢？可不可以让君王自己看一看？我想看看起居注，是想回顾一下自己所作所为的得失，以求警诫自己罢了。"褚遂良说："现在的起居注，就是古代左史和右史，用来记录帝王的言行，无论好坏全部记录下来，以期望帝王不做对国家不利的事情，我却没听说过帝王要自己看起居注的。"唐太宗说："我有不好的言行，你们一定会记录下来吗？"褚遂良说："臣听说坚守道义不如尽忠职守，臣的职责是秉笔直书历史，怎么可以不记录下来呢？"黄门侍郎刘洎进言说："帝王如有过失，就像日月有日食、月食一样，人人都看得见。即使褚遂良不记录，天下老百姓都会记住的。"

贞观十四年，唐太宗对房玄龄说："我每看前朝的史书，就能看到一些惩恶扬善的事例，它们足以规劝警诫后人。但我不知道自古以来当朝的国史，为什么不让帝王亲自看看呢？"房玄龄回答说："国史既然善恶必书，是希望帝王不做非法的事情。只是担心有些记载会与君主的意见相违背，所以不让君主本人看到。"太宗说："我的想法不同于古人。现

太宗曰："朕意殊不同古人。今欲自看国史者，盖有善事，固不须论；若有不善，亦欲以为鉴诫，使得自修改耳。卿可撰录进来。"玄龄等遂删略国史为编年体，撰高祖、太宗实录各二十卷，表上之。太宗见六月四日事[2]，语多微文，乃谓玄龄曰："昔周公诛管、蔡而周室安，季友鸩叔牙[3]而鲁国宁。朕之所为，义同此类，盖所以安社稷，利万民耳。史官执笔，何烦有隐？宜即改削浮词，直书其事。"侍中魏徵奏曰："臣闻人主位居尊极，无所忌惮。惟有国史，用为惩恶劝善，书不以实，后嗣何观？陛下今遣史官正其辞，雅合至公之道。"

在我想要亲自看国史，如果记有好的事情，自不必说；如记有不好的事情，我也可引以为戒，使自己加以改正。你们可以把国史撰写抄录好送过来。"房玄龄等人就把国史加以删减，整理成编年体，写成高祖、太宗实录各二十卷，上表呈献。太宗看到六月四日所记玄武门之变事，有很多地方语言含蓄而隐讳，就对房玄龄说："从前周公诛杀管叔、蔡叔而使周王室得以安定，季友鸩杀叔牙而使鲁国得以安宁。我的所作所为，道理同此，都是为了安定国家社稷，造福百姓。史官秉笔直书，何必还要隐讳？你们应当立即改删虚浮的言辞，如实地写清事情的经过。"侍中魏徵上奏说："臣听说君主身居至尊之位，无所顾忌惧怕。只有依靠国史，才能惩恶劝善，如果写得不真实，那么让后代看什么呢？陛下如今命令史官修正文辞，很符合至公无私的道理。"

注释

1 **彰善瘅（dàn）恶**：表彰美善，训斥丑恶。

2 **六月四日事**：指玄武门之变。

3 **季友鸩叔牙**：春秋时，鲁庄公有三个弟弟，长者庆父，次者叔牙，再次季友。庄公打算让自己的儿子继位，叔牙却说应让庆父继位。后来，季友奉庄公之命，鸩杀叔牙。

卷八

辩兴亡

导读

《辩兴亡》篇主要记录了唐太宗和诸位大臣关于朝代兴亡的一些讨论。魏徵曾说:“鉴形之美恶,必就于止水;鉴国之安危,必取于亡国。”就是说,要考察国家兴衰的原因,必须以灭亡的国家为借鉴。他还说:“若能思其所以危,则安矣;思其所以乱,则治矣;思其所以亡,则存矣。”就是说,当朝君王必须总结前朝兴亡的经验和教训,才能避免迅速亡国的悲剧,保证国家的长治久安。关于前朝兴亡的经验教训,《辩兴亡》篇得出了三个主要结论:其一,施政原则,要以仁义为本,而非依靠欺诈和武力。唐太宗认为,“周既克殷,务弘仁义;秦既得志,专行诈力”。其二,治理国家,要使百姓富足,积累恩德,而不在于国家钱粮的充足。唐太宗认为,“凡理国者,务积于人,不在盈其仓库”。就是君王要把百姓的利益放在首位,百姓受恩于朝廷,必然尊君重道。如果只考虑仓库的充实与否,以朝廷的利益为先,则会丧失民心。其三,作为国君,要行仁义,任用贤良。唐太宗认为,“观古人君,行仁义、任贤良则理;行暴乱、任小人则败”。

原文

贞观初,太宗从容谓侍臣曰:“周武平纣之乱,以有天下;秦皇因周

译文

贞观初年,唐太宗从容地对侍臣说:“周武王平定了商纣王时的混乱,取得了天下;秦始皇乘周王室的衰微,于是吞并了六

之衰，遂吞六国。其得天下不殊，祚运长短若此之相悬也？”尚书右仆射萧瑀进曰：“纣为无道，天下苦之，故八百诸侯不期而会。周室微，六国无罪，秦氏专任智力，蚕食诸侯。平定虽同，人情则异。”太宗曰：“不然，周既克殷，务弘仁义；秦既得志，专行诈力。非但取之有异，抑亦守之不同。祚之修短，意在兹乎！”

国。他们取得天下没有什么不同，为什么国运的长短如此悬殊呢？”尚书右仆射萧瑀回答说：“商纣王暴虐无道，天下的人都受他之苦，所以八百诸侯不约而同地来与周武王会师讨伐纣王。周朝虽然衰微，六国却无罪，秦国完全是倚仗智谋和武力，像蚕吃桑叶一样，逐渐吞并诸侯的。虽然同是平定天下，人们对待他们的态度却不同。”太宗说：“不是那样，周朝灭殷商以后，努力推行仁义；秦国达到目的以后，却一味地施行欺诈和武力。他们不仅在取得天下的方式上有不同，而且守护天下的方式也不相同。国运之所以有长有短，道理就在这里吧！”

贞观二年，太宗谓黄门侍郎王珪曰：“隋开皇十四年大旱，人多饥乏。是时仓库盈溢，竟不许赈给，乃令百姓逐粮。隋文不怜百姓而惜仓库，比至末年，计天下储积，得供五六十年。炀帝恃此富饶，所以奢华无道，遂致灭亡。炀帝失国，亦此之由。凡理国者，务积于人，不在盈其仓库。古人云：‘百姓不足，君孰与足？’但使仓库可备凶年，此外

贞观二年，唐太宗对黄门侍郎王珪说：“隋朝开皇十四年遇到大旱，百姓大多忍饥挨饿。当时国家粮仓贮存非常充盈，可是朝廷竟不肯用粮食赈济灾民，却让百姓逃荒到有粮食的地方去。隋文帝不怜悯百姓却吝惜仓库里的粮食，到了隋朝末年，统计粮仓贮存的粮食，可以满足国家五六十年的需要。隋炀帝倚仗国家的富庶，所以奢侈无度，荒淫无道，终于导致国破家亡。隋炀帝亡国，也是这个原因。凡是治理国家的人，务必先要让百姓积聚财粮，不在于充实国库粮仓。古人说：‘老百姓不富足，国君又怎么能够富足呢？’只要仓库的储备

何烦储蓄！后嗣若贤，自能保其天下；如其不肖，多积仓库，徒益其奢侈，危亡之本也。”

贞观五年，太宗谓侍臣曰：“天道福善祸淫，事犹影响[1]。昔启人[2]亡国来奔，隋文帝不吝粟帛，大兴士众营卫安置，乃得存立。既而强富，子孙不思念报德，才至始毕[3]，即起兵围炀帝于雁门。及隋国乱，又恃强深入，遂使昔安立其国家者，身及子孙，并为颉利[4]兄弟之所屠戮。今颉利破亡，岂非背恩忘义所至也？”群臣咸曰：“诚如圣旨。”

足以对付灾年，除此之外何须储蓄！国君的后代如果贤明，他自然可以保住江山；如果他昏庸，即使粮食积满仓库，也只是白白助长他奢侈的习气，这是国家危亡的祸根。”

贞观五年，唐太宗对侍臣说：“上天给善人降福、给坏人降祸，事情还是有应验的。当年突厥的启民可汗亡国，投奔隋朝，隋文帝不惜粮食布帛，动员了大批兵士进行守卫和安置，才使他们能够生存下来。不久突厥富强了，启民可汗的子孙却不想着报答恩德，才到始毕可汗时，就起兵把隋炀帝围困在雁门关。等到隋朝大乱，又倚仗兵强马壮深入内地，致使当年帮助启民可汗安家立国的隋朝官员以及他们的子孙，都被颉利可汗兄弟屠杀。如今颉利可汗国破家亡，难道不是忘恩负义的报应吗？”大臣们都说：“确实像陛下所说的那样。”

注释

1 **影响**：效验、应验。

2 **启人**：即启民可汗，东突厥可汗，也称突利可汗。

3 **始毕**：即始毕可汗，启民可汗之子。

4 **颉利**：即颉利可汗，启民可汗第三子。

原文

贞观九年，北蕃归朝人奏："突厥内大雪，人饥，羊马并死。中国人在彼者，皆入山作贼，人情大恶。"太宗谓侍臣曰："观古人君，行仁义、任贤良则理；行暴乱、任小人则败。突厥所信任者，并共公等见之，略无忠正可取者。颉利复不忧百姓，恣情所为，朕以人事观之，亦何可久矣？"魏徵进曰："昔魏文侯问李克：'诸侯谁先亡？'克曰：'吴先亡。'文侯曰：'何故？'克曰：'数战数胜，数胜则主骄，数战则民疲，不亡何待？'颉利逢隋末中国丧乱，遂恃众内侵，今尚不息，此其必亡之道。"太宗深然之。

贞观九年，太宗谓魏徵曰："顷读周、齐史，末代亡国之主为恶多相类也。齐主深好奢侈，所有府库用之略尽，乃至关市无不税敛。朕常谓此犹

译文

贞观九年，北方突厥归顺唐朝的人上奏说："突厥境内降了大雪，百姓饥荒，羊和马都死了。在那里的中原人都跑到山里做了强盗，民情非常不好。"太宗对侍臣说："我观察古代的君主，施行仁义、任用贤良就能使国家得以治理；施行暴政、任用小人国家就会败亡。突厥君主所信任的人，正如我们大家所看到的，根本没有忠诚正直可取的。颉利又不关心百姓，恣意妄为，我从人情事理来分析，他又怎么可能统治长久呢？"魏徵进言说："从前魏文侯询问李克：'诸侯之中谁会最先灭亡？'李克回答：'吴国先灭亡。'魏文侯问：'为什么呢？'李克说：'屡战屡胜，经常的胜利会使君主骄傲，而经常发动战争就会使民生疲弊，不灭亡还等什么呢？'颉利趁着隋末中原大乱，就倚仗自己兵强马壮入侵中原，到今天还不想罢休，这就是他必然灭亡的原因。"太宗对此非常赞同。

贞观九年，唐太宗对魏徵说："近来我读北周、北齐的史书，发现末代亡国的君主，所做的坏事多数都很类似。齐主非常奢侈，府库的存贮几乎都被他挥霍光了，以至于关口、市集无不征收赋税来聚敛财富。我常说这就像嘴馋的人吃自

如馋人自食其肉，肉尽必死。人君赋敛不已，百姓既弊，其君亦亡，齐主即是也。然天元、齐主若为优劣？”徵对曰：“二主亡国虽同，其行则别。齐主懦弱，政出多门，国无纲纪，遂至亡灭。天元性凶而强，威福在己，亡国之事，皆在其身。以此论之，齐主为劣。”

己身上的肉一样，肉吃完了自己也就死了。君主不停地征敛赋税，百姓疲弊以后，他们的君主也就灭亡了，齐主就是这样的人。然而后周天元皇帝与齐主相比较，谁优谁劣呢？”魏徵回答说：“这两个君主虽然同样都使国家灭亡，他们的行为还是有所区别。齐主懦弱，朝廷政令不一，国家没有纲纪，以致灭亡。天元帝生性凶悍好强，作威作福，独断专行，国家的灭亡，都在他自身。从这方面来看，齐后主要差一些。”

卷十

慎终

导读

《慎终》篇是全书的最后部分，它回应了首篇《君道》中提出的居安思危的思想，又以“善始慎终”为画龙点睛之笔，来告诫唐太宗一定要功成不骄，慎终如始，不存侥幸，持之以恒。贞观十二年，魏徵看到唐太宗逐渐怠惰，懒于政事，追求奢靡，便奏上著名的《十渐不克终疏》，列举了唐太宗从执政之初到当前为政态度上的十个变化，以求唐太宗能以此为警醒，及时更正自己的过失，做到善始善终。面对魏徵言辞恳切、切中要害的劝谏，唐太宗不仅全然接受，还把魏徵的这道奏疏抄写在屏风上，早晚恭恭敬敬地观看。正是由于唐太宗不断坚持这种慎终如始的精神，才会使贞观时期的文治和武功都达到了空前的高度，也使唐太宗本人成为中国古代少有的明君圣主。其实，古代绝大多数君王之所以难以慎终，很重要的一个原因在于对事物未来的发展缺乏预见性，在事物发展顺利特别是取得成功之后，盲目乐观，安而忘危，存而忘亡，治而忘乱。所以孟子说“生于忧患而死于安乐也”；《吕氏春秋》也提醒人们“于安思危，于达思穷，于得思丧”。因为只有具备了慎终意识，才会在当下和未来慎所当慎，才会具有预见性，才不至于亡而不知所以亡。慎终，是古代君王修身治国的重要理念，也是普通人为人处世应当遵循的一条重要原则。只有慎终，才能善终。否则，只能功败垂成，前功尽弃。

原文

贞观五年，太宗谓侍臣曰：“自古帝王亦不能常化，假令内安，必有外扰。当今远夷率服，百谷丰稔，盗贼不作，内外宁静。此非朕一人之力，实由公等共相匡辅。然安不忘危，治不忘乱，虽知今日无事，亦须思其终始。常得如此，始是可贵也。”魏徵对曰：“自古已来，元首股肱不能备具，或时君称圣，臣即不贤；或遇贤臣，即无圣主。今陛下明，所以致治。向若直有贤臣，而君不思化，亦无所益。天下今虽太平，臣等犹未以为喜，惟愿陛下居安思危，孜孜不怠耳！”

贞观六年，太宗谓侍臣曰：“自古人君为善者，多不能坚守其事。汉高祖泗上一亭长耳，初能拯危诛暴，以成帝业，然更延十数年，纵逸之败，亦不可保。何以知之？孝惠为嫡

译文

贞观五年，唐太宗对侍臣说：“自古以来的帝王都不能长期教化天下，假如国家内部安定，那么必定就会有外乱骚扰。如今远方外族归顺我朝，天下五谷丰登，没有盗贼出现，国家内外安宁。这绝非我个人的能力所能达到的，实在是有赖于各位大臣的鼎力辅佐。然而居安不能忘危，太平不能忘乱，虽然明知今日无事，也得考虑如何才能让这种情况保持始终。要经常这样思索，才是难能可贵的。”魏徵回答说：“自古以来，明主和贤臣很难同时具备，有时君主圣明，而臣下不贤良；有时遇到贤良的大臣，却没有圣明的君主。如今陛下圣明，所以天下太平。假如当初大唐只有贤臣，而君主不考虑广施教化，也不会有什么益处。如今虽然国家太平，但是臣等还不能因此而欣喜，只希望陛下能居安思危，孜孜不倦，不要懈怠！”

贞观六年，唐太宗对侍臣说：“自古以来君主想做好事的，往往不能坚持到底。汉高祖本是泗水亭的一个亭长罢了，起初他能够拯救危难，诛灭暴秦，成就帝王大业，然而历经了十几年以后，国家因他的放纵逸乐而陷于衰败，也就不能保住他当初创下的功业。为什么知道这些呢？汉惠帝刘盈本来处于嫡长子的重要地位，

嗣之重，温恭仁孝，而高帝惑于爱姬之子，欲行废立；萧何、韩信功业既高，萧既妄系[1]，韩亦滥黜[2]，自余功臣黥布[3]之辈惧而不安，至于反逆。君臣父子之间悖谬若此，岂非难保之明验也？朕所以不敢恃天下之安，每思危亡以自戒惧，用保其终。”

他温恭仁孝，但汉高祖却因为爱姬的儿子刘如意而犹豫不决，准备废黜皇储另立太子；萧何、韩信的功劳很大，可是萧何后来曾被无端地捆绑入狱，韩信也无缘无故地遭到贬黜，其余的功臣像黥布等人恐惧不安，终于谋反叛逆。君臣父子之间的关系悖逆荒谬到这种地步，难道不是难以保全功业的明证吗？所以我不敢倚仗天下安定，而是经常思考危亡来警诫自己，来保证自己善始善终。”

注释

1 **萧既妄系**：汉相萧何，因为民请命惹怒汉高祖，被抓入狱。

2 **韩亦滥黜**：大将军韩信，曾辅佐汉高祖夺取天下。因有人告发韩信图谋造反，高祖将其由楚王贬为淮阴侯。

3 **黥布**：即英布，原是汉朝淮南王。韩信等被杀之后，他惊惧不安，举兵谋反，事败被杀。

原文

贞观九年，太宗谓公卿曰：“朕端拱无为，四夷咸服，岂朕一人之所致，实赖诸公之力耳！当思善始令终，永固鸿业，子子孙孙，递相辅翼，使丰功厚利施于来叶，令数百年后读我国史，鸿勋茂业粲然可观，岂惟称隆周、

译文

贞观九年，唐太宗对公卿大臣说：“我推行无为而治的政策，使四方外族都臣服归顺，这哪是我个人能力所办到的，实在是有赖于各位大臣的辅佐啊！现在应当思考如何善始善终，永远巩固宏伟的基业，使我们的子子孙孙，一代一代相互辅佐，让我们大唐的丰功伟业、恩德福祉延及后代，使数百年之后读到大唐历史的人们，感受到我们伟大的功勋和繁荣的

炎汉及建武、永平故事而已哉！”房玄龄因进曰：“陛下㧑挹[1]之志，推功群下，致理升平，本关圣德，臣下何力之有？惟愿陛下有始有卒，则天下永赖。”太宗又曰：“朕观古先拨乱之主皆年逾四十，惟光武年三十三。但朕年十八便举兵，年二十四定天下，年二十九升为天子，此则武胜于古也。少从戎旅，不暇读书，贞观以来，手不释卷，知风化之本，见政理之源。行之数年，天下大治而风移俗变，子孝臣忠，此又文过于古也。昔周、秦以降，戎狄内侵，今戎狄稽颡[2]，皆为臣妾，此又怀远胜古也。此三者，朕何德以堪之？既有此功业，何得不善始慎终耶！”

事业是多么的光辉灿烂，不止是称颂西周、西汉以及光武、明帝的故事而已！”房玄龄借机进言说：“陛下秉承谦让之心，把功劳推让给群臣，今天国家获得治理，天下太平，根本的还是在于陛下的圣德，我们臣下有什么功劳呢？只希望陛下能有始有终，那么天下的老百姓就有了永远的依靠。”唐太宗又说：“我观察古代平定乱世的君主，年龄一般都超过四十岁，只有光武帝是三十三岁。但是我十八岁就起兵创业，二十四岁就平定了天下，二十九岁就升为天子，这是武功胜过古人。我年轻时就从军，没有时间读书，所以贞观以来，我手不释卷，理解了教化的根本，找到了处理政务的关键。依此施行了数年，天下终于获得了治理，民风习俗得到了改变，子孝臣忠，这是文治又胜过古人。过去周朝、秦朝以来，戎狄等外族时常侵犯中原，现在他们都已归顺了朝廷，成为了臣属，这是安定外邦又胜过了古人。这三方面，我有什么才德能够承受得起？既然已经取得了这样的功业，怎能不善始慎终呢！”

注释

1 **扮挹**（huī yì）：谦让。

2 **稽颡**（sǎng）：古时的一种跪拜礼，屈膝下拜，以额触地，表示极度虔诚。这里指归顺。

原文

贞观十二年，太宗谓侍臣曰："朕读书见前王善事，皆力行而不倦，其所任用公辈数人，诚以为贤。然致理比于三五之代，犹为不逮，何也？"魏徵对曰："今四夷宾服，天下无事，诚旷古所未有。然自古帝王初即位者，皆欲励精为政，比迹于尧舜；及其安乐也，则骄奢放逸，莫能终其善。人臣初见任用者，皆欲匡主济时，追纵于稷契；及其富贵也，则思苟全官爵，莫能尽其忠节。若使君臣常无懈怠，各保其终，则天下无忧不理，自可超迈前古也。"太宗曰："诚如卿言。"

贞观十三年，魏徵恐太宗不能克终俭约，近岁

译文

贞观十二年，唐太宗对侍臣说："我在读书时发现以前的君王做善事，都身体力行，不知疲倦，他们任用的几个大臣，的确都很贤德。然而国家治理的程度和三皇五帝的时代相比，还是无法企及，这是为什么呢？"魏徵回答说："现在四方外族归顺，天下太平无事，的确是自古以来都没有过的。然而自古以来的帝王刚刚即位的时候，都励精图治，勤于政务，可以与尧舜相比；可是等到天下太平了，就开始骄奢淫逸，没有谁能做到善终。凡是刚刚被任用的臣子，都想辅佐国君，济世救民，赶上稷契的功绩；等到他们富贵了，就只想着保全自己的官爵，没有谁能够做到尽忠职守了。如果君臣双方都能不懈怠，各自坚持到底，那么天下就不用担心治理不好，自然可以超越古人。"唐太宗说："确实如你所说。"

贞观十三年，魏徵担心唐太宗不能将简朴节约的作风坚持到底，近年来很爱奢侈放纵，于是向唐太宗上疏规谏说："臣观察自古以来的帝王奉上天旨意创立王朝，

颇好奢纵，上疏谏曰："臣观自古帝王受图定鼎，皆欲传之万代，贻厥孙谋。故其垂拱岩廊，布政天下。其语道也，必先淳朴而抑浮华；其论人也，必贵忠良而鄙邪佞；言制度也，则绝奢靡而崇俭约；谈物产也，则重谷帛而贱珍奇。然受命之初，皆遵之以成治；稍安之后，多反之而败俗。其故何哉？岂不以居万乘之尊，有四海之富，出言而莫己逆，所为而人必从，公道溺于私情，礼节亏于嗜欲故也？语曰：'非知之难，行之惟难；非行之难，终之斯难。'所言信矣。

"伏惟陛下，年甫弱冠，大拯横流[1]，削平区宇，肇开帝业。贞观之初，时方克壮，抑损嗜欲，躬行节俭，内外康宁，遂臻至治。论功则汤武不足方，语德则尧舜未为远。臣自擢居左右，十有余

都希望将帝业传至千秋万代，为留给子孙进行谋划。所以他们崇尚无为而治，广布德政于天下。他们谈论治国的方法，必先崇尚淳朴而弃绝浮华；他们论人，必定重用忠臣良将，鄙弃奸佞小人；说到制度，则杜绝奢侈而崇尚俭约；谈到物产，就重视谷物布帛而轻视奇珍异宝。然而在他们受命登基之初，都能遵守这些原则，来实现国家的大治；稍微安定之后，大多数人就违背了这些原则，进而伤风败俗。这是什么原因呢？这难道不是因为君王是万民之尊，富有天下，他说的话没有谁敢违抗，他做的事别人都会依从，从而使公道被个人感情淹没，礼义法度被欲望损害的缘故吗？古语说：'知道并不困难，困难的是实行；实行也不困难，困难的是能坚持到底。'说得很有道理。

"陛下二十岁左右就在乱世中拯救了天下，平定了国内战乱，创下了帝王的基业。贞观初年，正当陛下年轻力壮的时候，就能克制自己的嗜好和私欲，亲自实行节俭，使内外祥和安乐，于是形成了大治的局面。论功业，就是商汤、周武王都无法与您相比；论仁德，您与尧舜等明君也相差不远。臣自从被提拔为陛下的左右，已有十多年，常常在讨论军国大计的地方侍奉君主，屡次奉行陛下英明的旨意。陛下时常

年，每侍帷幄，屡奉明旨。常许仁义之道，守之而不失；俭约之志，终始而不渝。一言兴邦，斯之谓也。德音在耳，敢忘之乎？而顷年以来，稍乖曩志[2]，敦朴之理，渐不克终。谨以所闻，列之于左。

赞许仁义的治国方略，坚持奉行毫不放弃；厉行俭朴节约的心志，始终不渝。一句话可以使国家兴盛起来，说的就是这个道理。陛下的仁德之言至今仍在我耳边时时响起，臣怎敢忘记呢？但是近几年来，陛下稍稍违背了以往的志向，敦厚淳朴的风气没能自始至终地坚持下来。现在臣谨把自己所听到的，列举在下面。

注释

1 **横流**：水流四窜，比喻世道混乱。

2 **曩**（nǎng）**志**：以往的志向。

原文

“陛下贞观之初，无为无欲，清静之化，远被遐荒。考之于今，其风渐坠，听言则远超于上圣，论事则未逾于中主。何以言之？汉文、晋武俱非上哲，汉文辞千里之马，晋武焚雉头之裘。今则求骏马于万里，市珍奇于域外，取怪于道路，见轻于戎狄。此其渐不克终一也。

“昔子贡问理人于孔子，孔子曰：‘懔[1]乎若

译文

“陛下在贞观初期，无为无欲，施行清静祥和的政治教化，泽被边远的蛮荒之地。但考察当下，这种风气正在慢慢消失，听陛下的言论似乎已远远超过古代的明君圣主，论陛下的作为却连一般的君主都不如。为什么这样说呢？汉文帝、晋武帝都不是英明圣哲的国君，但汉文帝曾拒绝别人进献的千里马，晋武帝曾烧掉了用雉头毛制成的裘衣。然而现在陛下却派人到千里之外去寻找骏马，到域外去搜求奇珍异宝，招致道路行人的责怪，并为外族所轻视。这是陛下逐渐不能坚持到底的表现之一。

“过去子贡向孔子请教如何管理百姓，孔子说：‘要像用朽烂的绳索驾驭六匹马拉

朽索之驭六马。'子贡曰：'何其畏哉？'子曰：'不以道导之，则吾仇也，若何其无畏？'故《书》曰：'民惟邦本，本固邦宁。'为人上者奈何不敬？陛下贞观之始，视人如伤，恤其勤劳，爱民犹子，每存简约，无所营为。顷年以来，意在奢纵，忽忘卑俭，轻用人力，乃云：'百姓无事则骄逸，劳役则易使。'自古以来，未有由百姓逸乐而致倾败者也，何有逆畏其骄逸而故欲劳役者哉？恐非兴邦之至言，岂安人之长算？此其渐不克终二也。

的车子那样小心谨慎。'子贡问：'为什么要这么担心呢？'孔子说：'不用仁义道德来引导百姓，百姓就会仇恨我，这样治国怎能不担心呢？'所以《尚书》说：'百姓是国家的根本，根本牢固国家才会安宁。'统治国家的君主怎么可以不敬畏老百姓呢？陛下在贞观初期，对待百姓就像对待自己的伤口一样，体恤他们的艰辛，爱民如子，凡事崇尚俭朴节约，不随便营造宫室。然而近些年来，陛下开始放纵奢侈，忘记了谦逊节俭的美德，轻易地征用劳役，还说：'老百姓没有事情做就会懒惰放肆，经常役使就容易驾驭他们。'古往今来，从来没有因为老百姓安乐悠闲而导致亡国的事例，哪有害怕他们放纵安逸而故意向他们施加劳役的道理呢？恐怕这不是振兴国家的至理名言，又怎么是安抚百姓的长远之计呢？这是陛下逐渐不能坚持到底的表现之二。

注释

1 懔（lǐn）：恐惧。这里作小心谨慎讲。

原文

"陛下贞观之初，损己以利物，至于今日，纵欲以劳人，卑俭之迹岁改，骄侈之情日异。虽忧人之言不绝于口，而

译文

"陛下在贞观初期，减少自己的需要以有利于百姓，到了现在，放纵自己的欲望而劳役百姓，谦逊节俭的风气一年年地在改变，而骄纵奢侈的性情在日渐发展。虽然牵挂老百姓的话语还不绝于口，但享乐的

乐身之事实切于心。或时欲有所营，虑人致谏，乃云：‘若不为此，不便我身。’人臣之情，何可复争？此直意在杜谏者之口，岂曰择善而行者乎？此其渐不克终三也。

事情却时时萦绕于心。有时候陛下想营造宫室，又担心有人提意见，就说：‘如果不修宫殿，我的生活就会不方便。’有碍于君臣之间的情义，臣子怎么可能再进谏呢？陛下此言意在杜绝进谏大臣的劝谏，哪里谈得上是择善而从呢？这是陛下逐渐不能坚持到底的表现之三。

“立身成败，在于所染，兰芷鲍鱼，与之俱化[1]，慎乎所习，不可不思。陛下贞观之初，砥砺名节，不私于物，惟善是与，亲爱君子，疏斥小人。今则不然，轻亵小人，礼重君子。重君子也，敬而远之；轻小人也，狎而近之。近之则不见其非，远之则莫知其是。莫知其是，则不间而自疏；不见其非，则有时而自昵。昵近小人，非致理之道；疏远君子，岂兴邦之义？此其渐不克终四也。

“君子立身的成功与失败，在于所处环境的影响，接触像兰芷一样品格高尚的人或接触像鲍鱼一样品行丑恶的人，时间久了都会受到影响，所以要谨慎对待所习染的环境，不可不深思。陛下在贞观初期，励精图治，注重名节，对人不偏私，只要是有道德的人就与他交往，亲近爱护君子，疏远贬斥小人。现在却不是这样了，而是轻慢小人，礼节性地尊重君子。名义上是尊重君子，实际上是敬而远之；名义上是轻慢小人，实际上是亲近他们。亲近小人就看不到他们的坏处，疏远君子就不知道他们的好处。不知道君子的好处，不用别人离间自己就会疏远君子；看不到小人的坏处，那么就会不时地主动亲近他们。亲近小人，决不是治理国家的办法；疏远君子，怎能是振兴国家的方略？这是陛下逐渐不能坚持到底的表现之四。

注释

1 **兰芷鲍鱼，与之俱化**：与善人或恶人相处，都会受到他们的影响。兰，兰草；芷，白芷。皆香草，比喻好人或美德。鲍鱼，盐渍的鱼，气味腥臭，比喻坏人或恶行。

原文

"《书》曰：'不作无益害有益，功乃成；不贵异物贱用物，人乃足。犬马非其土性不畜，珍禽奇兽弗育于国。'陛下贞观之初，动遵尧舜，捐金抵璧，反朴还淳。顷年以来，好尚奇异，难得之货，无远不臻；珍玩之作，无时能止。上好奢靡而望下敦朴，未之有也。末作[1]滋兴，而求丰实，其不可得亦已明矣。此其渐不克终五也。

译文

'《尚书》说：'不要做徒劳无益的事来妨碍有益的事，大功才会告成；不因看重奇珍异宝而轻贱日常用品，人民才会富足。狗、马不是本地生长的就不要饲养，珍禽异兽也不要养育在国内。'陛下在贞观初期，行动仿效尧舜，弃绝金银珠宝，返璞归真。可是近年来，却喜欢奇珍异宝，寻找罕见之物，无论地方多么偏远都要运送过来；珍奇玩物的制作，更是没有停止的时候。国君喜欢奢靡，却希望百姓敦厚朴素，这是没有过的事情。大举兴办手工业和商业，却希望农民丰裕殷实，很显然这是办不到的。这是陛下逐渐不能坚持到底的表现之五。

注释

1 **末作**：指手工业和商业。封建社会实行"重农抑商"政策，把从事农业看作是国家的根本，把从事工商业看作是细枝末节。

原文

"贞观之初，求贤如渴，善人所举，信而任之，取其所长，恒恐不及。近岁以来，由心好恶，或众善举而用之，或一人毁而弃之，或积年任而用之，或一朝疑而远之。夫行有素履，事有成迹。所毁之人，未必可信于所举；积年之行，不应顿失于一朝。君子之怀，蹈仁义而弘大德；小人之性，好谗佞以为身谋。陛下不审察其根源，而轻为之臧否[1]，是使守道者日疏，干求[2]者日进。所以人思苟免，莫能尽力。此其渐不克终六也。

译文

"贞观初期，陛下求贤若渴，只要是有道德的人推举的人才，都能够信任并加以任用，让他们发挥长处，唯恐不能才尽其用。但近年来，陛下完全凭借自己心中的喜好和厌恶来用人，有的是因为许多人共同推荐而任用他，有的则因为一个人的诋毁就罢免他，有的积累多年信任才任用他，有的则因为一时的怀疑就疏远他。一个人的品行在平时可以表现出来，做事有一贯的表现。诋毁举荐的人，不一定比被举荐的人可信；积累多年的品行，不应该在一朝一夕就被否定。君子的胸怀，是为了实行仁义和弘扬道德；小人的本性，喜好花言巧语、攻击别人来为自己谋取私利。陛下不明察事情的根源，就轻易地给予赞扬或贬斥，这样做会使奉行道义的人日渐被疏远，而让那些钻营巧取的人逐渐得到任用。所以人人都在考虑如何才能保全性命和官职，没有谁再愿意为国尽心竭力。这是陛下逐渐不能坚持到底的表现之六。

注释

1 **臧否**：褒贬，品评。

2 **干求**：请求，求取。这里指钻营巧取。

原文

"陛下初登大位，高居深视，事惟清静，心无嗜欲。内除毕弋之物[1]，外绝畋猎之源。数载之后，不能固志，虽无十旬[2]之逸，或过三驱之礼。遂使盘游之娱，见讥于百姓，鹰犬之贡，远及于四夷。或时教习之处，道路遥远，侵晨而出，入夜方还。以驰骋为欢，莫虑不虞之变，事之不测，其可救乎？此其渐不克终七也。

译文

"陛下当初刚即位的时候，高瞻远瞩，凡事只求清静，内心没有嗜欲杂念。在内丢掉打猎的网、箭等工具，在外禁绝狩猎游玩的源头。几年之后，就不再坚持最初的志向了，虽然没有狩猎多日不归的事情，但有时也超过了天子一年三次田猎的礼制。于是游猎的娱乐活动遭到了百姓的讥讽，所进贡的猎鹰和猎犬，遍及四方外族。有时教习打猎的地方路途遥远，陛下天刚亮就出发，深夜才回。把驰骋车马当作欢乐，不考虑难以预料的事故发生，如果真有不测，还来得及挽救吗？这是陛下逐渐不能坚持到底的表现之七。

注释

1 **毕弋之物**：捕鸟狩猎的器具。毕，田猎用的网；弋，带丝绳的箭。

2 **十旬**：一百天。这里指多日。

原文

"孔子曰：'君使臣以礼，臣事君以忠。'然则君之待臣，义不可薄。陛下初践大位，敬以接下，君恩下流，臣情上达，咸思竭力，心无所隐。顷年以来，多所忽略。或外官[1]充使，奏

译文

"孔子说：'君主任用臣下应该以礼相待，臣下侍奉君主应当尽职尽忠。'所以君主对待臣下，不能够薄情寡义。陛下初登皇位的时候，能够用谦卑的态度接待臣下，君主的恩德由上传达到下，臣下的忠义之情能由下贯通到上，君臣都在考虑如何尽心竭力，心中没有任何隐瞒和保留。近年来，君臣之义很多地方都被忽略。有京城外的官员，以使节

事入朝，思睹阙庭，将陈所见，欲言则颜色不接，欲请又恩礼不加。间因所短，诘其细过，虽有聪辩之略，莫能申其忠款。而望上下同心，君臣交泰，不亦难乎？此其渐不克终八也。

身份入朝奏事，想拜见陛下，陈述所见民情，但想说话的时候陛下不能和颜悦色地倾听，想提出请求时又得不到恩准和礼节上的对待。有时还因为臣下有些缺点，就责备他们细小的过错，这样，即使臣下有能言善辩的才能，也无法表明他的忠诚。而希望君臣上下同心，相互融洽，不是很困难吗？这是陛下逐渐不能坚持到底的表现之八。

注释

1 **外官**：地方官。这里与京官相对而言。

原文

“傲不可长，欲不可纵，乐不可极，志不可满。四者，前王所以致福，通贤以为深诫。陛下贞观之初，孜孜不怠，屈己从人，恒若不足。顷年以来，微有矜放，恃功业之大，意蔑前王，负圣智之明，心轻当代，此傲之长也。欲有所为，皆取遂意，纵或抑情从谏，终是不能忘怀，此欲之纵也。志在嬉游，情无厌倦，虽未全妨政事，不复专心治道，此乐将极也。率土乂安，四

译文

“骄傲不可以滋长，欲望不可以放纵，娱乐不可以过度，意愿不可以过分满足。这四句话所包含的道理，为前朝的君王带来了福祉，让通达的贤才引以为戒。陛下在贞观初年，对政务孜孜不倦，委屈自己来顺从别人，常常还觉得做得不够。近年来，陛下稍微有些骄傲放纵，依仗宏大的功业，心中蔑视以往的君王，自认为英明圣哲，内心轻视当代才俊，这是骄傲滋生的表现。您想要做什么，都随心所欲，即使有时克制自己的私欲接受了臣子的劝谏，也始终耿耿于怀，这是欲望放纵的表现。您心志放在嬉戏游乐上，心情从无厌倦，虽然没有完全妨碍政务，却不再专心治理国家，这是逸乐过度的表现。现在天

夷款服，仍远劳士马，问罪遐裔，此志将满也。亲狎者阿旨而不肯言，疏远者畏威而莫敢谏，积而不已，将亏圣德。此其渐不克终九也。

“昔陶唐、成汤之时，非无灾患，而称其圣德者，以其有始有终，无为无欲，遇灾则极其忧勤，时安则不骄不逸故也。贞观之初，频年霜旱，畿内户口并就关外，携负老幼，来往数年，曾无一户逃亡，一人怨苦。此诚由识陛下矜育之怀，所以至死无携贰[1]。顷年已来，疲于徭役，关中之人，劳弊尤甚。杂匠之徒，下日悉留和雇[2]；正兵[3]之辈，上番[4]多别驱使。和市[5]之物不绝于乡闾，递送之夫相继于道路。既有所弊，易为惊扰，脱因[6]水旱，谷麦不收，恐百姓之心，不能如前日之宁帖。此其渐不克终十也。

下安定，外族归顺，仍然让士兵辛劳远行，不断讨伐边远地区的异族，这是志得意满的表现。亲近的人只会迎合陛下的旨意而不肯直谏，被疏远的人会因为害怕触犯龙颜而不敢进谏，这样积累下去而不停止，将会削减陛下的圣德。这是陛下逐渐不能坚持到底的表现之九。

“过去陶唐、成汤的时代并非没有灾患，之所以称颂他们圣贤仁德，是因为他们做事都能够有始有终，无为而治，没有私欲，遇到灾祸，他们就特别忧虑、勤劳。时世安定时，他们也不骄奢，不放纵。贞观初年，中原连年遭受霜灾、旱灾，京郊的老百姓纷纷迁居关外，他们扶老携幼举家迁徙，往来数年，却没有一家一户逃亡，没有谁抱怨痛苦。这都是因为百姓知道陛下有体恤百姓的胸怀，所以即使死去也没有二心。近年来，老百姓被繁重的徭役弄得疲惫不堪，关中的百姓劳苦疲敝特别严重。各种工匠结束服役的期限后，又被迫留下来继续接受官府的雇用；正规部队的士兵，大多轮替被派去做别的杂役。强行摊派屡屡出现在乡间，送货的民夫在道路上相继不断。既然已经出现了弊端，老百姓就容易受到干扰，万一再遇上水旱灾害，谷麦绝收，恐怕百姓就不能再像过去那样安定舒适了。这是陛下逐渐不能坚持到底的表现之十。

注释

1 **携贰**：亲附的人渐生离心，叛离。

2 **和雇**：古代官府出钱雇用人力。

3 **正兵**：正规部队，主力部队。

4 **上番**：谓轮替值勤。

5 **和市**：古时官府向百姓议价购买东西，后来演变成低价摊派、剥削百姓的手段。

6 **脱因**：万一因为。脱，万一，假使。

原文

"臣闻祸福无门，唯人所召。人无衅[1]焉，妖不妄作。伏惟陛下统天御宇十有三年，道洽寰中，威加海外，年谷丰稔，礼教聿兴，比屋喻于可封[2]，菽粟同于水火。暨乎今岁，天灾流行，炎气致旱，乃远被于郡国；凶丑作孽，忽近起于毂下[3]。夫天何言哉？垂象示诫，斯诚陛下惊惧之辰，忧勤之日也。若见诫而惧，择善而从，同周文之小心，追殷汤之罪己。前王所以致理者，勤而行之；今时所以败德者，思而改之。与物更新，易人视听，则宝祚无疆，

译文

"臣听说祸福的降临没有定数，都是人自己招来的。人如果没有过失，怪异的事情不会平白无故地出现。陛下统治天下已有十三年，道义遍及全国，声威远震境外，粮食年年丰收，礼教十分兴盛，家家户户都因可以旌表而感到高兴，菽粟同水火一样容易得到。到了今年，天灾流行，炎热的气候引起旱灾，遍及全国各地；叛乱者犯上作乱，忽然发生在离京城这样近的地方。上天会说什么呢？显现异常的天象以示告诫，这实在是到了陛下警醒忧惧、勤于政务的时候了。如果陛下看见上天的警示和告诫能心生畏惧，选择好的意见加以采纳，像周文王那样小心谨慎，像商汤那样归罪于自己。前代君王的治国之道，应当勤勉笃行；如今败坏仁德的行为，应该深切反省并加以改正。与天下万物一同更新，改变人们对朝廷的印象和看

普天幸甚，何祸败之有乎？然则社稷安危，国家治乱，在于一人而已。当今太平之基，既崇极天之峻；九仞之积，犹亏一篑[4]之功。千载休期，时难再得，明主可为而不为，微臣所以郁结而长叹者也。

“臣诚愚鄙，不达事机，略举所见十条，辄以上闻圣听。伏愿陛下采臣狂瞽之言[5]，参以刍荛之议，冀千虑一得，衮职[6]有补，则死日生年，甘从斧钺。”

法，那么帝位就可以长久地流传，天下百姓也会非常幸运，怎么还会有灾祸和败亡的事情呢？如此看来社稷安危，国家治乱，全在于陛下一人而已。当今太平的基业，已经像天一样高大；就像堆积九仞高的大山，还差一筐土就能完成了。这是千载难逢的良机，时机很难再得，圣明的君主能够做到而不去做，这就是微臣心怀郁结而长叹的原因。

“臣确实愚昧浅陋，不通事理，大致列举所看到的十个方面，就呈上让陛下知晓。但愿陛下采纳臣下愚妄的言论，参考这些浅薄的议论，希望愚者千虑一得，能对圣上有所补益，这样为臣虽死犹生，甘受刑罚。”

注释

1 **衅**：缝隙，破绽。引申为过失。

2 **比屋喻于可封**：家家户户都为可以旌表而喜悦。谓教化大兴，家家都有德行，人人可得表扬。后比喻社会安定，民俗淳朴。也形容教育感化的成就。比屋，家家户户；喻，通“愉”，愉快；可封，可受封赏。

3 **毂下**：辇毂之下。旧指京城。

4 **篑**：盛土的筐子。

5 **狂瞽（gǔ）之言**：愚妄无知的言论。多用作自谦之辞。

6 **衮职**：古代指帝王的职事。亦借指帝王。

原文

疏奏，太宗谓徵曰："人臣事主，顺旨甚易，忤情尤难。公作朕耳目股肱，常论思献纳。朕今闻过能改，庶几克终善事。若违此言，更何颜与公相见？复欲何方以理天下？自得公疏，反复研寻，深觉词强理直，遂列为屏障，朝夕瞻仰。又录付史司，冀千载之下识君臣之义。"乃赐徵黄金十斤，厩马二匹。

贞观十四年，太宗谓侍臣曰："平定天下，朕虽有其事，守之失图，功业亦复难保。秦始皇初亦平六国，据有四海，及末年不能善守，实可为诫。公等宜念公忘私，则荣名高位，可以克终其美。"魏徵对曰："臣闻之，战胜易，守胜难。陛下深思远虑，安不忘危，功业既彰，德教复洽，恒以此为政，宗社无由倾败矣。"

译文

奏疏呈送上去，唐太宗对魏徵说："臣下侍奉君主，顺从旨意是很容易的，违背君王的心意可就太难了。你作为我的辅佐大臣，能常常论述自己的观点献给我采纳。现在我知道了自己的过错，并加以改正，也许能做到善始善终。如果违背了你的话，我又有何颜面再见到你？又将用什么方法来治理天下呢？自从我得到你的奏疏之后，反复研读思考，觉得它言辞有力，道理正确，所以我将它贴在屏风上，早晚都认真地观看。又把奏疏抄录下来交付给编写史书的官员，希望千年之后，人们都能够知道我们君臣之间的情义。"事后，唐太宗赏赐给魏徵黄金十斤，宫中好马二匹。

贞观十四年，唐太宗对侍臣说："平定天下，我虽然有了这样的事业，可是如果守天下时出现失误，功业也难以保住。秦始皇当初也曾平定六国，据有四海，到他晚年却不能很好地守住江山，这实在可以作为鉴戒。各位大臣应该公而忘私，那么已经获得的荣耀名声和至高地位，就能完整地保持到最后。"魏徵回答说："臣听说夺取胜利容易，保持胜利困难。陛下深思远虑，安不忘危，功业已经非常显赫，德行教化又和谐融洽，如果能这样长期地处理政务，国家就不会有倾覆败亡的危险了。”

贞观十六年，太宗问魏徵曰：“观近古帝王有传位十代者，有一代两代者，亦有身得身失者。朕所以常怀忧惧，或恐抚养生民不得其所，或恐心生骄逸，喜怒过度。然不自知，卿可为朕言之，当以为楷则。”徵对曰：“嗜欲喜怒之情，贤愚皆同。贤者能节之，不使过度，愚者纵之，多至失所。陛下圣德玄远，居安思危，伏愿陛下常能自制，以保克终之美，则万代永赖。”

贞观十六年，唐太宗问魏徵：“我观察近古帝王，有传位十代的，也有传位一代两代的，也有自己取得天下又自己丢失的。我之所以常常感到忧虑、恐惧，有时是因为害怕抚养的百姓还未能得到应有的安置，有时又害怕自己心生骄傲放纵的情绪，喜怒过度。然而自己又不能觉察到，请你为我指出来，我将把它们当作行为的准则。”魏徵回答说：“嗜欲喜怒的情感，贤良的人和愚昧的人都是一样的。只是贤者能够有所控制，凡事不使过度，愚者却恣意放纵，大多达到不可收拾的地步。陛下圣德高远，能够居安思危，衷心希望陛下能自我克制，来保全善始善终的美德，那么千秋万代的功业就有了依靠。”

图书在版编目(CIP)数据

贞观政要/滕帅导读注译.—长沙:岳麓书社,2019.7
(古典名著普及文库)
ISBN 978-7-5538-0995-3

Ⅰ.①贞… Ⅱ.①滕… Ⅲ.①典章制度—中国—唐代②《贞观政要》—注释③《贞观政要》—译文 Ⅳ.①D691.5

中国版本图书馆CIP数据核字(2018)第109641号

ZHENGUAN ZHENGYAO

贞观政要

导读注译:滕 帅
责任编辑:孙世杰
责任校对:舒 舍
封面设计:罗志义

岳麓书社出版发行
地址:湖南省长沙市爱民路47号
直销电话:0731-88804152 0731-88885616
邮编:410006
岳麓书社网址:www.yueluhistory.com

2019年7月第1版第1次印刷
开本:890mm×1240mm 1/32
印张:8.5
字数:253千字
ISBN 978-7-5538-0995-3
定价:26.00元

承印:长沙超峰印刷有限公司

如有印装质量问题,请与本社印务部联系
电话:0731-88884129